자유로부터의 도피

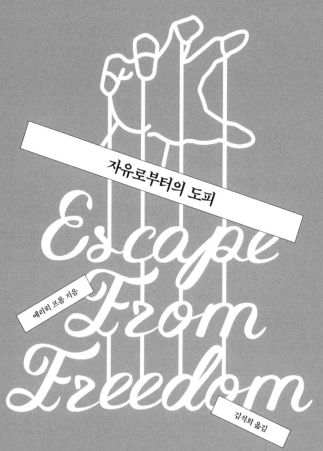

Erich Fromm

자유로부터의 도피

Escape From Freedom

에리히 프롬 지음

김석희 옮김

일러두기
원서의 주는 모두 후주로 처리했으며, 각주는 독자의 이해를 돕기 위해 옮긴이가 썼다.

내가 나를 위해 존재하는 게 아니라면, 누가 나를 위해 존재할까?
내가 나만을 위해 존재한다면, 나는 도대체 무엇일까?
지금 아니라면, 언제일까?

― 《탈무드》〈미슈나〉, '아보트' 편

우리는 너희를 천상의 것도 지상의 것도 아닌, 죽을 운명의 것도 불사(不死)의 것도 아닌
존재로 창조했다. 그것은 너희가 자신의 의지와 명예에 따라 자유롭게 자신을 창조하고
형성할 수 있도록 하기 위함이다. 우리는 너희에게만 자신의 자유의지에 따라 성장하고
발전할 수 있는 기회를 주었다. 너희는 자신 속에 보편적 생명의 싹을 지니고 있다.

― 피코 델라 미란돌라, 《인간의 존엄성에 대하여》

이 세상에 변하지 않는 것은 오직 인간의 타고난, 양도할 수 없는 권리뿐이다.

― 토머스 제퍼슨

| 차례 |

Erich Fromm

Escape From Freedom

.

이 책의 초판이 출간된 지 거의 25년이 지났다. 그 후 24판을 거듭하면서 전문가와 비전문가에게 두루 읽혔고, 특히 학생들에게 많이 읽혔다. 이 책이 '에이번 라이브러리'에서 출간되면 훨씬 많은 독자들이 더 쉽게 책을 구할 수 있을 테니 다행한 일이다.

《자유로부터의 도피》는 중세 사회의 붕괴로 생겨난 인간의 불안이라는 현상을 분석한 책이다. 중세 사회에는 많은 위험이 존재했지만, 인간은 그 안에서 보호를 받으며 안전하다고 느꼈다. 수백 년 동안 열심히 노력한 끝에 인간은 꿈도 꾸어보지 못했던 물질적 부를 쌓아올리는 데 성공했다. 인간은 세계 곳곳에 민주주의 사회를 건설했고, 최근에는 전체주의의 새로운 책동에 맞서 자신을 지키는 데 성공했다. 하지만 《자유로부터의 도피》에서 내가 분석하여 보여주려는 것은 근대인이 아직도 불안하다는 것이다. 불안한 인간은 온갖 부류의 독재자들에게 자신의 자유를 넘겨주거나, 스스로 기계의 작은 톱니가 되어 호의호식하지만, 자유로운 인간이 아니라 자동인형 같은 인간이 되고 싶은 유혹에 사로잡힌다.

25년이 지난 지금도 이 책이 분석의 근거로 삼았던 사회적·심리적 경향이 여전히 존재하느냐 아니면 줄어드는 추세냐 하는 의문은 유효하다. 20세기의 마지막 4반세기에도 인간이 자유를 두려워하는 이유, 불안에 사로잡힌 나머지 기꺼이 자동인형 같은 인간이 되려는 이유가 계속 존재할 뿐만 아니라 전보다 훨씬 늘어난 것은 의심할 여지가 없다. 이 점에서 가장 중요한 사건은 핵에너지의 발견과, 그 핵에너지를 대량 파괴 무기로 사용할 수 있는 가능성이다. 인류가 완전 파멸의 위기에 직면한 적은 역사상 한 번도 없었다. 더구나 그 위기를 초래한 것은 인류 자신의 손으로 만든 것이다. 하지만 비교적 멀지 않은 과거인 쿠바 위기* 때, 미국과 유럽에 살고 있는 수억 명의 사람들은 며칠 동안 자신과 자녀들이 또 하루를 볼 수 있을지 알지 못했다. 그때부터 비슷한 위기가 발생할 위험을 줄이려는 노력이 계속되었지만, 대량 파괴 무기는 여전히 존재하고 버튼도 존재한다. 또한 대량 파괴 무기를 이용할 필요가 있다고 여겨질 때 그 버튼을 누르는 일을 위임받은 사람들도 존재하고, 불안과 무력감도 여전히 존재한다.

핵에너지 혁명 외에 사이버 혁명도 25년 전에 사람들이 예측했

• **쿠바 위기** 1962년 10월 22일~11월 2일의 11일간 소련의 핵탄도미사일을 쿠바에 배치하려는 시도를 둘러싸고 미국과 소련이 대치하여 핵전쟁 발발 직전까지 갔던 국제적 위기 사태.

던 것보다 훨씬 빠른 속도로 진전되었다. 우리는 지금 제2의 산업 혁명에 접어들고 있다. 이 혁명에서는 인간의 신체 에너지—이를테면 사람의 손과 팔—만이 아니라 두뇌와 신경 반응까지도 기계가 대신한다. 산업이 가장 발달한 미국 같은 나라에서는 점점 늘어나는 구조적 실업의 위협 때문에 새로운 불안이 생겨나고 있다. 인간은 거대 기업이라는 현상만이 아니라 인간보다 훨씬 빠르게 생각하고 대개는 더 정확하게 생각하면서 거의 자동적으로 자신을 조정하는 컴퓨터 세상이라는 현상에 직면하면 자신이 더욱 왜소해진 기분을 느낀다. 인구 폭발이라는 또 다른 위험도 줄어들기는커녕 오히려 더욱 늘어났다. 여기서도 역시 인간 진보의 산물 가운데 하나인 의술의 발달이 특히 저개발 국가의 인구를 크게 늘려놓았기 때문에, 물질적 생산량 증가는 인구 증가와 거의 보조를 맞출 수 없다.

사회의 거대 세력과 인류의 생존에 대한 위협은 지난 25년 동안 더욱 늘어났고, 따라서 자유로부터 도망치려는 인간의 경향도 더욱 강해졌다. 하지만 희망적인 조짐도 있다. 히틀러와 스탈린의 독재는 사라졌다. 소련권에 속하는 나라들, 특히 작은 나라들은 여전히 극단적인 보수주의와 전체주의를 유지하고 있지만, 이런 나라들에서도 자유화가 진행되는 경향을 분명히 볼 수 있다. 전체주의는 영향력을 얻으려고 애썼지만, 미국은 그런 전체주의의 어떤 노력에도 잘 견디는 강한 저항력을 보여주었다. 흑인들의 정치적·사회적 해방을 위한 중요한 조치들이 취해졌다. 그것은 흑인의 자유를 위한 투쟁에 앞장선 사람들—흑인만이 아니라 백인들까지도—의 용기와 규율 때문에 더욱 인상적이었다. 이 모든 사실은 인간 본성에 내재되어 있는 자유에 대한 욕구가 비록 변질되거나 억눌릴 수는 있지만, 몇 번이고 되풀이하여 단호하게 자기주장을 하는 경향이 있다는 것을 보여준다. 하지만 우리를 안심시키는 이런 사실들에 넘어가서 '자유로부터의 도피'가 별로 위험하지 않다거나, 요즘에는 이 책이 처음 출간되었을 때만큼 위험하지는 않다고 생각하면 안 된다.

이것은 사회심리학의 이론적 통찰이 인간 개발에 미치는 영향에 관한 한 아무 쓸모도 없다는 증거일까? 이 질문에 납득이 가도록 대답하기는 어렵다. 이 분야에 관한 글을 쓰는 저자는 자신과 동료들이 하는 작업의 사회적 가치를 지나치게 낙관적으로 평가하는지도 모른다. 하지만 이 가능성을 인정하더라도, 개인과 사회적 현실에 대한 인식이 중요하다는 나의 믿음은 더욱 커졌다. 왜 그런지, 그 이유를 나는 간단히 설명할 수 있다. 우리가 직면한 중대한 어려움은 인간의 지적 능력 발달이 감정 발달을 훨씬 앞지른다는 사실에 있다는 것이 인간과 현 상황에 관심이 많은 사람들에게 점점 분명해지고 있다. 인간의 두뇌는 20세기에 살고 있지만, 대다수 사람들의 심장은 아직도 석기시대에 살고 있다. 대다수 사람들은 아직 독립적이고 합리적이고 객관적일 수 있을 만큼 성숙하지 못했다. 인간은 혼자이고, 인간 자신을 빼고는 삶에 의미를 부여하는 권위 따위는 존재하지 않는다는 사실을 견뎌내려면 그들에게는 신화와 우상이 필요하다. 인간은 파괴성과 증오, 시샘과 복수심 같은 무분별한 열정을 억누르고 힘과 돈, 독립 국가와 민족을 숭배한다. 인간은 인류의 위대한 정신적 지도자들—부처, 구약의 예언자들, 소크라테스, 예수, 무함마드―의 가르침에 말로만 경의를 표하면서, 그 가르침을 미신과 우상 숭배의 정글로 바꾸어버렸다. 지적·기술적 조숙과 감정적 퇴보 사이의 괴리로 말미암아 자신을 파괴할 위기에 놓인 인류는 그 위기에서 어떻게 자신을 구할 수 있을까?

내가 보기에 해결책은 하나뿐이다. 우리의 사회생활에서 가장 본질적인 사실들에 대한 인식을 강화하는 것이다. 그 인식은 우리가 돌이킬 수 없는 어리석은 짓을 저지르는 것을 막아주고, 객관성과 이성을 유지할 수 있는 능력을 조금이나마 높여준다. 가슴이 저지르는 대부분의 어리석은 짓과 그것이 우리의 상상력과 사고에 미치는 악영향을 겨우 한 세대 만에 극복하기를 바랄 수는 없다. 인간이 수십만 년에 걸친 인류 출현 이전의 역사에서 벗어나려면 아마 천 년은 걸릴 것이다. 하지만 이 중대한 순간, 조금만 통찰력―객관성―을 강화하면 인류의 생사에 중요한 영향을 미칠 수 있다. 이런 이유 때문에 과학적이고 역동적인 사회심리학의 발달이 매우 중요하다. 물리학과 의학의 진보에서 생겨나는 위험에 대응하기 위해서는 사회심리학의 진보가 반드시 필요하다.

이 분야에서 우리의 지식이 부족함을 가장 절실하게 인식할 수 있는 것은 바로 이 분야를 공부하는 학생들이다. 《자유로부터의 도피》와 같은 책들은 이런 유형의 연구가 필요할 뿐 아니라 토대를 제외하고는 거의 모든 것이 부족한 현 상황을 학생들에게 보여준다. 학생들이 여기에 자극을 받아 이 분야에 정력을 쏟기를 바란다.

여러분은 나에게 또 다른 질문을 하고 싶을지도 모른다. 그동안 25년이라는 세월이 흘렀으니, 당신의 이론적 결론을 폭넓게 수정할 필요가 있지 않을까? 솔직히 말하면, 나는 이 분석의 본질적인 요소들이 모두 아직도 타당하다고 믿는다. 다만 그 요소들을 여러 방향으로 확대하고 해석할 필요가 있을 뿐이다. 나는 《자유로부터의 도피》를 쓴 이후 줄곧 스스로 이 작업을 하려고 애써왔다. 《건전한 사회》에서는 현재 사회를 더욱 자세하고 깊이 있게 분석했다. 《주체적 인간》에서는 권위와 폭로가 아니라 인간에 대한 우리의 지식을 바탕으로 윤리 규범이라는 주제를 전개했으며, 《사랑의 기술》에서는 사랑의 다양한 측면을 분석했다. 《인간의 마음》에서는 파괴성과 증오의 뿌리를 추적했으며, 《환상의 사슬을 넘어서》에서는 역동적 인간과학의 위대한 두 이론가, 마르크스와 프로이트의 사상이 어떤 관계를 갖고 있는지를 분석했다.

나에게 바람이 있다면, 이 책이 역동적 사회심리학 분야에 대한 관심을 높이고, 아직 걸음마 단계인, 그렇기 때문에 지적 흥분이 가득한 이 분야에 관심을 갖도록 젊은이들을 자극하는 데 계속 도움이 되었으면 하는 것이다.

 이 책은 근대인의 성격 구조에 대한, 그리고 심리적 요인과 사회적 요인의 상호작용이라는 문제에 대한 광범위한 연구의 일부다. 나는 수년 동안 이 문제를 연구해왔지만, 연구가 끝나려면 그보다 훨씬 오랜 시간이 걸렸을 것이다. 그런데 최근의 정치 상황이 근대 문화의 가장 위대한 업적—개인성과 인격의 독자성—을 은연중에 위협하는 것을 보고, 나는 대규모 연구를 중단하고 우리 시대의 문화적·사회적 위기에 중대한 의미를 지닌 하나의 측면, 즉 근대인에게 있어서의 자유의 의미에 전념하기로 결심했다. 만약 내가 우리 문화에서 인간의 성격 구조에 대한 연구를 끝내고 그 완성된 연구 결과를 독자에게 참고로 제시할 수 있다면, 이 책에서 내가 하고자 하는 일이 훨씬 쉬워질 것이다. 자유의 의미는 근대인의 성격 구조 전반에 대한 분석을 바탕으로 해야만 비로소 완전히 이해할 수 있기 때문이다. 나는 어떤 개념이나 결론을 좀 더 넓은 시야에서 충분히 설명한 뒤에 언급하고 싶었지만, 실제로는 충분한 설명도 없이 언급할 수밖에 없었던 경우가 많았다. 다른 중요한 문제들에 대해서도 곁다리로 잠깐 언급하는 것이 고작이거나 때로는 전혀 언급하지 못한 적도 있었다. 하지만 심리학자는 완벽함에 대한 소망을 희생할 수밖에 없다 해도 현재의 위기를 이해하는 데 도움이 되는 것을 지체 없이 제공해야 한다고 생각한다.

현재의 상황에 관하여 심리학적 고찰이 얼마나 중요한지를 지적한다고 해서, 그것이 반드시 심리학의 과대평가를 의미하는 것은 아니라고 생각한다. 사회 과정의 기본적인 실체는 개인이고, 그의 욕망과 두려움, 열정과 이성, 선과 악에 대한 개인의 성향이다. 사회 과정의 역학을 이해하려면, 개인 안에서 작동하고 있는 심리적 과정의 역학을 이해해야 한다. 어떤 개인을 이해하려면 그 개인을 형성하는 문화를 배경으로 그를 보아야 하는 것과 마찬가지다. 이 책의 주제를 간단히 요약하면, 근대인은 개인에게 안전을 보장해주는 동시에 개인을 속박하던 전(前) 개인주의 사회의 굴레에서는 자유로워졌지만, 개인적 자아의 실현, 즉 개인의 지적·감정적·감각적 잠재력의 표현이라는 적극적 의미에서의 자유는 아직 획득하지 못했다는 것이다. 자유는 근대인에게 독립성과 합리성을 가져다주었지만, 또 한편으로는 개인을 고립시키고 그로 말미암아 개인을 불안하고 무력한 존재로 만들었다. 이 고립은 참기 어려운 것이다. 개인이 고립에서 벗어나려면, 자유라는 무거운 부담을 피해 다시 의존과 복종으로 돌아가거나 아니면 인간의 독자성과 개인성에 바탕을 둔 적극적인 자유를 완전히 실현하는 방향으로 나아가거나, 둘 중

하나를 택해야 한다. 이 책은 예후보다는 진단―해결보다는 분석―이지만, 그 결과는 우리의 행동 방침에 영향을 준다. 왜냐하면 자유로부터 도피하려는 전체주의적 경향의 이유를 이해하는 것이 전체주의 세력을 극복하려는 모든 행위의 전제이기 때문이다.

나는 이 책의 출간을 기뻐하기에 앞서, 나를 격려하고 내 생각에 건설적인 비판을 해준 친구와 동료와 학생들에게 감사하고 싶다. 이 책에 표현된 생각들이 빚지고 있는 저자들에 대해서는 주를 참조해주기 바란다. 하지만 이 책의 완성에 직접 도움을 준 몇 분에게는 특별히 감사를 표하고 싶다. 우선 엘리자베스 브라운 양의 제안과 비판은 이 책의 구성에 매우 귀중한 도움이 되었다. 원고 편집에 도움을 준 T. 우드하우스 씨, 이 책에 언급된 철학적 문제에서 도움을 준 A. 자이데만 박사에게 감사를 드리고 싶다.

또한 다음의 출판물에서 인용하는 것을 허락해준 출판사들에도 감사를 드린다.

• 《기독교 강요》, 장 캘뱅 저, 존 앨런 영역, 기독교 교육위원회(필라델피아).

• 《사회 개혁과 종교 개혁》, 제이콥 S. 샤피로 저, '컬럼비아 역사, 경제학, 공법 연구 총서', 컬럼비아대학 출판부(뉴욕).

• 《의지의 멍에》, 마르틴 루터 저, 헨리 콜 영역, Wm. B. 에르드만스 출판사(미시간 주, 그랜드래피즈).

• 《종교와 자본주의의 발흥》, 리처드 H. 토니 저, 하코트 브레이스 출판사(뉴욕).

• 《나의 투쟁》, 아돌프 히틀러 저, 휴턴미플린 출판사(보스턴).

• 《이탈리아 르네상스의 문화》, 야코프 부르크하르트 저, 맥밀런 출판사(뉴욕).

제1장

자유 — 하나의 심리학적 문제인가?

근대 유럽과 미국의 역사는 인간을 속박해온 정치적·경제적·정신적 족쇄에서 풀려나 자유를 얻으려는 노력을 중심으로 전개된다. 자유를 위한 투쟁은 새로운 자유를 원하는 피압자들이 특권을 지키려는 자들과 맞선 싸움이었다. 어떤 계급이 지배로부터 해방되기 위해 싸우는 동안, 그들은 인간의 자유를 위해 싸우고 있다고 믿었고, 그래서 하나의 이상, 즉 억압당하는 모든 사람에게 깊이 뿌리내린 자유에 대한 갈망에 호소할 수 있었다. 하지만 오랫동안 거의 끊임없이 계속된 투쟁 끝에 마침내 승리하여 자유를 얻으면 지켜야 할 새로운 특권도 얻게 되고, 그러면 어떤 단계에서는 억압에 맞서 싸우던 계급들이 이번에는 자유의 적을 편들게 되었다.

많은 좌절을 겪으면서도 자유는 승리를 거듭해왔다. 그 싸움에서 많은 사람들이 자유 없이 살기보다는 억압에 맞서 싸우다 죽는 편이 낫다고 확신하며 목숨을 잃었다. 이런 죽음은 그들의 개성을 최대한 강력하게 주장하는 것이었다. 역사는 인간이 스스로 자신을 다스리고 스스로 결정을 내리고 자신이 적합하다고 생각하는 대로 생각하고 느낄 수 있다는 것을 입증하는 것처럼 보였다. 인간의 잠재력을 충분히 표출하는 것이야말로 사회 발전이 급속히 접근해가는 목표인 것처럼 생각되었다. 경제적 자유주의, 정치적 민주주의, 종교적 자율, 사생활에 있어서의 개인주의라는 원칙은 자유에 대한 갈망을 표현했고, 동시에 그 갈망을 실현하는 쪽으로 인류를 더 가까이 데려가는 듯했다. 인간을 묶고 있던 속박의 끈들은 차례차례 끊겨 나갔다. 인간은 자연의 지배를 뒤엎고 스스로 자연의 주인이 되었다. 또한 교회와 절대주의 국가의 지배도 뒤집어엎었다. '외적 지배의 폐지'는 인간이 염원하는 목표, 즉 개인의 자유를 이루는 데 필요조건일 뿐만 아니라 충분조건이기도 한 것 같았다.

많은 사람들은 제1차 세계대전을 마지막 전쟁으로 여겼고, 전쟁이 끝난 것은 자유의 궁극적인 승리라고 생각했다. 기존의 민주주의는 더욱 강화된 것처럼 보였으며, 새로운 민주정치는 낡은 군주정치를 대치했다. 하지만 몇 년이 지나기도 전에 인간이 수백 년에 걸친 투쟁으로 얻었다고 믿고 있던 모든 것을 부정하는 새로운 체제가 등장했다. 인간의 사회적·개인적 생활 전반을 사실상 지배하는 이 새로운 체제들의 본질은 한 줌밖에 안 되는 자들을 제외한 모든 사람이 자신은 전혀 통제할 수 없는 권위에 복종하는 것이었다.

처음에는 권위주의 체제의 승리가 소수의 광기 때문이고, 그 광기 때문에 그들은 조만간 몰락할 것이라고 생각하면서 위안을 얻는 사람이 많았다. 이탈리아인과 독일인은 민주주의를 충분히 오랫동안 훈련하지 못했고, 따라서 그들이 서구 민주주의 국가들만큼 정치적으로 성숙해지는 것을 흐뭇하게 지켜보면서 기다리면 된다고 우쭐대는 사람들도 있었다. 히틀러 같은 자들은 오로지 권모술수만으로 거대한 조직체인 국가를 지배하는 권력을 얻었고, 그들과 그들의 추종자들은 순전히 힘으로만 나라를 통치하고 있으며, 국민은 의지라고는 전혀 없는 배신과 테러의 대상일 뿐이라는 생각도 당시 널리 퍼져 있던 환상, 어쩌면 모든 환상 중에서 가장 위험한 환상이었다.

그 후 세월이 흐르면서 이런 주장의 오류가 분명해졌다. 수백만의 독일인은 그들의 선조가 자유를 위해 싸운 것만큼 열정적으로 자유를 포기했다는 것, 그들은 자유를 원하기는커녕 자유로부터 벗어날 길을 찾았다는 것, 나머지 수백만의 독일인은 거기에 무관심했으며 자유를 지키는 일이 싸우다 죽을 만한 가치가 있다고는 생각지 않았다는 것을 우리는 인정할 수밖에 없었다. 민주주의의 위기는 이탈리아나 독일에만 특유한 문제가 아니라 모든 근대 국가가 직면한 문제라는 것도 우리는 인정한다. 인간의 자유를 위협하는 적들이 어떤 상징을 택하는지도 중요하지 않다. 노골적인 파시즘[1]의 이름이 아니라 반파시즘의 이름으로 자유를 공격한다고 해서 자유가 덜 위태로운 것은 아니다. 이 진실에 대해서는 존 듀이가 아주 강력하게 표현했기 때문에, 그의 말을 빌려서 그 생각을 표현하고자 한다. 존 듀이는 이렇게 말하고 있다. "우리의 민주주의를 심각하게 위협하는 것은 해외에 있는 전체주의 국가가 아니다. 우리 자신의 개인적 태도와 우리 자신의 제도 속에는 외적인 권위와 규율, 획일성, 외국의 지도자에 대한 의존이 승리를 거둘 수 있게 해준 조건들이 존재하고, 바로 그것이 우리의 민주주의를 심각하게 위협한다. 따라서 싸움터는 이곳, 우리 자신과 우리 제도의 내부에도 존재한다."[2]

파시즘과 싸우고 싶으면 우선 파시즘을 이해해야 한다. 희망적인 관측은 우리에게 도움이 되지 않는다. 낙관적인 공식을 나열하는 것은 인디언의 기우제에서 춤을 추는 의식만큼 생뚱맞고 소용없을 것이다.

파시즘을 낳은 경제적·사회적 조건이라는 문제 외에 인간적인 문제도 이해할 필요가 있다. 근대인의 성격 구조에 포함되어 있는 그 역동적인 요인들, 파시즘 국가에서 사람들로 하여금 자유를 포기하게 만들고 이곳 미국에서도 수백만 명이나 되는 사람들에게 널리 퍼져 있는 그 요인들을 분석하는 것, 그것이 이 책의 목적이다.

우리가 자유의 인간적 측면, 복종에 대한 동경, 권력에 대한 욕망을 고찰할 때 제기되는 두드러진 문제들은 다음과 같다. 인간의 경험으로서 자유란 무엇인가? 자유에 대한 갈망은 인간 본성에 고유한 것인가? 그 갈망은 인간이 살고 있는 문화와는 관계없이 누구나 똑같이 경험하는 것인가, 아니면 특정한 사회에서 도달한 개인주의의 정도에 따라 달라지는 것인가? 자유는 외부의 압박이 없는 것만을 의미하는가, 또는 무언가의 '존재'도 의미하는가—만약 그렇다면, 그 '존재'는 무엇인가? 사회에서 자유를 갈망하게 만드는 사회적·경제적 요인들은 무엇인가? 자유가 인간에게 견디기 어려울 만큼, 그래서 거기에서 벗어나려고 애쓸 만큼 무거운 부담이 될 수 있는가? 그렇다면 자유가 그렇게 많은 사람이 염원하는 목표인 동시에 또 다른 사람들에게는 무서운 위협이 되는 까닭은 무엇인가?

자유에 대한 타고난 갈망 외에 복종에 대한 본능적인 원망(願望)도 존재하지 않을까? 그것이 존재하지 않는다면, 오늘날 그렇게 많은 사람들이 지도자에게 복종하는 데 그렇게 강력한 매력을 느끼는 이유를 어떻게 설명할 수 있는가? 복종은 항상 겉으로 명백하게 드러난 권위에 대한 복종인가, 아니면 의무나 양심 같은 내면화한 권위와 내적 강요 또는 여론 같은 익명적 권위에 대한 복종도 의미하는가? 복종에는 숨겨진 만족감이 존재하는가, 그렇다면 그 본질은 무엇인가?

인간의 마음속에 지칠 줄 모르는 권력욕을 만들어내는 것은 무엇인가? 생명에너지의 힘인가? 또는 자연스럽게 사랑하는 마음으로 삶을 경험하지 못하는 근본적인 나약함이 그런 권력욕을 낳는 것인가? 권력을 추구하는 이 같은 노력을 강화하는 심리적 조건은 무엇인가? 이런 심리적 조건의 바탕이 되는 사회적 조건은 무엇인가?

자유의 인간적 측면과 권위주의를 분석하려면 일반적인 문제, 즉 심리적 요인들이 사회 과정에 적극적인 영향력으로 참여하여 맡고 있는 역할을 고찰할 수밖에 없다. 그리고 이것은 결국 사회 과정에서 심리적·경제적·이념적 요인들의 상호작용이라는 문제로 이어진다. 위대한 민족을 사로잡는 파시즘의 매력을 이해하려면 심리적 요인들의 역할을 인정할 수밖에 없다. 우리가 여기서 다루고자 하는 정치 체제는 본질적으로 이기심이라는 합리적인 힘에 호소하지 않고, 우리가 지금까지 존재하지 않는다고 믿었거나 적어도 오래전에 자취를 감추었다고 생각한 악마적인 힘을 인간에게 불러일으키고 집결시키는 체제이기 때문이다. 지난 수세기 동안 우리에게 친숙해진 인간상은 이기심과 그에 따라 행동할 수 있는 능력으로 자신의 행동을 결정하는 합리적 존재의 모습이었다. 권력욕과 적개심을 인간의 추진력으로 인정한 토머스 홉스 같은 저자들조차 이런 원동력의 존재를 인간의 이기심에서 나온 당연한 결과로 설명했다. 인간은 평등하고 따라서 행복을 바라는 똑같은 소망을 갖고 있기 때문에, 하지만 그 모든 사람을 똑같이 만족시킬 수 있을 만큼 부가 충분치 않기 때문에, 사람들은 서로 싸울 수밖에 없고, 현재 자기가 가진 것을 앞으로도 계속 누릴 수 있도록 보장해줄 권력을 원한다는 것이다. 하지만 홉스가 그린 인간상은 시대에 뒤떨어지게 되었다. 중산계급이 과거의 정치 지도자나 종교 지도자들의 권력을 무너뜨리는 데 성공하면 할수록, 인간이 자연을 정복하는 데 성공하면 할수록, 수백만의 개인들이 경제적으로 독립하면 할수록 인간은 합리적인 세계의 존재를 믿게 되고, 인간도 본질적으로 합리적인 존재라고 믿게 되었다. 인간의 본성에 내재해 있는 어둡고 악마적인 힘은 중세나 그 이전 시대로 밀려났고, 기만적인 군주나 성직자들의 교활한 책략이나 무지가 그런 힘을 낳은 원인으로 설명되었다.

사람들은 오랫동안 불을 뿜지 않은 화산을 바라보듯 이런 시대를 뒤돌아보았다. 사람들은 근대 민주주의가 이룩한 업적이 사악한 세력을 모조리 소탕했다고 믿고 안심했다. 세계는 휘황하게 불이 켜진 근대 도시의 거리만큼 밝고 안전해 보였다. 전쟁은 과거의 마지막 유물로 여겨졌고, 필요한 것은 전쟁을 끝내기 위한 또 한 차례의 전쟁뿐이었다. 경제 위기는 매우 주기적으로 계속 일어나는데도 불구하고, 우연한 사고로 여겨졌다.

파시즘이 권력을 잡았을 때, 대다수 사람들은 이론적으로나 실제적으로나 준비가 되어 있지 않았다. 그들은 인간이 악에 대한 성향과 힘에 대한 욕망을 그렇게 노골적으로 드러낼 수 있다는 것을 믿을 수가 없었다. 인간이 약자의 권리를 그렇게 무시하고 복종을 갈망할 수 있다는 것도 믿을 수 없었다. 화산이 분출하기 전에 땅이 울리는 것을 알아차린 사람은 극소수뿐이었다. 니체는 19세기의 자기만족적인 낙관주의를 흔들어놓았고, 마르크스도 다른 방식으로 낙관주의를 뒤흔들었다. 또 다른 경고는 조금 나중에 프로이트한테서 나왔다. 확실히 프로이트와 그의 제자들 대다수는 사회에서 일어나는 일에 대해 지극히 소박한 생각밖에 갖고 있지 않았고, 그가 사회 문제에 심리학을 적용한 경우에는 대부분 그 해석이 오해를 불러일으킬 소지를 가지고 있었다. 하지만 프로이트는 개인의 정서적 장애와 정신적 불안이라는 현상에 관심을 기울여, 우리를 화산 꼭대기로 데려가 부글부글 끓고 있는 분화구를 들여다보게 해주었다.

프로이트는 인간 행동의 여러 부분을 결정하는 비합리적이고 무의식적인 힘을 관찰하고 분석하는 일에서 그 전의 누구보다도 앞서 있었다. 근대 합리주의는 인간성을 이루는 비합리적이고 무의식적인 부분의 존재를 도외시했지만, 근대 심리학에서 프로이트와 그의 후계자들은 그 비합리적이고 무의식적인 부분을 드러냈을 뿐만 아니라, 그 비합리적인 현상이 일정한 법칙을 따르기 때문에 합리적으로 이해할 수 있다는 것도 보여주었다. 프로이트는 인간 행동의 비합리성만이 아니라 꿈의 언어와 신체적 증상을 이해하는 법도 우리에게 가르쳐주었다. 프로이트는 개인의 성격 구조 전체만이 아니라 이런 비합리적인 행동들도 개인이 외부 세계에서 받은 영향, 특히 어린 시절에 받은 영향에 대한 반응이라는 사실을 발견했다.

하지만 프로이트는 그가 속해 있던 문화의 정신으로 가득 차 있어서, 그것이 정해놓은 어떤 한계를 넘어서지 못했다. 이 한계는 환자에 대한 그의 이해까지도 제한하게 되었고, 그가 정상적인 개인을 이해하고 사회생활에서 일어나는 비합리적인 현상을 이해하는 데도 걸림돌이 되었다.

이 책은 사회 과정 전반에서 심리적 요소들이 맡고 있는 역할을 강조하고, 이 분석은 프로이트의 기본적인 발견—특히 인간의 성격에서 무의식적인 힘들이 어떻게 작용하는지, 그 힘들이 외부의 영향에 얼마나 의존하는지에 관한 발견—에 바탕을 두고 있기 때문에, 우리의 접근방식의 일반적인 원칙은 무엇이고, 이 원칙과 프로이트의 고전적인 개념은 어떻게 다른지를 처음부터 알려주는 편이 독자들에게 도움이 될 것 같다.[3]

프로이트는 인간의 본성이 악하다는 전통적인 학설만이 아니라 인간과 사회를 기본적으로 양분하는 전통적인 믿음도 받아들였다. 인간은 근본적으로 반사회적이라고 그는 생각했다. 사회는 인간을 길들여야 하고, 인간이 생물학적—따라서 근절할 수 없는—충동을 직접 만족시키는 것을 어느 정도는 허락해야 한다. 하지만 대체로 사회는 인간의 기본적인 충동을 정화시키고 노련하게 억제해야 한다. 타고난 충동을 사회가 이렇게 억압하면, 그 결과 기적적인 일이 일어난다. 즉 억압당한 충동이 문화적으로 가치 있는 노력으로 바꿔고, 그리하여 문화의 인간적 토대가 되는 것이다. 프로이트는 억압이 문화적 행동으로 바뀌는 이 이상한 변화를 승화(昇華)라고 불렀다. 억압의 정도가 개인이 승화시킬 수 있는 한계를 넘으면 개인은 신경증에 걸리고, 억압을 줄이는 것을 허락할 필요가 있다. 하지만 일반적으로, 개인의 충동을 만족시키는 것과 문화 사이에는 반비례 관계가 존재한다. 그러니까 억압이 강할수록 문화가 발달한다(그리고 신경 장애에 걸릴 위험도 더 높아진다). 프로이트의 이론에서 개인과 사회의 관계는 본질적으로 고정적이다. 개인은 사실상 변하지 않는 상태로 남아 있고, 사회가 개인의 자연스러운 충동에 더 강한 압력을 행사하거나(그래서 더 많은 승화를 강요하거나) 더 많은 만족을 허용하거나(그래서 문화를 희생시키거나) 할 때에만 개인도 변한다.

이전의 심리학자들이 인정한 이른바 인간의 기본적 본능과 마찬가지로, 인간 본성에 대한 프로이트의 개념은 본질적으로 근대인에게서 볼 수 있는 가장 중요한 충동들을 반영한 것이었다. 프로이트에게는 그의 문화권에 속하는 개인이 인간을 대표했고, 근대 사회에 사는 인간 특유의 열정과 불안은 인간의 생물학적 구조에 뿌리를 내린 영원한 힘으로 여겨졌다.

우리는 이 점을 실증하는 예를 많이 들 수 있지만(예를 들면 오늘날 현대인에게 널리 퍼져 있는 적개심의 사회적 토대, 오이디푸스 콤플렉스, 여성들의 이른바 거세 콤플렉스 등), 인간을 사회적 존재로 보는 개념 전반과 관련되어 있기 때문에 특히 중요한 실례를 한 가지만 더 제시하고 싶다. 프로이트는 언제나 개인을 타인들과 관련지어 생각한다. 하지만 프로이트가 생각하는 이 관계는 자본주의 사회에 사는 개인이 타인들과 맺고 있는 독특한 경제적 관계와 비슷하다. 각자는 자기가 책임지고 개인주의적으로 자신을 위해 일하지 기본적으로 타인과 협력하여 일하지는 않는다. 하지만 그는 로빈슨 크루소가 아니다. 그는 고객이나 고용주나 고용인이 될 타인을 필요로 한다. 그는 물건을 사고팔아야 하고, 남들과 주고받아야 한다. 상품시장이든 노동 시장이든, 시장이 이 관계를 규제한다. 따라서 주로 혼자이고 자급자족할 수 있는 개인은 한 가지 목적—물건을 팔거나 사는 것—을 위한 수단으로 타인들과 경제적 관계를 맺는다. 인간관계에 대한 프로이트의 개념도 본질적으로는 이와 같다. 개인은 반드시 충족시킬 필요가 있는 생물학적 충동들을 충분히 갖추고 있는 듯하다. 그 충동들을 만족시키기 위해 개인은 다른 '객체'와 관계를 맺고, 따라서 다른 개인들은 언제나 자신의 목적을 이루기 위한 수단일 뿐이다. 그 목적은 개인이 타인들과 접촉하기 전에 원래 자신에게서 비롯된 욕구를 충족시키는 것이다. 프로이트가 말하는 의미에서의 인간관계가 이루어지는 현장은 시장과 비슷하다. 그것은 생물학적으로 주어진 욕구를 서로 충족시켜주는 것이고, 여기서 타인과의 관계는 언제나 목적을 이루기 위한 수단일 뿐, 결코 그 자체가 목적은 아니다.

이 책에 제시된 분석은 프로이트의 관점과는 대조적이다. 심리학의 주요 문제는 이런저런 본능적 욕구 자체를 충족시키거나 좌절시키는 문제가 아니라 세계에 대한 개인의 관계가 구체적으로 어떤 종류의 것이냐가 문제라는 가정, 그리고 인간과 사회의 관계는 고정적인 게 아니라는 가정이 이 책에 제시된 분석의 기본 바탕이다. 한쪽에는 어떤 충동을 타고난 개인이 있고, 또 한쪽에는 개인과는 별도로 개인의 타고난 성향을 충족시키거나 좌절시키는 사회가 존재하는 것은 아니다. 식욕·갈증·성욕처럼 모든 인간에게 공통된 욕구는 존재하지만, 사랑과 미움, 권력욕과 복종심, 관능적 쾌락에 대한 욕망 또는 두려움처럼 사람들의 성격에 차이를 가져오는 충동들은 모두 사회 과정의 산물이다. 인간의 가장 추악한 성향만이 아니라 가장 훌륭한 성향도 생물학적으로 주어진 고정된 인간 본성이 아니라 인간을 만들어내는 사회 과정의 결과다. 다시 말하면 사회는 개인을 억압하는 기능만이 아니라—물론 그 기능도 갖고 있기는 하지만—창조적인 기능도 갖고 있다. 인간의 본성, 열정과 불안은 문화적 산물이다. 사실 인간 자체가 인류의 부단한 노력이 낳은 가장 중요한 창조물이자 성취이고, 그 기록을 우리는 역사라고 부른다.

역사에서 일어나는 이러한 인간의 창조 과정을 이해하는 것이 바로 사회심리학의 과제다. 하나의 역사 시대에서 다음 역사 시대로 넘어갈 때 인간의 성격에 어떤 뚜렷한 변화가 일어나는 까닭은 무엇인가? 르네상스 정신은 왜 중세 정신과 다른가? 독점자본주의 시대 인간의 성격 구조는 왜 19세기 인간의 성격 구조와 다른가? 사회심리학은 좋든 나쁘든 새로운 능력과 새로운 열정이 생겨나는 이유를 설명해야 한다. 그리하여 예를 들면 르네상스 시대부터 오늘날까지 인간은 명성을 얻으려는 불타는 야망으로 가득 찼지만, 오

제1장 자유─하나의 심리학적 문제인가?

늘날에는 지극히 자연스러워 보이는 이 욕망이 중세 사회의 인간에게는 거의 존재하지 않았다는 사실을 우리는 알게 된다.[4] 또한 전에는 인간이 가지고 있지 않았던 자연의 아름다움에 대한 감각도 같은 시대에 발달했다.[5] 북유럽 국가에서는 16세기부터 인간이 일하고 싶은 욕망에 거의 강박적으로 사로잡혔다. 그 전에는 노예가 아닌 자유민은 일을 하고 싶어 하지 않았다.

하지만 인간은 역사에 의해 만들어질 뿐만 아니라 역사를 만들기도 한다. 얼핏 모순되어 보이는 이 문제를 해결하는 것이 사회심리학의 영역이다.[6] 열정과 욕망과 불안이 사회 과정의 '결과'로 어떻게 변화하고 발전하는지를 보여주는 것만이 아니라, 그렇게 구체적인 형태를 이루게 된 인간의 에너지가 어떻게 '사회 과정을 형성하는 생산력'이 되는지를 보여주는 것도 사회심리학의 과제다. 따라서, 예컨대 명성과 성공을 얻고자 하는 갈망과 일하고 싶은 욕구는 근대 자본주의를 발달시킨 원동력이다. 이것이 없었다면 근대 자본주의는 발달할 수 없었을 것이며, 이 원동력과 그 밖에 인간이 가지고 있는 수많은 힘이 없었다면 인간은 근대 상공업 체제의 사회적·경제적 요구에 따라 행동할 수 있는 추진력이 부족했을 것이다.

지금까지 본 바와 같이, 이 책에 제시된 관점은 프로이트의 관점과는 다르다. 프로이트는 역사를 원래 사회적 제약을 받지 않는 심리적 힘들의 결과로 해석했지만, 우리는 거기에 전혀 동의하지 않는다. 또한 이 책의 관점은 사회 과정의 역동적 요소들 가운데 하나인 인적 요인의 역할을 도외시하는 이론에도 전혀 동의하지 않는다. 이 비판은 사회학에서 심리학적 문제를 노골적으로 배제하고 싶어 하는 사회학 이론(예를 들면 뒤르켐과 그 학파의 이론)만이 아니라 다소 행동심리학의 색채를 띤 이론에도 적용된다. 이 모든 이론의 공통점은, 인간의 본성은 그 자체의 독자적인 활력을 갖지 못한다는 가정과, 심리적 변화는 새로운 문화 유형에 적응하기 위한 새로운 '습관'의 발달이라는 관점에서 이해되어야 한다는 가정이다. 이 이론들은 심리적 요인에 대해 말하고 있지만, 그와 동시에 그 요인을 문화 유형의 그림자로 격하시킨다. 프로이트가 토대를 놓은 역동심리학만이 인적 요인에 대해 말로만 경의를 표하지 않고 실제로 그것을 중시할 수 있다. 고정된 인간 본성은 존재하지 않지만, 그렇다고 해서 인간의 본성이 무한히 변할 수 있다고 생각해서는 안 된다. 또한 어떤 상황에서도 자신의 심리적 역동성을 발달시키지 않고 그 상황에 적응할 수 있다고 생각해서도 안 된다. 인간의 본성은 역사적 진화의 산물이지만 어떤 고유한 메커니즘과 법칙을 갖고 있는데, 그것을 발견하는 것이 심리학의 과제다.

'적응'이라는 개념을 논하기 위해서는 이 시점에서 지금까지 이야기한 것과 거기에서 자연히 나오는 결론을 충분히 이해할 필요가 있을 듯하다. 이 논의는 심리적 메커니즘과 법칙이 무엇을 의미하는지도 분명히 설명해준다.

'정적'인 적응과 '동적'인 적응을 구별하는 것이 유용할 듯싶다. 정적인 적응이란 어떤 행동 양식에 적응할 때 성격 구조 전체가 바뀌지 않고 새로운 습관을 받아들이기만 하는 것을 의미한다. 예를 들면 중국인의 식습관이 포크와 나이프를 사용하는 서양식 식습관으로 바뀌는 것이 이런 종류의 적응이다. 미국으로 건너온 중국인은 이런 새로운 행동 양식에 적응하겠지만, 이 적응 자체는 그의 성격에 거의 영향을 미치지 않는다. 다시 말하면 그것은 새로운 충동이나 성격 특징을 낳지 않는다.

동적 적응은 예를 들면 소년이 엄격하고 위협적인 아버지의 명령에 복종하여—아버지가 너무 두려운 나머지 거역할 엄두도 내지 못하고—'착한' 아이가 될 때 일어나는 종류의 적응을 의미한다. 소년은 상황의 요구에 적응하지만, 마음속에서는 무언가가 일어난다. 그는 아버지에게 격렬한 적개심을 품을 수도 있지만, 그것을 겉으로 나타내거나 자각하는 것조차도 너무나 위험하기 때문에 그 감정을 억누른다. 하지만 이 억눌린 적개심은 겉으로 드러나지는 않아도 그의 성격 구조에서 역동적 역할을 하는 요인이 된다. 그것은 새로운 불안을 낳을 수 있고, 그리하여 훨씬 강한 복종으로 이어질 수도 있다. 또는 특정한 사람이 아니라 인생 전반에 대한 막연한 반항심을 불러일으킬 수도 있다. 여기서도 첫 번째 경우와 마찬가지로 개인은 어떤 외부 상황에 적응하지만, 이런 종류의 적응은 그의 내면에 새로운 무언가를 만들어내고, 새로운 충동과 새로운 불안을 불러일으킨다. 모든 신경증은 이 동적 적응의 사례다. 그것은 본질적으로 비합리적인 외부 상황(특히 유년기의 상황), 일반적으로 말해서 어린이의 성장과 발달에 적합하지 않은 외부 상황에 적응하는 것이다. 이와 마찬가지로, 개인의 신경증적 현상과 비교할 수 있는 사회심리적 현상(왜 그것을 신경증적이라고 부르면 안 되는지는 나중에 논할 예정이다), 예를 들면 일부 사회 집단에 존재하는 파괴적이거나 가학적인 강한 충동 같은 것은 인간 발달에 해로운 비합리적인 사회 상황에 역동적으로 적응한 사례다.

어떤 종류의 적응이 일어나는가 하는 문제 이외에 또 다른 문제에도 대답할 필요가 있다. 우리가 상상할 수 있는 거의 모든 생활 조건에 적응하도록 강요하는 것은 무엇인가? 그리고 인간이 지닌 적응성의 한계는 어디까지인가?

이런 문제에 대답할 때, 우리가 먼저 논해야 할 첫 번째 현상은 인간의 본성에는 다른 부분보다 유연하고 순응적인 부분이 있다는 사실이다. 사람마다 다른 그런 충동과 성격 특징들은 많은 탄력성과 유연성을 보여준다. 사랑, 파괴성, 가학성, 복종심, 권력욕, 초연함, 권력을 확대하려는 욕망, 절약에 대한 열정, 관능적 쾌락에 대한 욕망과 두려움 등이 거기에 속한다. 그 밖에도 인간에게서 찾아볼 수 있는 수많은 욕망과 두려움은 어떤 생활 조건에 대한 반작용으로 생겨난다. 그것들이 일단 한 사람의 성격을 이루는 특징이 되면 쉽게 사라지거나 다른 충동으로 바뀌지 않기 때문에, 특별히 유연하지는 않다. 하지만 개인은 특히 어린 시절 자신의 생활양식에 따라 이런저런 욕구를 발달시킨다는 의미에서는, 그런 성격 특징도 유연성을 갖는다고 말할 수 있다. 이런 욕구는 타고난 본성처럼 단단하게 고정된 것이 아니다. 타고난 본성은 어떤 상황에서도 발현되고 반드시 충족시켜야 하지만, 후천적으로 생겨난 욕구는 융통성이 있다.

그런 욕구와는 대조적으로 인간의 본성에 없어서는 안 되고 반드시 충족시킬 필요가 있는 욕구, 즉 식욕·갈증·수면욕처럼 인간의 생리적 구조에 뿌리를 둔 욕구가 존재한다. 이런 욕구에는 저마다 어떤 한계점이 존재하는데, 욕구 불만이 그 한계점을 넘어서면 도저히 견딜 수 없어지고, 어떻게든 욕구를 충족시키려는 경향은 강력한 충동의 성질을 띠게 된다. 이 모든 생리적 욕구는 자기보존욕이라는 개념으로 요약할 수 있다. 이 자기보존욕은 인간의 본성 가운데 어떤 상황에서도 충족시킬 필요가 있고, 따라서 인간 행동의 1차적 동기를 이루는 바로 그 부분이다.

이것을 간단한 공식으로 표현하면, 인간은 먹고 마시고 잠자고 적에 맞서 자신을 지켜야 한다. 이 모든 것을 하기 위해서는 일해야 하고 생산해야 한다. 하지만 '일'은 결코 일반적이거나 추상적인 것이 아니다. 일은 항상 구체적인 일, 즉 특정한 경제 체제에 포함되어 있는 특정한 부류의 일이다. 사람은 봉건주의 체제에서 노예로 일할 수도 있고, 인디언 마을에서 농부로 일할 수도 있고, 자본주의 사회에서 사업가로 일할 수도 있고, 근대적인 백화점에서 점원으로 일할 수도 있고, 대규모 공장의 끝없는 컨베이어 벨트 앞에서 노동자로 일할 수도 있다. 이런 다양한 부류의 일은 전혀 다른 성격 특징을 요구하고, 다양한 인간관계를 맺는 데 도움이 된다. 사람이 태어나면 그를 위한 무대가 만들어진다. 그는 먹고 마셔야 하고, 따라서 일해야 한다. 이것은 그가 태어난 사회가 결정해준 방식에 따라 특정한 조건에서 일해야 한다는 것을 의미한다. 삶의 욕구와 사회 체제라는 이 두 요인은 원칙적으로는 개인이 바꿀 수 없고, 그보다 더 큰 가소성(可塑性)을 보여주는 다른 특징들의 발달을 결정하는 요인들이다.

이렇게 경제 체제의 특징이 개인을 위해 결정해준 생활양식은 개인의 성격 구조 전체를 결정하는 주된 요인이 된다. 반드시 충족시켜야 하는 자기보존욕은 그가 살아가야 하는 생활 조건을 받아들이도록 강요하기 때문이다. 그렇다고 해서 개인이 타인들과 함께 경제 체제와 정치 제도를 바꾸려고 애쓸 수 없다는 뜻은 아니지만, 개인의 성격은 주로 특정한 생활양식에 의해 형성된다. 개인은 어린 시절에 특정한 사회나 계층의 전형적인 특징을 모두 대표하는 가족을 통해 이미 특정한 생활양식에 직면했기 때문이다.[7]

인간의 본성에서 반드시 충족시켜야 하는 부분은 생리적 욕구만이 아니다. 그에 못지않게 강력한 또 다른 부분도 있는데, 육체적 과정이 아니라 인간의 생활양식과 습관의 본질 그 자체에 뿌리를 두고 있는 이 부분은 바로 외부 세계와 관계를 맺고자 하는 욕구, 고독을 피하려는 욕구다. 육체적 굶주림이 죽음으로 이어지듯, 완전히 혼자 고립되어 있다는 느낌은 정신적 분열을 초래한다. 이렇게 타인과 관계를 맺는 것은 신체적인 접촉과는 다르다. 개인은 육체적 의미에서는 오랫동안 혼자 지내면서도 어떤 견해나 가치관, 또는 적어도 남과 교감한다는 느낌과 '소속감'을 줄 수 있는 사회 활동에 관여할 수 있다. 반면에 사람들과 어울려 살면서도 완전한 고독감에 사로잡힐 수 있고, 이 고독감이 일정한 한계를 넘으면 정신분열증을 비롯한 정신이상을 초래할 수 있다. 가치관, 상징, 행동 양식과의 이런 관계 결핍을 정신적 고독이라고 부를 수 있고, 정신적 고독은 육체적 고독만큼 참기 어렵다고 말할 수 있다. 아니, 그렇다기보다 육체적 고독은 정신적 고독도 함께 의미하는 경우에만 견딜 수 없어진다고 말할 수 있다. 외부 세계와의 정신적 관계는 다양한 형태를 띨 수 있다. 수도원의 독방에서 신을 믿는 수도사와 독방에 갇혀 있으면서도 동지들과 일체감을 느끼는 정치범은 정신적으로 혼자가 아니다. 지극히 이국적인 환경에서도 야회복을 입고 있는 영국 신사, 동포들과 완전히 격리되어 있는데도 조국이나 그 상징과 일체감을 느끼는 소시민도 정신적으로는 혼자가 아니다. 외부 세계와의 관계는 고귀할 수도 있고 하찮을 수도 있지만, 아무리 천박한 행동 양식과 관계를 맺더라도 혼자인 것보다는 훨씬 낫다. 종교와 민족주의는 어떤 관습이나 믿음 못지않게 터무니없고 수치스럽지만, 개인을 타인과 연결해주기만 한다면 인간이 가장 두려워하는 고독에서 벗어날 수 있는 도피처가 될 수 있다.

정신적 고독을 피하고자 하는 강렬한 욕구는 발자크가 쓴 〈발명가의 고뇌〉*의 다음 대목에 가장 생생하게 묘사되어 있다.

"하지만 한 가지는 알아두어라. 아직 유연한 네 마음에 그것을 깊이 새겨놓아라. 인간은 고독을 두려워한다는 것을. 그리고 모든 고독 중에서도 정신적 고독이 가장 끔찍하다는 것을. 초기의 은자들은 신과 함께 살았다. 그들은 가장 인구밀도가 높은 정령들의 세계에서 살았다. 나병 환자든 죄수든 죄인이든 병자든, 인간이 맨 먼저 떠올리는 생각은 자신과 같은 운명에 놓인 동료를 갖는 것이다. 삶 자체인 이 욕구를 충족시키기 위해 그는 자신의 힘과 능력, 삶의 에너지를 모조리 쏟아붓는다. 이 압도적인 갈망이 없었다면 사탄이 동지를 찾을 수 있었을까? 이 주제에 대해 《실락원》의 프롤로그가

---

* **〈발명가의 고뇌〉** 《잃어버린 환상》의 제3부. 제1부(〈두 시인〉, 1837)와 제2부(〈파리에 온 시골 위인〉, 1839)에 이어 1843년에 단행본으로 출간되었다.

될 만한 서사시 한 편을 쓸 수도 있을 것이다. 밀턴의《실락원》은 반역에 대한 변명에 불과하기 때문이다."

인간은 왜 고독을 그렇게 두려워하는가 하는 질문에 대답하려고 하면, 우리가 이 책에서 걷고 있는 길을 너무 멀리 벗어날 것이다. 하지만 타인들과 일체감을 느끼고자 하는 욕구가 뭔가 신비적인 성질을 갖고 있다는 인상을 독자에게 주지 않기 위해, 그 대답이 존재한다고 생각되는 방향을 가리켜주고 싶다.

한 가지 중요한 요소는 타인들과 협력하지 않고는 살아갈 수 없다는 사실이다. 어떤 문화에서도 인간은 적이나 자연의 위험으로부터 자신을 지키기 위해서든, 또는 일을 하거나 생산을 하기 위해서든, 살아남고 싶으면 타인들과 협력할 필요가 있다. 로빈슨 크루소조차 프라이데이라는 하인과 동행했고, 프라이데이가 없었다면 아마 미쳤을 뿐 아니라 사실상 죽었을 것이다. 모든 사람은 어릴 적에 남의 도움이 얼마나 필요한지를 철저히 경험한다. 어린이는 아주 중요한 기능도 스스로 처리할 수 없기 때문에, 타인들과의 소통은 어린이에게는 생사가 달린 문제다. 따라서 혼자 남겨질 가능성은 어린이의 존재 전체에 가장 중대한 위험일 수밖에 없다.

하지만 어딘가에 '소속'하고자 하는 욕구를 그토록 강력하게 만드는 또 다른 요소가 있다. 그것은 바로 주관적인 자의식, 다시 말하면 인간이 자신을 자연이나 타인과는 다른 별개의 실체로 의식하는 사고 능력이다. 다음 장에서 지적하겠지만, 이 의식의 정도는 다양하다. 하지만 그 자의식의 존재 때문에 인간은 본질적으로 인간적인 문제에 직면한다. 인간은 자신을 자연이나 타인과는 별개의 존재로 의식하고, 죽음과 질병과 노화를—아주 막연하게나마—의식하면, '그'가 아닌 다른 모든 사람이나 우주와 비교하여 자신이 너무나 하찮고 작게 느껴질 수밖에 없다. 그는 어딘가에 속해 있지 않으면, 그의 삶이 어떤 의미와 방향도 갖지 않으면, 자신이 한낱 티끌처럼 느껴질 것이고, 개인적으로 무의미하다는 느낌에 압도당하고 말 것이다. 그의 삶에 의미와 방향을 줄 어떤 체제와도 자신을 결부시킬 수 없을 것이고, 의심으로 가득 찰 것이다. 그리고 이 의심은 결국 그의 행동 능력, 즉 살아갈 수 있는 능력을 마비시킬 것이다.

앞으로 더 나아가기에 앞서, 사회심리학의 문제에 대한 우리의 전반적인 접근방식과 관련하여 지금까지 언급한 것을 요약하는 것도 도움이 될 것이다. 인간의 본성이란 생물학적으로 고정되어 있는 타고난 충동들의 총화도 아니고, 또한 순조롭게 적응해가는 문화유형의 생명 없는 그림자도 아니다. 인간의 본성은 인간 진화의 산물이지만, 어떤 고유한 메커니즘과 법칙도 갖고 있다. 인간의 본성에는 고정 불변의 요소들이 있는데, 생리적 요구를 충족시켜야 할 필요성, 고립과 정신적 고독을 피해야 할 필요성이 그것이다. 개인은 어떤 사회 특유의 생산과 분배 체제에 뿌리를 둔 생활양식을 받아들여야 한다는 것을 우리는 알았다. 문화에 역동적으로 적응하는 과정에서 개인의 행동과 감정을 유발하는 강력한 충동들이 수없이 생겨난다. 개인은 이 충동들을 의식할 수도 있고 의식하지 못할 수도 있지만, 어쨌든 그 욕구들은 강력하고, 일단 생겨나면 충족시켜 줄 것을 요구한다. 그것들은 강력한 영향력이 되어, 이번에는 반대로 사회 과정을 형성하는 데 영향을 미친다. 경제적·심리적·이념적 요인들이 어떻게 상호작용을 하고 이 상호작용에 관하여 어떤 일반적 결론을 내릴 수 있을지는 나중에 종교개혁과 파시즘을 분석하는 과정에서 논할 것이다.[8] 이 논의는 언제나 이 책의 주요 주제를 중심으로 전개될 터인데, 이 책의 주요 주제는 인간이 타인이나 자연과의 원초적 일체감에서 벗어난다는 의미에서 자유를 얻으면 얻을수록, 인간이 '개인'이 되면 될수록, 자발적인 사랑과 생산적인 일을 통해 자신과 세계를 결합시키거나 아니면 자신의 자유와 개체적 자아의 본래 모습을 파괴하는 끈으로 세계와 자신을 묶어서 일종의 안전보장을 추구할 수밖에 없다는 것이다.[9]

제1장 자유—하나의 심리학적 문제인가?

제2장

개인의 출현과 자유의 다의성

'자유란 근대인에게 무엇을 의미하는가, 근대인은 왜 그리고 어떻게 자유로부터 도피하려 하는가' 하는 주요한 주제를 다루기 전에 현실과는 다소 동떨어져 보일 수도 있는 개념을 검토해야 한다. 하지만 그것은 근대 사회에서 자유가 무엇인지에 대한 분석을 이해하려면 반드시 필요한 전제인데, 그 개념이란, 자유는 인간의 존재를 특징짓는다는 것, 자유의 의미는 자신을 독립된 별개의 존재로 자각하고 인식하는 정도에 따라 달라진다는 것이다.

인간의 사회사는 자연계와 일체가 되어 있던 상태에서 벗어나 자신을 주위의 자연이나 타인과는 별개의 존재로 인식하면서 시작되었다. 하지만 이 인식은 역사가 시작된 뒤에도 오랫동안 아주 미약한 상태로 남아 있었다. 개인은 그가 빠져나온 자연계나 사회와 여전히 밀접하게 연결되어 있었다. 어느 정도는 자신을 별개의 존재로 인식하면서도 한편으로는 자신이 주위 세계의 일부라고 느꼈다. 개인이 원시적 유대관계에서 차츰 벗어나는 과정, 즉 '개체화(individuation)'라고 부를 수 있는 과정은 종교개혁부터 현재에 이르는 수세기 동안의 근대사에서 절정에 달한 듯하다.

개인의 생활사에서도 같은 과정을 찾아볼 수 있다. 아이가 태어나면 더 이상 어머니와 일체가 아니고, 어머니한테서 분리된 별개의 생물학적 존재가 된다. 이 생물학적 분리는 개체적인 인간 존재의 시작이기는 하지만, 아이는 기능적으로는 상당히 오랫동안 어머니와 분리되지 않은 상태로 남아 있다.

비유적으로 말하면, 개인이 외부 세계에 자신을 고정시키는 탯줄을 아직 완전히 절단하지 않은 정도에 따라 그가 누리는 자유의 양이 정해진다. 하지만 그를 외부 세계와 연결하는 이런 끈은 그에게 안도감과 소속감, 어딘가에 뿌리를 내리고 있다는 느낌을 준다. 나는 개체화 과정을 통해 개인이 완전히 출현하기 전에 존재하는 이런 끈을 '원초적 유대'라고 부르고 싶다. 그것은 정상적인 인간 발달의 일부라는 의미에서 유기적이다. 그것은 개성의 부족을 암시하지만, 개인에게 안전감을 주고 방향을 제시한다. 그것은 아이를 어머니와 연결해주고, 원시 공동체의 구성원을 그의 일족이나 자연과 연결해주고, 중세인을 교회나 그의 사회적 계급과 연결해주는 끈이다. 완전한 개체화 단계에 도달하여 개인이 이런 원초적 유대에서 해방되면, 세계에서 스스로 방향을 찾아 뿌리를 내리고 개체화 단계 이전의 특징이었던 방식과는 다른 방식으로 안전을 도모해야 하는 새로운 과제에 직면하게 된다. 그러면 자유는 이 발전 단계에 도달하기 전과는 다른 의미를 갖는다. 우리는 여기서 걸음을 멈추고, 개인과 사회의 발달과 관련하여 좀 더 구체적으로 이 개념들을 논하고 명확히 할 필요가 있다.

태아에서 인간으로 비교적 갑자기 변하고 탯줄이 끊기면, 아기는 어머니의 몸에서 독립한다. 하지만 이 독립은 두 몸의 분리라는 소박한 의미에서만 진실일 뿐이다. 기능적인 의미에서 보면 아기는 여전히 어머니의 일부다. 어머니는 아기를 먹이고 이동시키고 생명 유지에 필요한 모든 점에서 아기를 돌본다. 아이는 서서히 어머니와 그 밖의 사물을 자신과는 별개의 존재로 생각하게 된다. 이 과정에 관여하는 한 가지 요인은 아이의 신경 계통을 비롯한 전반적인 신체 발달, 사물을 손으로 쥐거나 정신적으로 파악하고 제어하는 능력의 발달이다. 아이는 자신의 활동을 통해 자기 밖에 있는 세계를 경험한다. 교육 과정은 개체화 과정을 촉진한다. 이 과정은 수많은 좌절과 금지를 수반하고, 어머니는 아이와는 다른 목적을 가진 사람, 아이의 소망과 상충하는 목적을 가진 적대적이고 위험한 사람으로 역할이 바뀐다.[1] 교육 과정의 일부이긴 하지만 결코 전부는 아닌 이 적대감은 '나'와 '너'의 구별을 더 분명히 하는 데 중요한 요소다.

태어난 지 몇 달 지나기도 전에 아이는 다른 사람을 타인으로 인식하고, 미소로 반응할 수도 있다. 그리고 몇 년만 지나면 아이는 외계와 자신을 더 이상 혼동하지 않는다.[2] 그때까지는 어린이 특유의 독특한 자기중심주의를 보여준다. 어렸을 때는 아직 '타인'을 정말

제2장 개인의 출현과 자유의 다의성

로 자기와 분리된 존재로 경험하지 않기 때문에, 어린이의 자기중심주의는 타인에 대한 애정이나 관심을 배제하지 않는다. 같은 이유로 아이가 생후 몇 년 동안 권위에 의존하는 것도 나중에 권위에 의존하는 것과는 다른 의미를 갖는다. 아이는 아직 부모나 권위를 가진 사람을 기본적으로 자신과 별개의 존재로 생각지 않는다. 그들은 아이의 우주를 이루는 일부이고, 이 세계는 아직 아이의 일부다. 따라서 그들에게 복종하는 것은 일단 두 개인이 정말로 분리된 뒤에 존재하는 복종과는 성질이 다르다.

열 살 된 아이가 자신의 개성을 갑자기 깨닫는 과정을 리처드 휴스는 《자메이카에 부는 모진 바람》에서 놀랄 만큼 예리하게 묘사했다.

그때 상당히 중요한 사건이 에밀리에게 일어났다. 에밀리는 자기가 누구인가를 갑자기 깨달았다. 5년 전이나 5년 뒤에 그 일이 일어나지 않은 이유는 거의 찾아볼 수 없고, 하필이면 그날 오후에 일어난 이유는 전혀 알 수 없었다. 에밀리는 뱃머리의 윈치(에밀리는 이 윈치에 닻을 고정시키는 갈고리를 노커 대신 걸어놓았다) 뒤에 있는 아늑한 곳에서 소꿉장난을 하고 있었다. 그러다가 싫증이 나서 그저 막연히 꿀벌과 요정 여왕을 생각하며 정처 없이 걷고 있을 때, 갑자기 자기가 '자기'라는 생각이 머리에 떠올랐다. 에밀리는 우뚝 멈춰 서서 시야에 들어오는 자신의 모습을 살펴보기 시작했다. 앞부분이 짧아진 원피스 앞쪽을 제외하고는 별로 보이는 게 없었고, 손을 살펴보려고 들어올리자 두 손이 보였을 뿐이다. 하지만 그것만으로도 에밀리가 갑자기 자기 몸이라는 것을 깨달은 그 작은 몸에 대해 개략적인 개념을 형성하기에는 충분했다.

에밀리는 약간 조롱하듯 웃기 시작했다. 에밀리는 사실 이런 식으로 생각했다. "생각해봐. 하고많은 사람 중에 하필이면 네가 가다가 이런 식으로 붙잡히다니! 너는 지금 여기서 빠져나갈 수 없어. 앞으로도 아주 오랫동안 빠져나가지 못할 거야. 너는 한동안 어린 애로 지내다가 점점 자라서 어른이 되고 늙는 것까지 경험해야만 이 터무니없는 장난에서 벗어날 수 있어!"

아주 중요한 이 사건이 중단되는 것을 피하려고 에밀리는 줄사다리를 타고, 자기가 좋아하는 돛대 꼭대기의 편안한 자리로 올라가기 시작했다. 하지만 사다리를 올라가는 이 단순한 행동을 하면서 팔이나 다리를 움직일 때마다, 팔다리가 그렇게 기꺼이 그녀의 명령에 복종하는 것이 새삼 놀랍게 느껴졌다. 물론 기억을 되살려보면, 팔다리는 전에도 언제나 그렇게 고분고분했다. 하지만 전에는 이것이 얼마나 놀라운 일인지를 깨달은 적이 없었다. 일단 돛대 꼭대기에 편안히 자리를 잡자, 에밀리는 두 손의 피부를 아주 주의 깊게 살펴보기 시작했다. 그것은 '자기 것'이었기 때문이다. 다음에는 원피스 위쪽을 끌어내려 한쪽 어깨를 드러냈다. 그리고 옷 속에도 정말로 몸이 계속 이어져 있는지를 확인하려고 원피스 속을 들여다보면서 어깨를 들어올려 뺨에 댔다. 얼굴과 쇄골 위쪽의 따뜻한 맨살이 닿자, 에밀리는 다정한 친구의 애무라도 받은 것처럼 기분 좋은 전율을 느꼈다. 하지만 그 느낌이 볼을 통해 전달되는지, 아니면 어깨를 통해 전달되는지, 애무하는 쪽은 어디이고 애무를 받는 쪽은 어디인지, 그것은 아무리 분석해보아도 알 수 없었다.

그녀가 지금은 에밀리 배스-손턴이라는 이 놀라운 사실을 일단 충분히 확신하자(여기에 왜 '지금은'이라는 말을 넣었는지는 에밀리도 알 수 없었다. 전생에는 에밀리가 아닌 다른 사람이었다는 터무니없는 생각은 해본 적이 없었기 때문이다), 에밀리는 거기에 함축된 의미를 진지하게 생각하기 시작했다.

아이가 자라면서 원초적 유대가 끊어짐에 따라 아이는 자유와 독립을 차츰 추구하게 된다. 하지만 이 추구가 겪을 운명은 이 개체화 과정의 변증법적인 성질을 깨달아야만 충분히 이해할 수 있다.

이 과정은 두 가지 측면을 가지고 있다. 하나는 어린이가 육체적·정서적·정신적으로 점점 강해진다는 것이다. 이 세 영역에서 강도와 활기가 모두 높아진다. 그와 동시에 이 영역들은 점점 통합된다. 개인의 의지와 이성이 길잡이 역할을 하는 체계적 구조가 발달한다. 이 체계적이고 통합된 인격 전체를 '자아'라고 부른다면, '개체화 진행 과정의 한 측면은 자아가 지닌 힘의 성장'이라고도 말할 수 있다. 개체화와 자아의 성장은 개인이 어떤 처지에 놓여 있는지에 따라서도 부분적으로 그 한계가 정해지지만, 본질적으로는 사회적 조건에 따라 한계가 정해진다. 사실 이 점에서 개인들 사이의 차이도 커 보이지만, 정상적인 개인이 넘어설 수 없는 개체화 수준이 모든 사회를 특징짓는 요소이기 때문이다.

개체화 과정의 다른 측면은 '고독의 증대'다. 원초적 유대는 외부 세계와의 기본적인 통합과 안도감을 준다. 아이가 그 세계에서 벗어날수록 자기가 혼자라는 것, 다른 모든 존재와 분리된 별개의 존재라는 것을 의식하게 된다. 개인의 존재에 비하면 압도적으로 강하고 힘센 세계, 때로는 위협적이고 위험하기도 한 세계와 이렇게 분리되는 것은 무력감과 불안감을 낳는다. 개별 행동의 가능성과 책임을 모른 채 세계의 일부로 남아 있는 동안은 세계를 두려워할 필요도 없었다. 그런데 개인이 되면 혼자 서서, 세계가 지니고 있는 위험하고 압도적인 모든 측면과 맞서야 한다.

자신의 개성을 포기하고 외부 세계에 완전히 잠겨서 고독감과 무력감을 극복하고 싶은 충동이 일어난다. 하지만 이 충동과 거기에서 생겨나는 새로운 유대는 성장 과정 자체에서 끊어진 원초적 유대와는 다르다. 아이가 육체적으로는 결코 어머니 자궁으로 돌아갈 수 없듯이, 심리적으로는 절대로 개체화 과정을 뒤집을 수 없다. 그렇게 하려는 시도는 필연적으로 복종의 성격을 띠고, 권위와 거기에 복종하는 아이 사이의 기본적인 모순은 결코 제거되지 않는다. 아이는 의식적으로는 안도감과 만족감을 느낄지 모르지만, 무의식적으로는 자아의 본래 모습과 힘을 포기하는 값비싼 대가를 치르고 있다는 것을 깨닫는다. 따라서 복종의 결과는 과거와는 정반대다. 복종은 아이의 불안을 늘리는 동시에 적개심과 반항심을 불러일으킨다. 아이가 적개심과 반항심을 품는 대상은 아이가 계속 의존하는, 또는 새로 의존하게 된 바로 그 사람이기 때문에 더욱 놀랍다.

하지만 복종은 고독과 불안을 피하는 유일한 방법이 아니다. 또 다른 방법, 생산적일 뿐만 아니라 해소할 수 없는 갈등으로 끝나지 않는 유일한 방법은 '인간 및 자연과 자발적인 관계'를 맺는 것이다.

이 관계는 개인의 개성을 없애지 않으면서 개인을 세계와 이어준다. 이런 종류의 관계―이 관계의 가장 중요한 표현은 사랑과 생산적인 일이다―는 인격 전체의 통합과 그 힘에 뿌리를 두고 있다. 따라서 자아 성장의 한계가 이 관계를 지배한다.

개체화 과정에서 일어날 수 있는 두 가지 문제, 즉 복종과 자발적 활동이라는 문제는 나중에 좀 더 자세히 논할 예정이다. 여기서는 일반적인 원칙만 지적해두고 싶다. 개체화가 진행되고 개인의 자유가 늘어나면 변증법적 과정이 생겨난다. 아이는 그 자신의 독특한 자아를 제한하던 유대에 구애받지 않고 좀 더 자유롭게 자아를 발달시키고 표현하게 된다. 하지만 그와 동시에 그의 안전을 보장하고 안심시켜준 세계로부터도 더 자유로워진다. 개체화 과정은 아이의 독자적 인격이 점점 강해지고 통합되는 과정이지만, 그와 동시에 아이가 본래 갖고 있던 타인들과의 동질감을 잃고 타인들로부터 점점 분리되는 과정이기도 하다. 이 분리 과정이 계속 진행되면 결국 심한 불안과 동요를 낳는 쓸쓸한 고립에 다다를 수도 있다. 반대로 아이가 내면적인 힘과 생산성을 키울 수 있다면, 타인에게 새로운 친밀감과 연대감을 느낄 수도 있다. 이 내면적인 힘과 생산성은 외부 세계와 이런 새로운 종류의 관계를 맺기 위한 전제다.

분리와 개체화의 방향으로 한 걸음 나아갈 때마다 자아도 그만큼 성장한다면, 아이는 조화롭게 성장할 것이다. 하지만 실제로 이런 일은 일어나지 않는다. 개체화 과정은 자동적으로 일어나는 반면, 자아의 성장은 수많은 개인적·사회적 이유로 방해를 받는다. 이 두 경향의 차이는 참을 수 없는 고립감과 무력감을 낳고, 이것은 나중에 '도피의 메커니즘'으로 논할 심리적 메커니즘으로 이어진다.

계통발생적으로도 인류 역사의 특징은 개체화와 자유가 점점 증대하는 과정이라고 말할 수 있다. 인간은 강압적인 본능에서 자유로워지는 방향으로 첫걸음을 내디딤으로써 인간 이전의 단계에서 벗어난다. 유전으로 물려받은 신경 체계가 결정하는 독특한 행동 양식을 본능이라고 이해한다면, 동물계에서 명백한 경향을 관찰할 수 있다.[3) 발달 등급이 낮은 하등동물일수록 자연에 대한 적응이나 그 밖의 모든 활동이 본능적이고 반사적인 행동 메커니즘에 지배된다. 사회생활을 하는 것으로 유명한 일부 곤충의 사회 조직은 전적으로 본능에 의해 만들어진다. 반면에 발달 등급이 높은 고등동물일수록 태어났을 때 행동 양식은 더 유연하고 구조적 적응은 더 불완전하다. 이 발달 등급의 꼭대기에 있는 동물이 바로 인간이다. 인간은 태어났을 때는 모든 동물 가운데 가장 무력하다. 자연에 대한 인간의 적응은 본능의 결정이 아니라 본질적으로 학습 과정에 바탕을 두고 있다. "본능은…… 고등동물, 특히 인간에게는 사라지는 범주는 아니라 해도 약해지는 범주다."[4)

본능이 행동을 결정하지 않는 정도가 어떤 한계점을 넘어설 때, 자연에 대한 적응이 강압적인 성격을 잃을 때, 유전적으로 주어진 메커니즘이 더 이상 행동 방식을 결정하지 않을 때, 인간 존재는 시작된다. 다시 말하면 '인간 존재와 자유는 처음부터 뗄 수 없는 관계에 있다.' 여기서 자유는 '무엇을 위한 자유'라는 적극적인 의미로 쓰인 것이 아니라 '무엇으로부터의 자유'라는 소극적인 의미, '자기 행동이 본능적으로 결정되는 것으로부터의 자유'라는 의미로 쓰였다.

제2장 개인의 출현과 자유의 다의성

방금 말한 의미에서의 자유는 여러 가지로 해석할 수 있는 선물이다. 동물은 적절한 행동을 하는 데 필요한 장비를 갖추고 있지만, 인간은 그런 장비 없이 태어난다.[5] 인간은 어떤 동물보다 오랫동안 부모에게 의존하고, 주위 환경에 대한 인간의 반응은 자동적으로 조절되는 본능적 행동보다 훨씬 느리고 덜 효과적이다. 본능적 장비가 없으니까 당연한 일이지만, 인간은 온갖 위험과 두려움을 겪는다. 하지만 인간의 무력함이야말로 인간의 비약적 발전의 발판이 된다. '인간의 생물학적 약점은 인간 문화의 조건이다.'

인간은 세상에 존재하기 시작할 때부터 다양한 행동 방침 가운데 하나를 선택해야 한다. 동물의 경우에는 중단되지 않고 사슬처럼 계속 이어지는 반응이 존재한다. 그 반응의 사슬은 굶주림 같은 자극으로 시작하여 그 자극이 낳은 긴장을 없애주고 다소 엄밀하게 결정되는 행동 방침으로 끝난다. 인간의 경우에는 그 사슬이 도중에 끊긴다. 자극은 존재하지만, 만족의 종류는 '정해져 있지 않다.' 즉 인간은 다양한 행동 방침 가운데 하나를 선택해야 한다. 미리 결정된 본능적 행동을 하는 대신, 인간은 자신이 취할 수 있는 다양한 행동 방침을 마음속으로 저울질해야 한다. 즉 인간은 생각하기 시작한다. 인간은 자연에 대한 자신의 역할을 순전히 수동적인 적응에서 적극적인 적응으로 바꾼다. 즉 인간은 생산한다. 인간은 도구를 발명하고, 그렇게 자연을 지배하면서도 점점 더 자연에서 자신을 분리한다. 인간은 막연하게나마 자신을―아니, 오히려 자기 집단을―자연과 동일하지 않은 존재로 의식하게 된다. 인간은 자연의 일부이면서도 자연을 초월해야 하는 자신의 비극적 운명을 깨닫게 된다. 인간은 수많은 환상 속에서 죽음을 부인하려고 애쓰면서도, 죽음을 자신의 궁극적 운명으로 의식한다.

인간과 자유의 근본적인 관계를 특히 효과적으로 묘사하는 것은 인간이 낙원에서 추방되는 장면을 묘사한 성서의 신화다.

이 신화는 인류 역사의 시작과 선택 행동을 동일시하지만, 인간이 자유를 얻고 나서 맨 처음 한 이 행동의 죄와 그로 말미암은 고통을 강조한다. 남자와 여자는 에덴동산에서 서로 완전한 조화를 이루고 자연과도 조화롭게 살고 있다. 거기에는 평화가 있고, 일할 필요는 전혀 없다. 선택도 없고, 자유도 없고, 생각도 없다. 인간은 지혜의 선악과를 따먹는 것이 금지되어 있다. 자연을 초월함이 없이 자연의 일부로서 자연과 조화를 이루던 그는 신의 명령을 어기고 자연과의 조화로운 상태를 깨뜨린다. 권위를 대표하는 교회의 관점에서 보면, 이것은 본질적으로 죄악이다. 하지만 인간의 관점에서 보면 이것은 자유의 시작이다. 신의 명령을 거역한다는 것은 강제에서 자신을 해방시키는 것, 인간 이전 단계의 무의식적 존재에서 벗어나 인간의 수준으로 올라가는 것을 의미한다. 권위의 명령에 거역하고 죄를 짓는 것은 긍정적인 인간적 측면에서 보면 최초의 자유 행동, 즉 최초의 '인간적인' 행동이다. 신화에서 인간이 지은 죄는 형식적 측면에서는 선악과를 먹은 것이다. 자유 행동으로 신의 명령에 거역한 불복종 행위는 '이성'의 시작이다. 신화는 최초의 자유 행동이 낳은 다른 결과에 대해서도 이야기한다. 인간과 자연 사이에 존재했던 원래의 조화는 깨져버렸다. 신은 남자와 여자 사이에, 그리고 자연과 인간 사이에 전쟁을 선언한다. 인간은 자연에서 분리되었고, '개인'이 됨으로써 인간이 되는 첫걸음을 내디뎠다. 인간은 최초의 자유 행동을 저지른 것이다. 신화는 이 자유 행동으로 말미암은 고통을 강조한다. 자연을 초월하고 자연과 다른 인간으로부터 멀어지자, 인간은 자신이 벌거벗은 것을 알고 부끄러워한다. 그는 혼자이고 자유롭지만, 무력하고 두렵다. 새로 얻은 자유는 저주로 여겨진다. 그는 낙원의 달콤한 속박으로부터의 자유는 얻었지만, 자신을 다스리거나 자신의 개성을 실현하기 위한 자유는 얻지 못한다.

'무엇으로부터의 자유'는 '무엇을 위한 자유'를 뜻하는 적극적인 자유와는 다르다. 인간이 자연으로부터 벗어나는 것은 시간이 오래 걸리는 과정이다. 인간은 자신이 빠져나온 세계와 여전히 연결되어 있다. 인간은 여전히 자연의 일부다. 그가 살고 있는 땅, 해와 달과 별, 나무와 꽃, 동물, 그와 혈연으로 연결되어 있는 인간 집단도 모두 자연이다. 원시 종교들은 인간이 자연에 대해 느끼는 일체감을 보여주는 증거다. 생물계와 무생물계는 그의 인간 세계를 이루는 일부다. 아니, 인간은 아직도 자연계의 일부라고 말할 수 있다.

원초적 유대는 그의 완전한 인간적 발달을 방해한다. 그것은 인간의 이성과 비판력의 발달을 방해한다. 원초적 유대는 인간이 자신과 타인을 인간으로 인식하지 않고, 씨족이라는 사회적·종교적 공동체에 참여하는 방법을 통해서만 자신과 타인을 인식하게 한다. 다시 말하면, 원초적 유대는 인간이 스스로 결정을 내리는 자유롭고 생산적인 개인으로 성장하는 것을 방해한다. 하지만 이것은 하나의 측면일 뿐이고, 다른 측면도 있다. 자연과 씨족, 종교와 자신을 이렇게 동일시하는 것은 개인에게 안도감을 준다. 그는 구조화된 전체에 속해 있고, 거기에 뿌리를 내리고, 그 전체 속에 의심할 여지 없는 자리를 차지하고 있다. 그는 굶주림이나 억압에 시달릴 수는 있지만, 모든 고통 중에서도 가장 심한 고통―완전한 고독과 의심―은 겪지 않는다.

인간의 자유가 성장하는 과정은 우리가 개인의 성장 과정에서 본 것과 같은 변증법적 성격을 띤다는 것을 알 수 있다. 그것은 한편으로는 힘과 통합이 증대되는 과정, 자연을 지배하고 인간의 이성이 더욱 강해지고 다른 사람들과의 연대가 강화되는 과정이다. 하지만 이 개체화는 또 한편으로는 고독과 불안이 늘어나고 그로 말미암아 세계에서 자신의 역할에 대한 의심, 자기 삶의 의미에 대한 의심이 강해지고, 그와 함께 개인으로서의 자기가 너무 무력하고 하찮다는 느낌이 강해진다는 것을 의미한다.

인류의 발달 과정이 조화롭게 진행되었고, 그 과정이 어떤 계획에 따라 이루어졌다면, 발달의 양면―힘의 증대와 개체화의 진전―은 정확히 균형을 이루었을 것이다. 그런데 실제로는 그렇지 않기 때문에, 인류 역사는 갈등과 투쟁의 역사다. 개체화를 촉진하는 방향으로 한 걸음 나아갈 때마다 새로운 불안이 사람들을 위협했다. 기본적인 관계는 일단 단절되면 회복할 수 없다. 일단 낙원을 잃으면 인간은 낙원으로 돌아갈 수 없다. 개체화된 인간이 세계와 관계를 맺으려면 어떻게 해야 하는가. 유효하고 생산적인 해결책이 하나 있다. 모든 인간과 적극적으로 연대하고, 사랑이나 일 같은 자발적인 활동을 하는 방법이다. 그러면 인간은 기본적인 관계를 통해 세

제2장 개인의 출현과 자유의 다의성

계와 연결되는 것이 아니라, 자유롭고 독립된 개인으로서 다시 세계와 결합한다.

하지만 인간의 개체화 과정 전체가 의존하고 있는 경제적·사회적·정치적 상황이 방금 말한 의미에서 개성을 실현할 수 있는 토대를 제공하지 못하면, 그리고 그런 상황에서 사람들이 그때까지 그들에게 안도감을 주었던 기본적인 관계를 단절당하면, 이 불균형 때문에 자유는 견딜 수 없는 부담이 되어버린다. 그러면 자유는 의심과 동일해지고, 의미와 방향을 잃은 삶과 동일해진다. 그럴 때 어떤 사람이나 세계와의 관계가 개인의 자유를 박탈하더라도 불안을 없애주겠다고 약속하면, 자유에서 벗어나 그 관계 속으로 도피하거나 복종으로 도피하려는 강력한 경향이 생겨난다.

중세가 끝난 뒤 유럽과 미국의 역사는 개인의 완전한 출현의 역사다. 그 과정은 르네상스 시대에 이탈리아에서 시작되었고, 이제야 절정에 도달한 것처럼 보인다. 중세의 세계를 무너뜨리고 사람들을 가장 명백한 제약으로부터 해방시키는 데 400년이 넘게 걸린 셈이다. 하지만 개인이 많은 점에서 성장하고 정신적으로나 감정적으로나 발전하고 전에 없을 정도로 문화적 성취에 참여하고 있는 반면, '무엇으로부터의 자유'와 '무엇을 위한 자유' 사이의 불균형도 커졌다. 모든 '속박'으로부터 해방되는 것과 자유와 개성을 적극적으로 실현할 가능성의 부족 사이에 존재하는 이런 불균형 때문에 유럽에서는 공황 상태에 빠진 사람들이 자유에서 벗어나 새로운 속박으로 뛰어들거나 적어도 완전한 무관심으로 도피했다.

근대인에게 자유란 무엇인가를 탐구함에 있어, 우리는 중세와 근대 초기 유럽의 문화적 양상을 분석하는 것으로 시작하겠다. 이 시기에 서구 사회의 경제적 토대는 근본적인 변화를 겪었고, 그와 함께 인간의 성격 구조도 그에 못지않게 근본적인 변화를 겪었다. 그때 자유의 새로운 개념이 생겨났고, 그 개념은 종교개혁의 새로운 교리 속에 이념적으로 가장 의미심장하게 표현되었다. 근대 사회의 자유를 이해하려면 근대 문화의 토대가 놓인 그 시기를 출발점으로 삼아야 한다. 근대인의 형성 단계인 이 시기는 근대 문화 전반에 작용할 다양한 의미—자유는 한편으로는 외적 권위로부터 벗어나 차츰 독립하는 것을 의미하지만, 또 한편으로는 점점 고립되어 결국 자신을 하찮고 무력한 존재로 느끼는 것을 의미한다—를 그 후의 어느 시대보다도 뚜렷이 인식할 수 있게 해주기 때문이다. 인간의 성격 구조를 이루는 새로운 요소들은 그 기원을 연구하면 더 잘 이해할 수 있다. 자본주의와 개인주의의 본질적 특징들을 그 뿌리에서 분석하면, 우리와는 근본적으로 다른 경제 체제나 성격과 대조할 수 있기 때문이다. 이 대조 자체가 근대 사회 체제의 특수성을 이해하기에 더 좋은 시각을 제공해주고, 근대 사회 체제가 거기에 사는 사람들의 성격 구조를 어떻게 형성했는지, 그리고 이 성격 변화가 낳은 새로운 정신은 어떤 것인지를 더 잘 이해할 수 있게 해준다.

다음 장에서는 종교개혁 시대가 언뜻 보기보다는 현재의 양상과 더 비슷하다는 사실을 보여줄 작정이다. 사실 두 시대는 명백히 다르지만, 자유의 다양한 의미라는 점에서 보면 아마 16세기 이후의 어느 시대도 그만큼 우리 시대와 비슷하지는 않을 것이다. 종교개혁은 근대 민주주의에 나타나 있는 인간의 자유와 자율이라는 개념의 뿌리다. 그런데 이 측면은 특히 비가톨릭 국가에서는 항상 강조되지만, 다른 측면—인간 본성의 악함을 강조하고, 개인의 무의미함과 무력함, 개인이 외적인 힘에 종속되어야 할 필요성—은 무시된다. 개인은 무가치하고 기본적으로 자신에게 의존할 수 없고 외적인 힘에 복종할 필요가 있다는 이 생각은 히틀러 이데올로기의 주제이기도 하다. 하지만 이 히틀러의 이념은 개신교에 내재하는 고유의 자유와 도덕 원리를 강조하지는 않는다.

현재의 상황을 이해하려 할 때, 15세기와 16세기를 연구하는 것이 특히 유익한 출발점이 되는 이유는 그 시대와 현대가 이념적으로 유사하기 때문만은 아니다. 두 시대의 사회적 양상에도 근본적인 유사성이 존재한다. 나는 이 유사성이 어떻게 이념적 유사성과 심리적 유사성의 원인이 되는가를 보여주려고 애쓸 작정이다. 그당시에도 지금과 마찬가지로 인구의 대다수가 경제 및 사회 구조의 혁명적 변화 때문에 전통적 생활 방식을 위협받고 있었다. 특히 중산계급은 오늘날과 마찬가지로 자본의 우월한 힘과 독점권에 위협을 받았다. 이 위협은 개인의 고독과 무력감을 더욱 조장하여, 위협받는 사회 구성원의 정신과 이데올로기에 중요한 영향을 미쳤다.

제3장

종교개혁 시대의 자유

1. 중세적 배경과 르네상스

중세[1]의 모습은 지금까지 두 가지 방식으로 왜곡되어왔다. 근대의 합리주의는 중세를 본질적인 암흑시대로 보았다. 개인적 자유의 일반적인 결여, 소수에 의한 인구 대다수의 착취, 도시 거주자들에게 외국인은 물론 도시 근교의 농민까지도 위험하고 의심스러운 이방인으로 보게 만드는 사회적 편협성, 미신과 무지의 횡행 따위가 지적되어왔다. 그런데 또 한편으로는 중세가 이상화되기도 했다. 중세를 이상화한 사람은 대부분 반동적인 철학자였지만, 때로는 근대 자본주의를 비판하는 진보적인 사람들도 있었다. 그들은 연대의 의미, 인간의 욕구에 대한 경제의 종속, 인간관계의 직접성과 구체성,

가톨릭교회의 초국가적 주장, 중세인의 특징인 안전감 등을 지적했다. 이 두 모습은 둘 다 옳다. 하지만 두 모습 가운데 하나만 보고 다른 하나에는 눈감아버리면, 두 모습은 둘 다 틀리게 된다.

근대 사회와 대비하여 중세를 특징짓는 것은 개체적 자유의 결여다. 중세에는 모든 사람이 사회 체제 안에서 자신의 역할에 묶여 있었다. 사회적으로도 어떤 계급에서 다른 계급으로 이동할 가능성은 거의 없었고, 지리적으로도 어떤 도시나 나라에서 다른 도시나 나라로 이동하기는 어려웠다. 일부 예외는 있었지만, 대다수는 자기가 태어난 곳에 머물러 있어야만 했다. 옷을 마음대로 입을 수 없거나 먹고 싶은 것을 마음대로 먹을 수 없는 경우도 많았다. 장인은 정해진 가격에 물건을 팔아야 했고, 농민은 정해진 시장에서 물건을 팔아야 했다. 길드의 조합원은 생산의 기술적 비결을 동료 조합원이 아닌 사람에게 누설하는 것이 금지되었고, 원료를 유리하게 구입할 때는 동료 조합원이 참여하는 것을 허락해야 했다. 개인의 사생활과 경제생활 및 사회생활은 규칙과 의무의 지배를 받았으며, 그런 지배를 받지 않는 활동 영역은 사실상 존재하지 않았다.

인간은 근대적인 의미에서 자유롭지는 않았지만, 혼자 고립되어 있지도 않았다. 태어났을 때부터 바꿀 수도 없고 의심할 여지도 없는 확실한 자리를 사회에 갖고 있으면, 인간은 구조화된 전체에 뿌리를 박았고, 따라서 삶은 의심할 여지도 없고 그럴 필요도 없는 의미를 갖고 있었다. 사람은 사회에서 자신이 맡고 있는 역할과 동일시되었다. 그는 '우연히' 이런저런 직업을 갖게 된 '개인'이 아니라, 본래부터 농민이거나 장인이거나 기사였다. 사회 체제는 자연적 질

서로 여겨졌고, 그 체제의 확실한 일부가 되는 것은 안전감과 소속감을 주었다. 경쟁은 비교적 적었다. 사람은 태어나면서부터 일정한 경제적 지위를 가졌고, 그 지위에 따라 전통적으로 정해진 생계를 보장받았지만, 자기보다 사회적 지위가 높은 사람들에게는 경제적 의무를 이행해야 했다. 하지만 자신의 사회적 지위의 한계를 벗어나지 않는 한 자유롭게 일할 수 있고, 자유롭게 감정을 표현할 수 있었다. 다양한 생활양식 가운데 하나를 아무 제한도 받지 않고 마음대로 선택하는(이 선택의 자유는 매우 추상적이었다) 근대적 의미의 개인주의는 존재하지 않았지만, '실생활'에는 '구체적인 개인주의'가 널리 존재했다.

고통과 괴로움도 많았지만, 그 고통을 아담이 지은 원죄와 각자가 지은 개인적인 죄의 결과로 설명하여 고통을 견딜 수 있게 해주는 교회도 존재했다. 교회는 죄의식을 조장했지만, 모든 신자에게 무조건적인 사랑을 약속하는 동시에 신에게 용서와 사랑을 받는다고 확신할 수 있는 방법을 제시했다. 신과의 관계는 의심과 두려움의 관계가 아니라 신뢰와 사랑의 관계였다. 농민과 도시 거주자들이 자기가 사는 좁은 지역의 경계를 거의 넘어서지 않은 것처럼, 우주는 제한되어 있었고 이해하기 쉬웠다. 지구와 인간이 우주의 중심이었고, 천국이나 지옥은 나중에 살 곳이었고, 태어났을 때부터 죽을 때까지의 모든 행위는 상호 인과관계로 명확하게 연결되어 있었다.

사회는 그렇게 구조화되었고, 인간에게 안전을 제공했지만 한편으로는 속박했다. 그것은 후세의 권위주의와 압제가 사람들을 속박한 것과는 다른 종류의 속박이었다. 중세 사회는 개인의 자유를 박탈하지 않았다. 그때는 '개인'이 아직 존재하지 않았기 때문이다. 인간은 아직도 원초적인 유대관계로 세계와 결부되어 있었다. 인간은 아직 자신을 개인으로 생각지 않았고, 자신의 사회적인(당시에는 또한 자연적인) 역할을 통해서만 자신을 인식했다. 인간은 또한 타인들도 '개인'으로 생각지 않았다. 도시에 들어온 농민은 이방인이고, 같은 도시 안에서도 다른 사회 집단에 속하는 사람들은 서로를 이방인으로 여겼다. 자신의 개인적 자아와 타인 및 세계를 별개의 존재로 보는 의식은 아직 충분히 발달하지 않았다.

야코프 부르크하르트는 중세 문화를 묘사할 때, 중세 사회에서 개인의 자기 인식이 부족한 것을 다음과 같이 고전적으로 표현했다.

"중세에는 인간 의식의 양면─내향적인 면과 외향적인 면─이 둘 다 하나의 베일 밑에서 꿈을 꾸고 있거나 반쯤 깨어 있었다. 그 베일은 신앙과 환상과 유치한 선입관으로 짜여 있었고, 그 베일을 통해서 본 세계와 역사는 기묘한 색깔로 덮여 있었다. 인간은 민족·국민·단체·가족·조합의 구성원으로만, 즉 어떤 일반적인 범주를 통해서만 자신을 의식했다."[2]

중세 말기에 사회 구조와 인간의 성격이 바뀌었다. 중세 사회의 통일성과 중앙집권은 점차로 약해졌다. 자본이나 개인의 경제적 자주성이나 경쟁이 점점 중요해졌다. 새로운 유산계급이 생겨났다. 개인주의는 모든 사회 계급에서 뚜렷이 성장했고, 인간의 취미와 패션, 예술과 철학과 신학 등 인간 활동의 모든 분야에 영향을 미쳤다. 나는 여기서 이 모든 과정이 부유하고 번영하는 자본가라는 소수 집단과 농민으로 이루어진 일반 대중에게 서로 다른 의미를 갖는다는 점을 강조하고 싶다. 특히 도시의 중산층에는 이 새로운 발전이 어느 정도까지는 개인이 진취성을 발휘할 수 있는 기회와 부를 의미했지만, 본질적으로는 중산층의 전통적 생활 방식에 위협이 되었다. 처음부터 이 차이를 염두에 두는 것이 중요하다. 왜냐하면 이 차이에 의해 이 다양한 집단들의 심리적·이념적 반응이 결정되었기 때문이다.

새로운 경제적·문화적 발달은 서유럽과 중유럽보다 이탈리아에서 한층 더 격렬하게 일어났고, 철학과 예술 및 그 밖의 모든 생활양식에 더 뚜렷한 영향을 미쳤다. 이탈리아에서 처음으로 개인이 봉건 사회에서 출현하여, 그에게 안전을 제공하는 동시에 그를 속박하던 끈을 잘라버렸다. 르네상스 시대의 이탈리아인은, 부르크하르트의 말을 빌리면 "근대 유럽의 아들들 가운데 맏아들"인 최초의 개인이었다.

중유럽과 서유럽보다 이탈리아에서 먼저 중세 사회가 무너진 데에는 많은 경제적·정치적 원인이 있었는데, 지중해가 유럽의 중요한 교역로였던 시대에 이탈리아의 지리적 위치와 거기에서 비롯된 상업적 이익, 교황과 황제가 싸우는 바람에 독자적인 정치 단체가 많이 생긴 일, 동양과 가까웠기 때문에 견직물 같은 산업이 발달하는 데 중요한 기술이 유럽의 다른 지역보다 먼저 이탈리아에 전해진 일 등이 그 원인이었다.

이를 비롯한 여러 조건 때문에 이탈리아에는 진취적인 정신과 힘과 야심으로 가득 찬 강력한 유산계급이 등장했다. 봉건적인 계급 제도는 중요성이 줄어들었다. 12세기부터 귀족과 시민들은 도시의 성벽 안에서 함께 살았다. 사회적 교류가 늘어나자 계급 차이가 무시되기 시작했다. 가문과 출신보다 재산이 더 중요해졌다.

한편 일반 대중 사이에서도 전통적인 계급 제도가 흔들렸다. 그 대신 경제적으로 착취당하고 정치적으로 억압받는 도시의 노동 대중이 나타났다. 부르크하르트가 지적했듯이, 1231년에 이미 프리드리히 2세는 "봉건 국가를 완전히 무너뜨리고, 국민을 의지와 저항 수단은 전혀 없지만 국고에는 최대한 많은 이익을 가져다주는 민중으로 변형시키는 것"[3]을 목적으로 삼는 정치적 조치를 취했다.

중세의 사회 구조가 이처럼 점진적으로 파괴된 결과, 근대적 의미의 개인이 출현했다. 부르크하르트를 다시 인용하면, "이탈리아에서 최초로 이 베일(신앙과 환상과 어린애다운 선입관의 베일)이 흔적도 없이 사라졌고, 국가와 세상의 일을 '객관적'으로 다루고 고찰할 수 있게 되었다. 동시에 '주관적'인 면도 그에 상응할 만큼 강력하게 자신을 주장했다. 인간은 정신적으로 '개인'이 되었고, 자신을 그렇게 인식했다. 과거에는 그리스인도 그런 식으로 자신과 야만족을 구별했고, 다른 아시아인들이 자신을 민족의 일원으로만 알고 있던 시대에 아라비아인은 자신을 개인으로 느꼈다."[4] 이처럼 새로운 개인 정신에 대해 부르크하르트가 한 말은, 앞 장에서 원초적 유대로부터 벗어난 개인의 출현이라고 설명한 바로 그것이다. 인간은 자신과 타인을 개인으로, 즉 서로 독립된 별개의 존재로 발견한다. 그리고 자연을 두 가지 측면에서 자신과는 별개의 것으로 발견한다. 즉 자연은 이론적으로나 실제적으로나 정복해야 할 대상이지만, 자연의 아름다움이라는 점에서는 인간이 즐겨야 할 대상이다. 인간은 현실적으로는 신대륙의 발견에 의해, 정신적으로는 단테가 "세계야 말로 나의 조국"[5]이라고 말했을 때의 그 세계주의적인 정신의 발달을 통해 세계를 발견한다.

르네상스는 새로운 경제력의 폭풍이 일으킨 파도의 물마루에 올라가 있던 부유하고 유력한 상류계급의 문화였다. 지배 집단의 부와 권력을 나누어 갖지 못한 일반 대중은 과거의 지위에서 누렸던 안전 보장을 잃고, 때로는 아첨을 받고 때로는 위협을 받기도 하지만 항상 권력자에게 조종당하고 착취당하는 형체 없는 대중이 되어버렸다. 새로운 전제정치가 새로운 개인주의와 나란히 등장했다. 자유와 압제, 개성과 혼란은 뗄 수 없을 만큼 밀접하게 얽혀 있었다. 르네상스는 영세 상인과 프티부르주아의 문화가 아니라 부유한 귀족과 부르주아의 문화였다. 그들은 경제 활동과 부를 통해 자유를 느끼고 개성을 의식했다. 하지만 그와 동시에 그들은 무언가를 잃었다. 그것은 중세의 사회 구조가 제공했던 안전감과 소속감이었다. 그들은 이제 더 자유로웠지만, 더 외롭기도 했다. 그들은 인생에서 즐거움을 마지막 한 방울까지 짜내기 위해 자신의 권력과 부를 사용했다. 하지만 일반 대중을 지배하고 경쟁자들이 자기 계급 밖으로 뛰쳐나오는 것을 막기 위해, 그들은 신체적 고문에서부터 심리 조작에 이르기까지 온갖 수단을 무자비하게 동원해야 했다. 모든 인간관계는 권력과 부를 유지하기 위한 이 사느냐 죽느냐의 격렬한 투쟁에 오염되었다. 동료들, 또는 적어도 자신과 같은 계급에 속하는 사람들과의 연대는 냉소적이고 초연한 태도로 바뀌었다. 타인들은 이용하고 조종해야 할 '대상'으로 보았고, 목적을 위해서는 타인을 무자비하게 말살했다. 개인은 격렬한 자기중심주의, 권력과 부에 대한 만족할 줄 모르는 탐욕에 사로잡혔다. 그 결과 성공한 개인이 자신과 맺는 관계, 그의 안전감과 자신감도 해로운 영향을 받았다. 타인과 마찬가지로 자신의 자아도 그에게는 조종 대상이었다. 르네상스 자본주의의 유력한 주인공들이 흔히 묘사되는 것만큼 행복하고 안전했는지는 의심할 여지가 있다. 새로운 자유는 그들에게 두 가지를 가져다준 것 같다. 하나는 힘이 더 강해졌다는 느낌이고, 그와 동시에 고독과 의심과 회의주의[6] 그리고—이 모든 것의 결과인—불안도 늘어났다는 것이다. 우리는 인문주의자들의 철학적 저서에서도 이와 똑같은 모순을 발견할 수 있다. 그들은 인간의 존엄성과 개성과 힘을 강조하면서도 그들의 철학에서 불안과 절망을 드러냈다.[7]

고립된 개인이 적대적인 세계에 놓인 결과 생겨나는 이 근본적인 불안은 부르크하르트가 지적했듯이[8] 르네상스 시대에 개인의 특징이었고, 중세 사회 체제의 구성원에게는 적어도 르네상스 시대만큼 강렬하게 존재하지는 않았던 성격 특징의 기원을 설명하는 데 도움이 된다. 그 성격 특징은 바로 명성에 대한 열망이다. 인생의 의미가 의심스러워지고, 타인이나 자신과의 관계가 안전을 제공해주지 않으면, 명성이 의심을 침묵시키는 하나의 수단이 된다. 명성은 이집트의 피라미드나 영생에 대한 기독교 신앙과 비교할 만한 기능을 갖고 있다. 그것은 개인의 삶을 제약과 불안정에서 불멸성의 차원으로 끌어올린다. 자신의 이름이 동시대인에게 널리 알려지면, 그리고 그 명성이 앞으로 수세기 동안 지속될 거라고 기대할 수 있다면,

그의 삶은 남들의 평가에 비추어진 바로 이 반영을 통해 의미와 중요성을 갖는다. 구성원들이 실제로 명성을 얻을 수 있는 수단을 가진 사회 집단만이 개인의 불안을 이런 식으로 해결할 수 있었던 것은 분명하다. 그것은 같은 문화권의 무력한 대중이 쓸 수 있는 해결책은 아니었고, 나중에 종교개혁의 중추가 된 도시의 중산층도 그런 해결책을 쓰지는 않았다.

우리가 르네상스에 대한 논의로 이야기를 시작한 것은 이 시기에 근대 개인주의가 시작되었기 때문이고, 이 시기를 연구한 학자들의 업적이 이 책에서 우리가 분석하고 있는 주요 과정, 즉 인간이 개인주의 이전 단계에서 벗어나 자신을 별개의 존재로 완전히 의식하는 단계로 넘어가는 과정에 중요한 의미를 갖는 바로 그 요인들에 빛을 던져주기 때문이기도 하다. 하지만 르네상스의 이념이 그 후 유럽 사상의 발달에 전혀 영향을 미치지 않은 것은 아니라 해도, 근대 자본주의의 본질적 근원과 그 경제적 구조와 정신은 중세 말기의 이탈리아 문화가 아니라 중유럽과 서유럽의 경제적·사회적 상황, 그리고 루터와 칼뱅의 교리에서 찾아볼 수 있다.

르네상스와 종교개혁, 이 두 문화의 주요한 차이점은 다음과 같다. 르네상스 시대는 상업 자본주의와 산업 자본주의가 비교적 고도로 발달한 시대였다. 르네상스 사회는 부유하고 강력한 개인들로 이루어진 소규모 집단이 지배한 사회였고, 그들이 이 문화의 정신을 표현한 철학자와 예술가들을 후원하는 사회적 기반을 이루었다. 한편 종교개혁은 본질적으로 도시의 중산층 및 하층계급과 농민의 종교였다. 독일에도 푸거 집안 같은 부유한 사업가들이 있었지만, 새로운 종교의 교리가 호소한 대상은 그들이 아니었고, 근대 자본주의를 낳은 주요 토대도 그들이 아니었다. 막스 베버가 입증했듯이, 서양에서 근대 자본주의 발달의 중추가 된 것은 도시의 중산층이었다.[9] 두 운동은 사회적 배경이 전혀 다르기 때문에, 르네상스의 정신과 종교개혁의 정신도 당연히 다를 거라고 생각해야 한다.[10] 루터와 칼뱅의 신학을 논하면 그 차이점의 일부가 명백해질 것이다. 우리는 개인적 속박으로부터의 해방이 도시 중산층의 성격 구조에 어떻게 영향을 미쳤는가 하는 문제에 관심을 집중할 것이다. 그리고 프로테스탄티즘과 칼뱅주의가 새로운 해방감을 표현하는 동시에 자유에 대한 부담으로부터의 도피가 된 사정도 입증하려고 애쓸 작정이다.

우리는 우선 16세기 초에 유럽, 특히 중유럽의 경제적·사회적 상황이 어떠했는지를 논한 다음, 이 상황이 이 시대에 살았던 사람들의 성격에 어떤 영향을 미쳤는지를 분석하고, 루터와 칼뱅의 가르침이 이 심리적 요인들과 어떤 관계를 갖고 있었는지, 그리고 이 새로운 종교의 교리들이 자본주의 정신과 어떤 관계에 있었는지도 분석할 것이다.[11]

'중세 사회'에서는 도시의 경제 구조가 비교적 안정되어 있었다. 중세 후기부터 장인들은 길드로 연합되어 있었다. 장인들은 저마다 한두 명의 도제를 거느렸고, 장인의 수는 그 공동체의 필요에 따라 결정되었다. 생계를 유지하기 위해 열심히 노력해야 하는 사람들도 늘 있었지만, 대체로 길드 조합원들은 자신의 솜씨로 충분히 살아갈 수 있었다. 좋은 의자나 구두나 빵, 안장 따위를 만들면, 그의 사회적 지위에 전통적으로 할당된 생활수준을 충분히 유지할 있었다. 우리가 여기서 '좋은 일'이라는 용어를 신학적 의미가 아니라 순전히 경제적 의미로 사용한다면, 길드 조합원은 자신의 '좋은 일'에 얼마든지 의존할 수 있었다. 길드는 조합원들 사이의 치열한 경쟁을 막고, 원료 구입과 생산 기술과 상품 가격과 관련하여 조합원들이 서로 협력하도록 강제했다. 길드 체제를 중세의 생활 전체와 함께 이상화하려는 경향에 반대하여, 일부 사학자들은 길드가 항상 독점적 정신에 물들어 작은 집단을 보호하고 신참자를 배제하려 애썼다고 지적했다. 하지만 대부분의 학자들은 길드를 이상화하지 않더라도 길드가 상호 협력에 바탕을 두고 조합원들에게 상대적인 안전성을 제공했다는 데 동의한다.[12]

중세에 '상업'에 종사한 것은 베르너 좀바르트가 지적했듯이 아주 소규모로 장사를 하는 수많은 영세 상인이었다. 소매와 도매는 아직 분리되지 않았고, 한자동맹*의 구성원들처럼 외국에 드나드는 무역상들까지도 소매에 관여하고 있었다. 자본 축적도 15세기 말까지는 매우 완만하게 이루어졌다. 따라서 대자본과 독점 상업이 중요성을 띠는 중세 말기의 경제적 상황에 비하면 영세 상인들도 상당한 정도의 안전성을 보장받고 있었다. 토니 교수는 중세의 도시 생활에 대해 이렇게 말했다. "지금은 기계적인 많은 것들이 그 당시

• **한자동맹** 13~15세기에 북해 · 발트 해 연안의 독일 여러 도시가 상업상의 목적으로 결성한 동맹. 한자(Hansa)란 원래 상인 조합을 뜻했으며, 해상 교통의 안전 보장, 공동 방호, 상권 확장 따위를 목적으로 하였다.

에는 인간적이고 친밀하고 직접적이었다. 개인에게 적용되는 기준을 적용하기에는 지나치게 거대한 조직은 존재할 여지가 거의 없었고, 경제적 편의라는 궁극적인 이유만으로 양심의 가책을 침묵시키고 어떤 이야기에도 귀를 기울이지 않는 주의도 존재할 여지가 거의 없었다."[13]

이 사실은 중세 사회에서 개인의 위치를 이해하는 데 가장 필수적인 요점으로 우리를 데려간다. 가톨릭교회의 교리만이 아니라 세속의 법률에도 표현되어 있던 '경제 활동'에 관한 '윤리적 견해'가 그것이다. 이 점에 대해 우리는 토니의 견해를 따르고자 한다. 그의 견해는 중세를 이상화하거나 낭만화하려 든다고 의심받을 여지가 없기 때문이다. 경제생활에 대한 기본적인 가정은 두 가지였다. "경제적 이익은 인생의 진정한 사업인 구원에 종속된다는 것, 경제 활동은 인간 행위의 한 측면이며 인간 행위의 다른 부분들과 마찬가지로 도덕률에 묶여 있다는 것"이다.

이어서 토니는 경제 활동에 대한 중세의 견해를 상세히 기술하고 있다. "물질적 부는 필요하다. 하지만 그것은 2차적인 중요성을 갖는다. 그것이 없으면 인간은 스스로 살아갈 수도 없고 서로 도와줄 수도 없기 때문이다……. 그러나 경제적 동기는 의심스럽다. 그것은 강력한 욕망이기 때문에 인간은 그것을 두려워하지만, 그것을 칭찬할 만큼 비열하지는 않다……. 도덕적 목적과 무관한 경제 활동은 중세의 경제 이론에 들어갈 자리가 없다. 그리고 경제적 이익을 얻으려는 욕망은 언제나 변함이 없고 무시할 수 없는 힘이어서, 다른 자연력과 마찬가지로 불가피하고 자명한 전제로 받아들여진다는 가정을 사회학의 토대로 삼는 일은 중세 사상가에게는 투쟁 본능이나 성적 본능 같은 인간의 필연적인 속성을 무제한으로 자유 롭게 발휘하는 것을 사회철학의 전제로 삼는 것만큼 불합리하고 부 도덕하게 여겨졌을 것이다……. 성 안토니오가 말했듯이, 부가 인 간을 위해 존재하는 것이지 인간이 부를 위해 존재하는 것은 아니 다……. 따라서 경제적 이익이 진지한 일에 개입하는 것을 막기 위 해 도처에 제한과 제약과 경고가 존재한다. 인간이 자신의 지위에 서 생계를 유지하는 데 필요한 부를 추구하는 것은 옳다. 하지만 더 많은 부를 추구하는 것은 진취성이 아니라 탐욕이고, 탐욕은 용서 할 수 없는 죄다. 무역은 합법적이다. 나라마다 다른 자원을 갖고 있 는 것은 무역이 신의 섭리에 따라 의도된 것임을 보여준다. 하지만 무역은 위험한 일이기도 하다. 무역에 종사하는 사람은 자신이 공 공의 이익을 위해 그 일을 하고 있으며, 무역을 통해 얻는 이익은 자신의 노동에 대한 보수뿐이라고 확신해야 한다. 사유재산제는 적 어도 타락한 세계에서는 꼭 필요한 제도다. 사람들은 재산을 공유 할 때보다 사유할 때 더 많이 일하고, 다툼도 줄어든다. 하지만 그것 은 인간의 나약함을 인정하여 참아주는 것뿐이지, 그 자체를 바람 직한 제도로 칭찬하는 것은 아니다. 이상적인 것은—인간의 본성이 거기까지 높아질 수만 있다면—공산주의다. 그라티아누스는 교령 집에서 이렇게 말했다. '이 세상에 있는 모든 것은 모든 사람에게 공 공적으로 사용되어야 한다.' 사실 재산은 기껏해야 거추장스러운 짐 일 뿐이다. 재산은 합법적으로 정당하게 얻어야 하고, 최대한 많은 사람이 나누어 가져야 하고, 가난한 사람들을 지원하는 데 쓰여야 한다. 실행할 수 있는 한도 안에서 최대한 공공의 이익을 위해 재산을 써야 하고, 재산 소유자는 실제로 극빈자가 아니더라도 그 재산을 필요로 하는 사람들과 기꺼이 공유할 각오가 되어 있어야 한다."[14]

이 같은 견해는 규범을 표현했을 뿐 경제생활의 현실을 정확하게 묘사한 것은 아니지만, 그래도 어느 정도는 중세 사회의 실제적 정신을 반영하고 있다.

장인과 상인의 지위가 비교적 안정되었던 것은 중세 도시의 특징이지만, 이 안정성은 중세 말기에 서서히 약화되어 16세기에 완전히 무너졌다. 14세기에—혹은 그 이전에—이미 길드 내부에서 분화가 시작되었고, 그것을 막으려는 온갖 노력에도 불구하고 그 경향은 계속 심해졌다. 길드의 일부 조합원은 다른 조합원보다 많은 자본을 가지고, 한두 명이 아니라 대여섯 명의 직인을 고용했다. 이윽고 길드에 따라서는 자본을 어느 정도 가진 자만을 조합원으로 인정하게 되었다. 일부 길드는 강력한 독점 조합이 되어, 그 독점적 지위를 이용하여 온갖 이익을 얻고 고객을 최대한 이용해 먹으려고 애썼다. 반면에 길드의 많은 조합원들은 가난해졌고, 자신의 전통적인 직업 밖에서 돈을 벌려고 애써야 했다. 그들은 부업으로 소규모 무역상이 되는 경우가 많았다. 그들의 대다수는 경제적 독립이라는 전통적 이상에 필사적으로 매달렸지만, 경제적 독립과 안전을 잃어버렸다.[15]

길드 제도의 이런 변화와 더불어 직인들의 상황은 더욱 악화되었다. 이탈리아와 플랑드르의 공장에는 13세기나 그 이전에 이미 불만을 품은 노동자 계급이 존재했지만, 직능조합인 길드에 소속된

직인들의 상황은 아직은 비교적 안전한 상태였다. 모든 직인이 장인이 될 수 있는 것은 아니었지만, 대다수는 장인이 되었다. 하지만 한 사람의 장인 밑에 있는 직인의 수가 늘어나자 장인이 되려면 더 많은 자본이 필요해졌고, 길드가 점점 더 독점적이고 배타적인 성격을 띰에 따라 직인들의 기회는 더욱 줄어들었다. 그들의 불만이 점점 높아지고, 그들이 독자적인 조직을 만들고 파업과 폭동까지 일으킨 것은 그들의 경제적·사회적 지위가 떨어졌음을 보여주는 증거였다.

직능조합의 자본주의적 발달에 대해 지금까지 이야기한 것은 '상업'에서 훨씬 분명해진다. 중세의 상업은 주로 도시와 도시 사이에서 이루어지는 소규모 장사였지만, 14세기와 15세기에 국내적·국제적인 상업이 급속히 성장했다. 정확히 언제부터 대규모 상업회사가 생겨나기 시작했는지는 학자들 사이에서도 의견이 분분하지만, 15세기에 그런 회사들이 점점 강력해져 독점 기업으로 발전했다는 데에는 의견이 일치한다. 이 독점 기업들은 우세한 자본력으로 소비자만이 아니라 중소 상인까지 위협했다. 15세기에 지기스문트 황제의 개혁은 입법을 통해 독점 기업의 힘을 억제하려 한 것이었다. 하지만 중소 상인의 지위는 점점 불안전해졌다. "그는 불만을 듣게 할 정도의 영향력은 갖고 있었지만, 실질적인 행동을 강요할 만한 영향력은 갖고 있지 않았다."[16]

루터는 1524년에 〈상거래와 고리대금업〉[17]이라는 팸플릿에서 독점 기업에 대한 중소 상인의 울분과 분노를 생생하게 표현했다. "그들은 모든 상품을 장악하고 앞에서 언급한 모든 수법을 노골적으로 행사한다. 그들은 상품 가격을 마음대로 올리거나 내리고, 마치 자기들이 신의 창조물 위에 군림하고 믿음과 사랑의 법칙에서 자유롭기라도 한 것처럼, 강꼬치고기가 물속의 작은 물고기들을 괴롭히듯이 모든 중소 상인을 억압하고 파멸시킨다." 루터의 이 말은 오늘날에도 적용될 수 있을 것이다. 15세기와 16세기에 중산층이 부유한 독점가들에게 느꼈던 공포와 분노는 우리 시대에 중산층이 독점 기업과 강력한 자본가들에게 보이는 태도를 특징짓는 감정과 비슷한 점이 많다.

자본의 역할은 '산업'에서도 커지고 있었다. 두드러진 예는 광산업이었다. 원래 광산 길드의 조합원들은 자기가 한 일의 양에 비례하여 배당을 받았다. 하지만 15세기에는 이미 일하지 않는 자본가가 그 몫을 차지하는 경우가 많아졌고, 실제로 일을 하는 노동자들은 임금만 받을 뿐 기업의 지분은 전혀 갖지 못하게 되었다. 다른 산업에서도 역시 그런 식으로 자본이 발달했고, 직능조합과 상업에서 자본의 역할이 증대된 결과로 생겨난 경향은 이로 말미암아 더욱 강화되었다. 빈부 격차는 점점 심해지고, 빈곤 계층의 불만도 점점 높아져갔다.

농민의 처지에 대한 학자들의 견해는 다양하다. 하지만 샤피로의 다음과 같은 분석은 많은 학자들이 밝혀낸 사실로 충분히 뒷받침되는 듯하다. "당시 사회가 번영했다는 증거에도 불구하고 농민의 처지는 급속히 악화되었다. 16세기 초에는 자신이 경작하는 땅을 소유하고 지방 의회에 대표자를 파견한 자영농은 실제로 극소수였다. 지방 의회에 대표자를 파견한 것은 중세에는 그 계급의 독립과 평등을 보여주는 징표였다. 농민의 대다수는 농노, 즉 개인적으로는 자유롭지만 땅을 경작하려면 부과금을 내야 했고, 합의에 따라 부역을 해야 하는 계급이었다……. 농노는 모든 농민 봉기의 중추였다. 영주의 땅 근처에 있는 반독립적 공동체에서 살던 이 중산층 농민은 부과금과 부역의 증가가 자신을 사실상 노예 상태에 빠뜨리고, 마을 공유지는 영주의 소유지로 변해가고 있음을 깨달았다."[18]

경제적인 자본주의의 발달과 함께 '심리적 분위기'에도 중대한 변화가 일어났다. 중세가 끝날 무렵 근면 정신이 생활 전반에 퍼지기 시작했다. 근대적 의미의 시간 개념이 발달하기 시작했다. 1분 1초가 귀중해졌다. 사람들이 이처럼 시간을 새롭게 의식하게 된 징후는 16세기부터 뉘른베르크에서 시계가 15분마다 시각을 알려주었다는 사실이다.[19] 휴일이 너무 많은 것은 불행한 일로 생각되었다. 시간은 너무 귀중해서, 쓸데없는 일에 시간을 쓰면 안 될 것처럼 느껴졌다. 일이 차츰 최고의 가치를 갖게 되었다. 일에 대한 새로운 태도가 생겨났고, 그것이 지나치게 강해져서 중산층은 교회 제도의 경제적 비생산성에 분노를 느낄 정도였다. 탁발수도회는 비생산적이고, 따라서 부도덕하다는 비난을 받았다.

능률이라는 관념이 최고의 도덕적 가치의 역할을 맡았다. 그와 동시에 부와 물질적 성공을 얻고 싶은 욕망이 사람들의 마음을 사로잡는 열정이 되었다. 목사인 마르틴 부처는 이렇게 말했다. "전 세계가 가장 많은 이익을 가져다주는 거래와 직업을 쫓아다닌다. 예술과 과학에 대한 연구는 가장 비천한 육체노동으로 취급되어 옆으로 밀려났다. 신으로부터 더 고귀한 연구에 종사할 재능을 부여받

제3장 종교개혁 시대의 자유

은 뛰어난 사람들도 모두 상업에 열중해 있다. 오늘날 상업은 부정으로 가득 찼기 때문에, 고결한 사람이라면 절대 종사하면 안 될 직업이다."[20]

우리가 지금까지 서술한 경제적 변화의 두드러진 결과는 모든 사람에게 영향을 주었다. 중세의 사회 체제는 붕괴되고, 그와 함께 그 사회 체제가 개인에게 제공해준 안정과 상대적인 안전도 파괴되었다. 이제 자본주의가 시작되자 사회의 모든 계급이 움직이기 시작했다. 새로운 경제 질서 속에는 자연스럽고 의심할 여지 없는 자리라고 생각될 수 있는 고정된 자리는 존재하지 않았다. '개인은 외톨이가 되었고, 모든 것은 개인의 전통적 지위가 보장해주는 데 달려 있는 것이 아니라 그 자신의 노력에 좌우되었다.'

하지만 이런 변화는 사회 계급마다 다른 영향을 미쳤다. 도시 빈민과 노동자와 도제들에게는 이 변화가 더 심한 착취와 빈곤화를 의미했다. 농민들에게도 그것은 경제적·개인적 압박이 더 심해지는 것을 의미했다. 이들과는 다른 방식이긴 하지만, 하급 귀족도 파멸에 직면했다. 이들 계급에게 새로운 변화는 본질적으로 상황이 더 나쁘게 변하는 것을 의미했지만, 도시 중산층의 경우에는 그보다 사정이 훨씬 더 복잡했다. 이 계급 내부에서 분화가 점점 심해진 것에 대해서는 앞에서 이미 이야기했다. 도시 중산층의 대부분이 점점 더 나쁜 처지에 빠져들었다. 많은 장인과 중소 상인들이 독점가나 더 많은 자본을 가진 경쟁자들의 우월한 힘에 직면해야 했고, 독립을 유지하기가 더욱 어려워졌다. 그들은 압도적으로 강력한 힘과 맞서 싸울 때가 많았고, 많은 이들에게 그것은 필사적이고 가망 없는 싸움이었다. 중산층 중에서도 일부는 전보다 더 번영했고, 신흥 자본주의의 전반적인 상승세에 동참했다. 하지만 이 행운아들에게 도 만사가 다 잘된 것은 아니었다. 자본과 시장과 경쟁의 역할이 늘 어나면서, 그들의 개인적 상황은 불안전하고 고독하고 불안한 상태 로 바뀌었다.

자본이 결정적인 중요성을 갖게 되었다는 사실은 초인간적인 힘 이 그들의 경제적 운명을 결정하고, 따라서 그들의 개인적 운명까 지 결정한다는 것을 의미했다. 자본은 "이제 하인이기를 그만두고 주인이 되었다. 자본은 별개의 독립된 활력을 띠고, 우세한 파트너 로서 자신의 까다로운 요구에 따라 경제 조직을 좌우할 권리를 요 구했다."[21]

시장의 새로운 기능도 이와 비슷한 결과를 낳았다. 중세의 시장은 비교적 소규모였고, 그 기능은 쉽게 이해할 수 있었다. 시장은 수요 와 공급이 직접적이고 구체적인 관계를 맺게 해주었다. 생산자는 얼 마나 생산하면 되는지를 대충 알 수 있었고, 자기가 만든 상품이 적 당한 값에 팔릴 거라고 대체로 확신할 수 있었다. 그런데 이제는 점 점 커지는 시장에 맞추어 생산할 필요가 있었고, 얼마나 팔릴지 미 리 알 수 없어졌다. 따라서 유용한 물품을 생산하는 것만으로는 충 분치 않았다. 물론 그것도 상품을 팔기 위한 한 가지 조건이기는 했 지만, 상품을 과연 팔 수 있을지, 얼마나 이익을 얻을 수 있을지를 결 정하는 것은 시장의 예측할 수 없는 법칙이었다. 새로운 시장의 메 커니즘은 칼뱅의 예정설과 비슷해 보였다. 개인은 선량해지기 위해 모든 노력을 다해야 하지만, 그가 구원을 받을지 못 받을지는 태어나기도 전에 이미 결정되어 있다고 가르치는 것이 칼뱅의 예정설이다. 장날은 인간의 노력이 만들어낸 상품이 심판을 받는 날이었다.

이와 관련하여 또 한 가지 중요한 요소는 경쟁의 역할이 점점 늘어난 것이다. 물론 중세 사회에도 경쟁이 전혀 없는 것은 아니었지만, 봉건적인 경제 체제는 협동의 원칙에 바탕을 두었고 경쟁을 억제하는 규제의 규제—또는 통제—를 받았다. 자본주의가 등장하면서 이런 중세의 원칙은 개인주의적 기업의 원칙으로 변해갔다. 개인은 누구나 앞으로 나아가 자신의 운을 시험해봐야 했다. 열심히 헤엄을 치지 않으면 물속에 가라앉을 수밖에 없었다. 타인은 그와 손잡고 같은 사업에 종사하는 동료가 아니라 경쟁자가 되었고, 그는 타인들을 파멸시키느냐 아니면 자신이 파멸하느냐의 선택에 직면할 때가 많았다.[22]

16세기에는 자본과 시장과 개인적 경쟁의 역할이 그 이후의 시대만큼 중요하지 않았다. 하지만 근대 자본주의의 결정적 요소들은 그것이 개인에게 미치는 심리적 영향과 함께 16세기에는 이미 다 생겨나 있었다.

우리는 방금 그림의 한쪽 면을 묘사했지만, 그림에는 또 다른 면도 존재한다. 즉 자본주의가 개인을 해방시켰다는 점이다. 자본주의는 협동조합 체제의 통제에서 인간을 해방시켰다. 자본주의는 인간이 자주적으로 생각하고 행동하며 자신의 운을 시험해볼 수 있게 해주었다. 인간은 자기 운명의 주인이 되었고, 위험도 이익도 모두 그의 것이었다. 개인이 열심히 노력하면 성공할 수도 있고 경제적으로 독립할 수도 있었다. 돈은 인간을 평등하게 해주는 중요한 평형 장치가 되었고, 혈통이나 계급보다 더 강력하다는 것이 입증되었다.

자본주의의 이 측면은 우리가 지금까지 검토한 초기 시대에는 막 생기기 시작했을 뿐이었다. 그 측면은 도시 중산층보다 소수의 부유한 자본가 집단에 더 중요한 역할을 했다. 하지만 그것이 당시 효과적이었던 범위 안에서라 해도 그것은 사람의 성격 형성에 중요한 영향을 미쳤다.

여기서 15세기와 16세기에 사회적·경제적 변화가 개인에게 미친 영향에 대한 우리의 논의를 요약해보면 다음과 같은 상황에 이른다.

우리가 전에 검토한 바와 마찬가지로 여기서도 자유의 다의성을 발견하게 된다. 개인은 경제적·정치적 관계의 속박에서 해방된다. 또한 개인은 새로운 체제에서 맡아야 할 적극적이고 독립적인 역할을 통해 적극적인 자유를 더 많이 얻는다. 하지만 그와 동시에 개인은 그에게 안전감과 소속감을 주었던 관계에서도 해방된다. 그는 이제 인간이 중심이었던 폐쇄된 세계에서 살지 않는다. 세계는 무한해진 동시에 위협적인 존재가 되었다. 인간은 폐쇄된 세계에서 그가 차지했던 고정된 자리를 잃고, 그에 따라 자신의 삶의 의미에 대한 해답도 잃어버린다. 그 결과 자기 자신과 삶의 목적에 대한 의심에 사로잡힌다. 강력하고 초인간적인 자본과 시장이 그를 위협한다. 이제 모든 사람이 잠재적 경쟁자이기 때문에, 타인과의 관계는 적대적이고 소원해졌다. 그는 자유롭다. 즉 그는 혼자이고 고립되어 있고 사방에서 위협받고 있다. 르네상스 시대의 자본가가 갖고 있던 부나 권력도 없고, 타인이나 우주와의 일체감도 상실하고, 그는 자기가 아무것도 아닌 하찮은 존재라는 느낌과 무력감에 사로잡힌다. 낙원은 영원히 사라졌고, 개인은 혼자서 세계와 맞선다. 그는 무한하고 위협적인 세계 속에 내던져진 이방인이다. 새로운 자유는 강한 불안감과 무력감, 의심과 고독과 동요를 낳을 수밖에 없다. 개인이 성공적으로 기능을 발휘하려면 이런 감정들을 억눌러야 한다.

2. 종교개혁 시대

이 같은 발달 단계에서 루터주의와 칼뱅주의가 나타났다. 이 새로운 종교는 부유한 상류층의 종교가 아니라 도시 중산층과 도시 빈민층과 농민들의 종교였다. 루터주의와 칼뱅주의가 이들 집단에 호소력을 가진 이유는 자유와 독립이라는 새로운 감정만이 아니라 그들 사이에 만연해 있던 무력감과 불안감까지도 표현했기 때문이다. 하지만 새 종교의 교리는 경제 질서의 변화가 불러일으킨 감정을 명확히 표현하는 것에만 그치지 않고, 교리의 가르침을 통해 그 감정을 더욱 강화하는 동시에 개인이 참을 수 없는 불안에 대처할 수 있게 해주는 해결책까지 제시했다.

새 종교의 교리가 갖는 사회적·심리적 의미를 분석하기 전에 우리의 접근방식을 잠깐 설명해두면 이 분석을 이해하는 데 도움이 될 것이다.

종교적 교리나 정치적 신조의 심리적 의미를 연구할 때, 우리는 우선 심리적 분석이 우리가 분석하는 교리나 신조의 진실성에 대한 판단을 의미하지는 않는다는 점을 명심해야 한다. 이 진실성 문제는 그 문제 자체의 논리적 구조에 의해서만 결정될 수 있다. 어떤 신조나 개념 뒤에 숨어 있는 심리적 동기를 분석하는 것은 신조의 진정한 의미를 더 잘 이해하게 해줄 수 있고, 그리하여 우리의 가치 판단에 영향을 미칠 수는 있지만, 결코 그 신조의 타당성과 거기에 함축된 가치에 대한 합리적 판단을 대신할 수는 없다.

교리에 대한 심리적 분석이 보여줄 수 있는 것은 어떤 문제를 의식하고 그 해답을 어떤 방향에서 찾게 만드는 주관적 동기다. 어떤 생각—진실된 것이든 거짓된 것이든—이 관습적인 생각과 단순히 피상적으로만 일치하는 게 아니라면, 그 생각을 하는 사람의 주관적 필요와 흥미가 그 생각의 동기다. 진실을 발견하면 흥미가 더 높아지는 경우도 있고, 반대로 흥미가 사라지는 경우도 있다. 하지만 두 경우 모두 어떤 결론에 도달하도록 부추기는 중요한 자극은 바로 심리적 동기다. 우리는 여기서 한 걸음 더 나아가, 어떤 인물의 강력한 욕구에 뒷받침되지 않은 생각은 그 사람의 행동과 생활 전체에 별로 영향을 미치지 못할 거라고 말할 수 있다.

종교적 교리나 정치적 신조를 분석할 때 그것의 심리적 의미와 관련하여 분석하면, 두 가지 문제를 구별해야 한다. 우리는 새로운 교리를 만들어낸 개인의 심리 구조를 연구하여, 그의 성격 가운데 어떤 특성이 그의 사상을 그 방향으로 이끌어갔는지를 이해하려고 애쓸 수도 있다. 구체적으로 말하면, 이것은 예컨대 루터나 칼뱅이 어떤 성격적 경향 때문에 그런 결론에 도달했고 그런 교리를 만들어냈는지를 알아내기 위해서는 그들의 성격 구조를 분석해야 한다

제3장 종교개혁 시대의 자유

는 뜻이다. 또 다른 문제는 교리를 만들어낸 사람이 아니라 그 교리가 호소하는 사회 집단의 심리적 동기를 연구하는 것이다. 어떤 신조나 사상의 영향력은 그것이 호소하는 대상의 성격 구조에서 특히 정신적 욕구에 얼마나 강하게 호소하느냐에 달려 있다. 그 사상이 어떤 사회 집단의 강력한 심리적 욕구에 부합해야만 비로소 그것은 역사에서 강력한 힘이 될 것이다.

지도자의 심리와 추종자들의 심리라는 두 가지 문제는 물론 서로 밀접하게 연결되어 있다. 그들이 동일한 사상에 매력을 느낀다면, 그들의 성격 구조는 중요한 점에서 비슷할 게 분명하다. 지도자가 갖고 있는 특별한 사고력과 실행력 같은 요소는 제쳐놓고, 그의 성격 구조는 대개 그의 신조가 호소하는 대상의 특별한 성격 구조를 좀 더 극단적이고 명쾌하게 보여줄 것이다. 지도자는 추종자들이 이미 심리적으로 받아들일 준비가 되어 있는 사상을 좀 더 분명하고 솔직하게 공식화할 수 있다. 지도자의 성격 구조가 그의 추종자들에게서 발견되는 어떤 특질을 더욱 선명하게 보여준다는 사실은 다음 두 가지 요인 중 하나의 탓이거나, 두 요인이 결합한 탓으로 돌릴 수도 있다. 즉 첫째는 그의 사회적 지위가 집단 전체의 성격을 형성하는 환경에서는 전형적인 경우이고, 둘째는 집단에서는 집단의 사회적 지위에 따라 생겨나는 특성이 지도자에게는 성장 배경과 개인적 경험이라는 우연한 환경에 의해 생겨나는 경우다.

루터주의와 칼뱅주의의 교리가 갖는 심리적 의미를 분석할 때, 우리는 루터와 칼뱅의 개인적 성격을 논하는 것이 아니라 그들의 사상을 받아들인 사회 계급의 심리적 상태를 논하고 있는 것이다. 나는 루터의 신학을 검토하기 전에 인간으로서의 루터는 나중에 설명할 '권위주의적 성격'의 전형적 대표자였다는 사실을 잠깐 언급하고 싶을 뿐이다. 루터는 유난히 엄격한 아버지 슬하에서 자라면서 어렸을 때 사랑이나 안도감을 거의 경험하지 못했기 때문에, 항상 권위에 대해 양면적인 감정을 갖고 있었다. 한편으로는 권위를 증오하고 거기에 반항했지만, 그와 동시에 권위를 존경하고 거기에 복종하는 경향을 보였다. 평생 그에게는 반항하는 권위와 존경하는 권위가 따로 존재했다. 젊은 시절에는 아버지한테 반항했고 수도원의 상급자들에게는 복종했다. 나중에는 교황에게 반항했고 군주들에게는 복종했다. 그는 극단적인 고독감과 무력감과 죄의식으로 가득 차 있었지만, 그와 동시에 남을 지배하고 싶은 열정에도 사로잡혀 있었다. 그는 강박적인 성격을 가진 사람만이 품을 수 있는 의심에 시달렸고, 항상 자신을 안심시키고 불안의 고통에서 자신을 구해줄 무언가를 찾고 있었다. 그는 타인들, 특히 '하층민'을 증오했고, 자신을 증오했고, 인생까지도 증오했다. 이 모든 증오에서 사랑받고 싶은 열정적이고 필사적인 욕망이 생겨났다. 두려움과 의심, 내면의 고독이 그의 존재 전반에 구석구석 스며들어 있었고, 이런 인간적 토대 위에서 그는 심리적으로 그와 아주 비슷한 상태에 있는 사회 집단의 옹호자가 되었다.

다음의 분석 방법에 대해 한마디 더 하자면, 개인의 생각이나 이념을 심리적으로 분석하는 목적은 그런 생각이나 이념이 생겨난 심리적 뿌리를 이해하기 위해서다. 그런 분석의 첫 번째 조건은 이념의 논리적 맥락을 충분히 이해하는 것이고, 그 이념의 창시자가 의식적으로 말하고자 하는 것을 충분히 이해하는 것이다. 하지만 우리가 알고 있다시피, 사람은 주관적으로는 진실해도 무의식적으로는 스스로 생각하는 것과는 다른 동기로 움직이는 경우가 많다. 또그가 사용하는 개념은 논리적으로 어떤 의미를 함축하고 있더라도 그의 무의식 속에서는 이 '공적인' 의미와는 다른 의미를 가질 수도 있다. 게다가 그는 자기 감정 속의 어떤 모순을 이념적 해석으로 화합시키려 할 수도 있고, 그가 억누르고 있는 이념을 그것과는 정반대되는 생각을 표현하는 이론적 설명으로 은폐하려 할 수도 있다는 것을 우리는 알고 있다. 무의식적 요소들의 작용을 알았기 때문에, 우리는 말에 대해 의심을 품고 말을 액면 그대로 받아들이면 안 된다는 것을 배웠다.

이념에 대한 분석은 주로 두 가지 일과 관련되어 있다. 첫째는 어떤 이념이 사상 체계 전체에서 갖는 무게를 결정하는 일이고, 둘째는 사상의 '참된' 뜻과는 다른 합리화된 상태를 다룰 것이냐 말 것이냐를 결정하는 일이다. 첫 번째 경우에는 다음과 같은 실례가 있다. 히틀러의 이념에서는 베르사유 조약*의 부당성을 강조하는 것이 엄청나게 큰 역할을 한다. 히틀러가 그 강화조약에 진정으로 분개한 것은 사실이다. 하지만 그의 정치적 이념 전체를 분석해보면, 그 이념의 토대가 강한 권력욕과 정복욕이라는 것을 알 수 있다. 그

• **베르사유 조약** 제1차 세계대전의 전후 처리를 위하여 1919년 6월 28일 베르사유 궁전에서 승리한 연합국과 패전한 독일이 맺은 강화조약. 전쟁 책임이 독일에 있다고 규정하고 독일의 영토 축소, 군비 제한, 배상 의무, 해외 식민지 포기 등의 조항과 함께 국제연맹의 설립안이 포함되었다.

가 의식적으로는 독일에 대한 부당한 처사를 강조하지만, 실제로 이 생각은 그의 사상 전체에서는 별로 중요성을 갖지 않는다. 하나의 사상과 관련하여, 의식적으로 의도된 의미와 진정한 심리적 의미가 다른 예는 우리가 이 장에서 다루는 루터의 교리에 대한 분석에서도 찾아볼 수 있다.

루터와 신의 관계는 인간의 무력함에 근거한 복종의 관계라고 생각한다. 루터 자신은 이 복종을 두려움 때문이 아니라 사랑에서 나온 자발적인 것이라고 말한다. 그렇다면 그것은 논리적으로는 복종이 아니라고 주장할 수도 있다. 하지만 심리적으로는 루터의 사상 체계 전체로 보아 그가 말하는 사랑이나 믿음이 사실은 복종이라는 결론이 나온다. 루터는 '의식적으로는' 신에 대한 그의 '복종'이 자발적이고 애정 어린 것이라고 생각하지만, 그의 마음은 무력감과 죄의식으로 가득 차서, 그 때문에 신과 그의 관계는 '복종'의 성격을 띤다. (타인에 대한 마조히즘적 의존이 의식적으로는 '사랑'으로 여겨지는 것과 같다.) 따라서 심리적 분석이라는 관점에서 보면, 루터가 '뜻하는'(무의식적이긴 하지만) 것과 그가 입으로 '말하는' 것이 다르다고 이의를 제기하는 것은 거의 문제가 되지 않는다. 그의 사상 체계에 포함되어 있는 어떤 모순은 그의 개념들의 심리적 의미를 분석해야만 비로소 이해할 수 있다고 믿는다.

프로테스탄티즘의 교리를 분석할 때, 나는 교리 체계 전체의 맥락에서 그 교리가 무엇을 의미하느냐에 따라 종교적 교리를 해석했다. 루터나 칼뱅의 교리를 반박하는 글이 그 무게나 의미로 보아 진정한 반박이 아니라고 확신했을 때는 그 글을 인용하지 않겠다. 하지만 나의 해석은 거기에 딱 들어맞는 특정한 문장을 골라내는 방식에 근거를 두는 것이 아니라 루터와 칼뱅의 교리 체계 전체와 그 심리적 바탕에 대한 연구에 근거를 두고, 그 결과에 따라 교리 체계 전체의 심리 구조에 비추어 그 개개의 요소를 설명하는 것이다.

종교개혁의 교리에서 새로운 것이 무엇이었는지를 이해하고 싶으면, 우선 중세 교회의 신학에서 가장 중요한 본질이 무엇이었는지를 생각해봐야 한다.[23] 그 과정에서 우리는 '중세 사회'와 '자본주의 사회' 같은 개념과 관련하여 지금까지 논한 것과 같은 방법론적 어려움에 부닥치게 된다. 경제 분야에서 하나의 체계가 다른 체계로 급격히 바뀌지 않는 것과 마찬가지로, 신학 분야에서도 그런 갑작스러운 변화는 일어나지 않는다. 루터와 칼뱅의 교리 가운데 일부는 중세 교회의 교리와 너무 비슷해서, 때로는 둘 사이에 본질적인 차이점을 발견하기가 어려울 정도다. 프로테스탄티즘이나 칼뱅주의와 마찬가지로 가톨릭교회도 인간이 자신의 미덕과 장점만으로 구원을 찾을 수 있다는 것을 항상 부인했고, 인간이 구원을 받기 위해서는 신의 은총이 필수불가결하다고 주장했다. 하지만 낡은 신학과 새로운 신학에 공통된 요소가 많다 해도, 가톨릭교회의 정신은 종교개혁의 정신과 달랐다. 특히 인간의 존엄성과 자유, 인간의 행위가 자기 운명에 미치는 영향과 관련해서는 본질적으로 달랐다.

종교개혁이 일어나기 전에는 오랫동안 다음과 같은 원칙이 가톨릭 신학의 특징이었다. 즉 인간의 본성은 비록 아담의 원죄 때문에 타락했지만 선천적으로 선을 갈구하며, 인간의 의지는 자유롭게 선을 바랄 수 있고, 인간이 구원받기 위해 스스로 노력하는 것은 도움

이 되며, 그리스도의 죽음에 바탕을 둔 교회의 성체성사를 통해 죄
인도 구원받을 수 있다는 것이다.

하지만 아우구스티누스와 토마스 아퀴나스처럼 가장 대표적인
신학자들은 위에서 말한 견해를 가지면서도 그와 동시에 전혀 다른
정신의 교리를 가르쳤다. 아퀴나스는 예정설을 가르치지만, 의지의
자유를 기본 교리의 하나로 강조하는 것을 결코 그만두지 않았다.
자유의 교리와 예정설 사이의 간극을 메우기 위해 아퀴나스는 지극
히 복잡한 다리를 놓아야 했다. 이 다리가 모순을 만족스럽게 해결
한 것 같지는 않지만, 아퀴나스는 의지의 자유와 인간의 노력이 구
원에 도움이 된다는 신조를 버리지 않았다. 물론 의지 자체는 신의
은총에 뒷받침받을 필요가 있겠지만.[24]

의지의 자유에 대해서 아퀴나스는, 인간이 스스로 결정할 자유가
없다고 생각하는 것도, 인간이 신의 은총을 거부할 자유까지 갖고
있다고 생각하는 것도 신성 및 인간성의 본질과 모순된다고 말했
다.[25]

구원에서 인간의 노력이 맡는 역할을 아퀴나스보다 더 강조한 신
학자들도 있다. 보나벤투라에 따르면 인간에게 은총을 내리는 것이
신의 의도지만, 자신의 공덕으로 그 은총을 받을 준비가 되어 있는
사람만이 신의 은총을 받는다.

이것은 13·14·15세기에 둔스 스코투스와 오캄과 비엘의 사상 체
계에서 점점 더 강조되었다. 이런 국면은 종교개혁의 새로운 정신
을 이해하는 데 특히 중요하다. 루터는 중세 말기의 스콜라 철학자
들을 '돼지 신학자(Sau Theologen)'라고 부르면서 특히 그들을 공격

했기 때문이다.

둔스 스코투스는 의지의 역할을 강조했다. 의지는 자유롭다. 인간은 자신의 의지를 실현함으로써 자신의 개인적 자아를 실현하고, 자아의 실현은 그 개인에게 최고의 만족이다. 의지가 개인적 자아의 행위인 것은 신의 명령이기 때문에, 신이라도 인간의 결정에 직접 영향을 미칠 수는 없다.

비엘과 오캄은 구원의 조건으로 인간 자신의 공덕의 역할을 강조한다. 그들도 신의 도움에 대해 말하기는 했지만, 종래의 교리와는 달리 그것을 기본적으로 중요한 것이라고 생각지는 않았다.[26] 인간은 자유롭고, 언제든지 신에게 의지할 수 있으며, 신의 은총은 인간에게 도움이 된다는 것이 비엘의 생각이었다. 오캄은 인간의 본성이 죄 때문에 정말로 타락하는 것은 아니라고 가르쳤다. 그가 보기에 죄는 하나의 행위일 뿐, 인간의 본질을 바꾸는 것은 아니다. 트리덴티노 전례*는 자유 의지가 신의 은총과 협력하지만 이 협력을 그만둘 수도 있다고 아주 분명히 말했다.[27] 오캄을 비롯한 후기 스콜라 철학자들이 제시한 인간상은 가련한 죄인이 아니라 자유로운 존재로서의 인간이다. 인간은 본성 자체가 선하기 때문에 모든 선한 일을 할 수 있고, 인간의 의지는 자연력이나 그 밖의 외적인 힘으로부터 자유롭다.

면죄부를 사는 관행은 중세 말기에 점점 더 중요한 역할을 하여

• **트리덴티노 전례** 1570년에 정해진 이후 1970년즈음까지 전 세계 모든 로마 가톨릭 교회에서 공통으로 집행되어온 미사 양식이다.

루터의 주요한 공격 대상이 되었지만, 이 관행은 인간의 의지와 노력의 효과가 차츰 강조된 것과 관련되어 있었다. 교황의 특사한테 면죄부를 사면, 영원한 형벌의 대신으로 여겨진 속세의 처벌도 면제받을 수 있었다. 그리고 제베르그가 지적했듯이,[28] 인간은 자기가 지은 죄를 모두 용서받을 거라고 기대할 만한 충분한 이유가 있었다.

연옥의 형벌을 면제받기 위해 교황에게 면죄부를 사는 이 관행은 얼핏 보기에는 인간이 구원을 받으려면 스스로 노력해야 한다는 생각과 모순되는 것처럼 보일지도 모른다. 왜냐하면 이 관행은 교회의 권위와 여러 전례(典禮)에 의존하고 있기 때문이다. 이것은 어느 정도는 사실이지만, 그 관행이 희망과 안전의 정신을 내포하는 것도 사실이다. 인간이 형벌을 그처럼 쉽게 면할 수 있다면, 죄에 대한 부담은 상당히 가벼워졌다. 인간은 비교적 쉽게 과거의 중압에서 해방되어 그를 끈질기게 괴롭히는 불안을 떨쳐버릴 수 있었다. 게다가 교회의 노골적이거나 암시적인 의견에 따르면 면죄부의 효과는 면죄부를 사는 사람이 죄를 뉘우치고 고백했다는 전제에 바탕을 두고 있었다.[29]

종교개혁의 정신과는 전혀 다른 이런 생각들은 신비주의자들의 저술과 설교집, 고해신부들의 관례에 대한 규칙 속에서도 찾아볼 수 있다. 거기에서 우리가 발견하는 것은 인간의 존엄성을 긍정하는 정신과 자아 전체를 표현하는 일의 정당성을 긍정하는 정신이다. 그런 태도와 함께 우리는 12세기에 이미 널리 퍼졌던 '그리스도 본받기' 개념과 인간은 신처럼 되기를 바랄 수 있다는 믿음도 발견하게 된다. 고해신부를 위한 규칙은 개인의 구체적 상황에 대한 이해심을 보여주었고 주관적인 개인차를 인정했다. 이 규칙은 죄를 개인에게 중압과 굴욕을 주는 부담으로 다루지 않고, 이해하고 존중해주어야 하는 인간의 약점으로 다루었다.[30]

요약하면 중세 교회는 인간의 존엄성과 인간 의지의 자유, 그리고 인간의 노력이 효과가 있다는 사실을 강조했다. 또한 신과 인간의 유사성을 강조했고, 인간이 신의 사랑을 확신할 권리도 강조했다. 인간은 신과 닮았다는 점에서 형제이고 서로 평등하게 느껴졌다. 중세 말기에 자본주의의 발생과 관련하여 곤혹과 불안이 생겨났다. 하지만 그와 동시에 인간의 노력과 의지의 역할을 강조하는 경향이 점점 강해졌다. 르네상스 시대의 철학과 중세 말기의 가톨릭 교리는 둘 다 사회적 지위 덕분에 자신들이 강력하고 독립되어 있다고 느끼는 사회 집단에 널리 퍼져 있는 정신을 반영했다고 생각할 수 있다. 반면에 루터의 신학은 교회의 권위에 맞서 싸우고 새로운 유산계급에 분노하면서 자본주의의 발흥에 위협을 느끼는 한편 개인의 무력감과 보잘것없음에 짓눌린 중산층의 감정을 표현했다.

루터의 체계는 가톨릭 전통과 다르다는 점에서 두 가지 면을 갖고 있다. 프로테스탄트 국가에서 흔히 알려진 루터의 교리에서는 두 가지 측면 가운데 하나가 다른 것보다 더 강조되었는데, 이 측면은 루터가 종교 문제에서 인간에게 독립성을 준 것, 교회의 권위를 박탈하여 그것을 개인에게 준 것, 루터는 믿음과 구원을 주관적이고 개인적인 경험으로 생각했다는 것, 모든 책임은 개인에게 있으며 개인이 스스로 얻을 수 없는 것을 그에게 줄 수 있는 권위에는 아무 책임도 없다는 것을 지적한다. 루터와 칼뱅의 교리 가운데 이런 측면은 충분히 칭찬할 만한데, 왜냐하면 그것은 근대 사회에서 정치적·정신적 자유가 발달한 하나의 원천이기 때문이다. 특히 앵글로색슨 국가에서는 이 자유의 발달이 청교도주의 사상과 밀접하게 결부되어 있다.

근대적 자유의 또 다른 측면은 그것이 개인에게 가져다준 고독과 무력함이다. 이 측면은 독립의 측면과 마찬가지로 프로테스탄티즘에 뿌리를 두고 있다. 이 책은 주로 부담과 위험으로서의 자유를 다루기 때문에, 일부러 한쪽으로 치우친 다음 분석은 루터와 칼뱅의 교리에서 자유의 이 같은 부정적인 측면이 뿌리를 두고 있는 바로 그 면—즉 그들이 인간의 근본적인 사악함과 무력함을 강조한 것—에 중점을 두고 있다.

루터는 인간의 본성 속에 타고난 사악함이 존재한다고 생각했고, 그것이 인간의 의지를 사악한 쪽으로 돌려서 어떤 인간도 자신의 본성으로 선행을 하는 것은 불가능하다고 생각했다. 인간은 사악하고 잔인한 본성을 갖고 있다("인간의 본성은 자연적으로 불가피하게 사악하고 배덕적이다"), 인간의 본성은 타락했고 옳은 것을 선택할 자유가 전혀 없다는 것이 루터의 사상 전반의 근본적인 개념이다. 그는 이런 정신으로 바울로의 《로마인들에게 보낸 편지》에 대한 논평을 시작한다. "이 편지의 본질은 인간의 모든 지혜와 정의를 설령 그것이—우리가 보기에, 그리고 다른 사람들이 보기에도—아무리 훌륭하고 진실해 보일지라도 파괴하고 근절하고 절멸시키라는 것이다……. 중요한 것은 우리 눈앞에 펼쳐지는 우리의 정의와 지혜가 우리의 가슴과 우리의 헛된 자아로부터 근절되고 파괴되고 있다는 사실이다."[31]

인간은 부패하고 무력해서 자신의 능력으로는 선한 일을 할 수 없다는 이 확신은 신의 은총이 성립하는 필수불가결한 조건이다. 인간이 굴욕을 당하고 개인적 의지와 자존심을 파괴해야만 비로소 신의 은총이 그에게 내릴 것이다. "신은 우리 자신의 정의와 지혜가 아니라 외부로부터의 정의와 지혜로 우리를 구하고 싶어 하시기 때문이다. 신은 우리 자신에게서 나오는 정의, 우리 자신에게서 생겨나는 정의가 아니라 어딘가 다른 곳으로부터 우리에게 오는 정의로 우리를 구하고 싶어 하신다……. 즉 정의는 오로지 외부로부터 오는 것이고, 우리 자신과는 전혀 무관하다는 것을 배워야 한다."[32]

인간의 무력함을 훨씬 과격하게 표현한 글은 7년 뒤에 루터가 의지의 자유를 옹호한 에라스뮈스를 공격하기 위해 쓴 〈노예의 의지에 관하여〉라는 팸플릿이다. "……이처럼 인간의 의지는 말하자면 신과 악마 사이에 있는 짐승이다. 신이 그 위에 올라타면, 인간의 의지는 신이 뜻하는 곳으로 간다. 《시편》에도 나와 있듯이 '나는 주 앞에서 한 마리 짐승이었지만 그래도 항상 주와 함께 있나이다.'(《시편》 제73편, 제22~23절) 사탄이 그 위에 올라타면, 인간의 의지는 사탄이 뜻하는 곳으로 간다. 신과 악마 가운데 누구한테 달려갈지, 누구를 원할지도 인간이 자신의 의지로 선택할 수 있는 것이 아니라, 신과 악마가 어느 쪽이 인간의 의지를 차지할 것인지를 놓고 서로 다툰다."[33] 루터는 이렇게 선언한다. "이 주제(자유 의지)를 완전히 무시하고 싶지 않으면(완전히 무시하는 편이 가장 안전하고 가장 종교적이기도 할 것이다), 인간에게 자유 의지를 허락해도 그 의지는 인간보다 위에 있는 존재들에 대해서가 아니라 오로지 인간보다 밑에 있는 존재들에 대해서만 사용되어야 한다고 우리는 양심에 거리낌 없이 가르칠 수 있다……. 신앙심이 두터운 인간은 자유 의지를 전혀 갖지 않고 신의 뜻이나 사탄의 뜻에 따르는 포로나 노예나 하인일 뿐이다."[34] 인간은 신의 손 안에 있는 무력한 도구일 뿐이며 근본적으로 사악하고, 인간이 할 일은 신의 뜻에 따르는 것뿐이고, 신은 이해할 수 없는 정의를 작용시킴으로써 인간을 구원할 수 있다는 교리는 절망과 불안과 회의에 사로잡힌 동시에 루터만큼 열렬하게 확실한 것을 바라는 사람에게 주어질 만한 결정적인 해답은 아니었다. 루터는 결국 자신의 의문에 대한 해답을 발견했다. 1518년에 그는 갑작스러운 계시를 받았다. 인간은 자신의 공덕에 근거해서는 구원받을 수 없다. 그가 행한 일이 신에게 충분히 만족스러웠는지 아닌지도 생각해서는 안 된다. 하지만 믿음만 있다면 인간은 구원을 확신할 수 있다. 믿음은 신이 인간에게 준 것이다. 인간은 일단 믿음을 의심할 나위 없이 명백하게 주관적으로 경험하면, 자신의 구원도 확신할 수 있다. 개인은 신과의 이 같은 관계에서 본질적으로 수용적이다. 인간은 믿음을 경험하면서 신의 은총을 받으면 본성이 변한다. 믿음이라는 행위 속에서 그리스도와 일체가 되고, 아담의 타락 때문에 잃어버린 자신의 정의를 그리스도의 정의가 대신해주기 때문이다. 하지만 인간의 타고난 사악함은 절대로 완전히 사라질 수는 없기 때문에, 인간은 평생 동안 절대로 완전하게 도덕적일 수는 없다.[35]

믿음은 자신의 구원을 의심할 여지없이 명백하게 주관적으로 경험하는 것이라는 루터의 교리는 언뜻 보기에는 1518년까지 그의 성격과 가르침의 특징이었던 심한 회의와 극단적으로 모순되는 것처럼 보일지도 모른다. 하지만 회의에서 확신으로의 이런 변화는 심리학적으로 보면 모순되기는커녕 인과관계를 갖고 있다. 우리는 이회의의 성질에 대해 지금까지 말해온 것을 기억해야 할 것이다. 그것은 자유로운 사고에 뿌리를 두고 감히 기존의 견해에 의문을 던지는 합리적인 회의가 아니라, 불안과 증오로 세상을 대하는 개인의 고독과 무력함에서 생겨나는 비합리적인 회의였다. 이 비합리적인 회의는 결코 합리적인 해답으로 해결될 수 없다. 그 개인이 의미 있는 세계의 필수적인 구성분자가 되어야만 비로소 그것은 해소될 수 있다. 루터와 그가 대표하던 중산층에게는 이런 일이 일어나지 않았다. 이런 일이 일어나지 않으면 회의는 말하자면 지하로 몰아넣어 침묵시킬 수 있을 뿐이고, 그렇게 할 수 있는 것은 절대적인 확실성을 약속하는 어떤 공식이다. 루터에게서 찾아볼 수 있듯이, '확실성을 강박적으로 추구하는 것은 진정한 믿음의 표현이 아니라 참을 수 없는 회의를 극복하려는 욕구에 뿌리박고 있는 행동이다.' 루터의 해결책은 오늘날 수많은 개인에게서 찾아볼 수 있지만, 그들은 루터와는 달리 신학적으로 생각하지 않을 뿐이다. 즉 그들은 고립된 개별적 자아를 제거하고, 개인 밖에 있는 압도적으로 강한 힘의 손에 쥐어진 도구가 됨으로써 확실성을 찾으려 한다. 루터에게 이 힘은 신이었고, 그는 절대적인 복종으로 확실성을 추구했다. 그는 이런 방법으로 자신의 회의를 어느 정도 침묵시키는 데 성공했지만, 그 회의가 정말로 사라진 것은 아니었다. 그는 죽는 날까지 회의의 공격을 받았고, 복종하려는 노력을 거듭하여 그 회의를 극복해야만 했다. 심리학적으로 믿음은 전혀 다른 두 가지 의미를 갖고 있다. 믿음은 인류와의 내적 관계와 삶에 대한 긍정의 표현일 수도 있고, 개인의 고독과 삶에 대한 부정적 태도에 뿌리를 둔 근본적인 회의감을 억제하려는 반작용의 형성일 수도 있다. 루터의 믿음은 그런 보상적 성질을 갖고 있었다.

회의의 의미와 그것을 침묵시키려는 노력을 이해하는 것이 특히 중요하다. 그것은 루터의 신학과 이제 곧 살펴볼 칼뱅의 신학과 관련된 문제일 뿐만 아니라, 근대인에게 기본적인 문제 하나를 남겼기 때문이다. 회의는 근대 철학의 출발점이다. 회의를 침묵시키려는 욕구는 근대 철학과 과학을 발달시킨 가장 강력한 자극이었다. 많은 합리적 회의가 합리적인 해답으로 해결되었지만, 비합리적 회의는 사라지지 않았고, 인간이 소극적인 자유에서 적극적인 자유로 나아가지 않는 한 사라질 수도 없다. 회의를 침묵시키려는 근대인의 노력은 성공을 위해 애쓰는 강박적 노력일 수도 있고, 또는 사실을 무제한으로 아는 것이 확실성을 추구하는 것과 부합한다는 믿음일 수도 있고, 또는 '확실성'을 책임지는 지도자에 대한 복종일 수도 있지만, 어느 쪽이든 이 모든 해결책은 회의에 대한 '인식'만 제거할 수 있을 뿐이다. 인간이 자신의 고독을 극복하지 않는 한, 그리고 이 세계에서 인간이 차지하는 자리가 그의 인간적 욕구와 관련하여 의미 있는 것이 되지 않는 한, 회의 자체는 결코 사라지지 않을 것이다.

중세 말기에 부자와 권력자를 제외한 모든 사람의 심리적 상황과 루터의 교리는 어떻게 관련되어 있는가? 앞에서 보았듯이 낡은 질서는 무너지고 있었다. 개인은 확실성이 주는 안전을 잃고 새로운 경제 세력인 자본가와 독점가에게 위협받고 있었다. 협동의 원칙은 경쟁으로 바뀌어가고 있었다. 하층계급은 점점 심해지는 착취의 압력을 느꼈다. 하층계급이 루터주의에 느낀 매력은 중산층이 느낀 매력과는 달랐다. 도시 빈민은 절망적인 상태에 있었고, 농민의 상황은 그보다 훨씬 더 절망적이었다. 그들은 무자비하게 착취당했고, 전통적인 권리와 특권을 박탈당했다. 그들은 혁명적 분위기에 휩싸였고, 그것은 농민 봉기와 도시의 혁명 운동으로 나타났다. 복음은 초기 기독교 시대에 노예와 노동자들의 희망과 기대를 표현했듯이 중세 말기에도 도시 빈민과 농민들의 희망과 기대를 분명히 표현했고, 자유와 정의를 추구하도록 빈민을 이끌었다. 루터가 권위를 공격하고 복음의 말을 자신의 가르침의 중심으로 삼은 한, 그는 과거의 다른 복음주의적 종교 운동들과 마찬가지로 불만에 싸인 이 불온한 대중들에게 호소한 것이다.

루터는 그들의 충성을 받아들여 그들을 지지했지만, 그것도 어떤 한계까지만 가능했다. 농민들이 교회의 권위를 공격할 뿐만 아니라 자신들의 운명을 개선하기 위해 작은 요구를 하는 수준을 넘어 지나치게 나오자, 그는 농민들과의 동맹을 깰 수밖에 없었다. 농민들은 계속 그 방향으로 나아가 혁명적인 계급이 되었고, 중산층이 강한 관심을 가지고 유지하려 애쓰는 사회 질서의 토대를 파괴하고 모든 권위를 뒤엎을 조짐을 보였다. 앞에서 설명한 온갖 어려움에도 불구하고 중산층, 하층계급에 가장 가까운 자들까지도 빈민의 요구에 맞서서 지켜야 할 특권을 가지고 있었기 때문이다. 따라서 중산층은 귀족과 교회와 독점가들의 특권만이 아니라 그들 자신의 특권까지 파괴하려는 혁명 운동에 극도로 적대적이었다.

아주 부유한 사람들과 아주 가난한 사람들 사이에 끼어 있는 위치 때문에 중산층의 반응은 복잡하고 많은 점에서 모순을 드러냈다. 그들은 법과 질서를 지키고 싶었지만, 그들 자신은 차츰 대두하는 자본주의에 극도로 위협당하고 있었다. 중산층에서 가장 성공한 자들도 소수의 대자본가에 비하면 그 재산이나 권력이 하찮은 것이었다. 그들은 살아남기 위해, 그리고 앞으로 나아가기 위해 열심히 싸워야 했다. 유산계급의 사치스러운 생활을 보면, 자기가 너무 하찮다는 느낌이 더욱 강해졌고, 그들의 마음은 선망과 분노로 가득 찼다. 전체적으로 보면 중산층은 봉건 질서의 붕괴와 자본주의의 등장으로 이익을 얻기보다는 오히려 위험해진 것이다.

루터의 인간상은 바로 이러한 딜레마를 반영하고 있다. 인간은 그를 정신적 권위에 묶어놓고 있던 모든 유대로부터 자유로워졌지만, 바로 이 자유가 인간을 고독과 불안에 빠뜨리고 개인이 보잘것없고 무력하다는 느낌으로 인간을 압도한다. 자유롭고 고립된 이 개인은 자신의 무의미함을 경험하고, 그 경험에 짓눌린다. 루터의 신학은 이 무력감과 의구심을 표현하고 있다. 그가 종교적인 관점에서 그리는 인간상은 당시의 사회적·경제적 발전이 초래한 개인의 상황을 묘사하고 있다. 루터는 신과의 관계에서 인간이 얼마나 무력한지를 묘사했지만, 중산층은 새로운 경제 세력 앞에서 신 앞에 선 인간만큼이나 무력했다.

루터가 설교의 대상으로 삼은 사회 계급에는 자신의 존재가 보잘 것없다는 느낌이 이미 널리 퍼져 있었다. 루터는 이 느낌을 분명히 드러냈을 뿐만 아니라 그들에게 해결책까지 제시했다. 개인은 자신의 무의미함을 인정할 뿐만 아니라 자신에게 극도의 굴욕감을 주어 개인의 의지를 흔적도 남지 않도록 모두 버리면, 그리하여 개인의 힘을 포기하고 비난하면, 신에게 받아들여지기를 기대할 수 있는 것이다. 루터와 신의 관계는 완전한 복종의 관계였다. 심리학적으로 말하면, 믿음에 대한 그의 개념은 다음과 같은 의미를 갖고 있다. 즉 당신이 완전히 복종하고 개인의 무의미함을 인정하면, 전능한 신은 기꺼이 당신을 사랑하고 구해줄 것이다. 당신이 자신을 내세우지 않는 지극히 겸손한 태도로 자신의 개인적 자아를 없애고 그 자아가 지닌 모든 결점과 의혹도 함께 없애버리면, 당신은 자기 존재가 보잘것없다는 느낌에서 해방되어 신의 영광에 참여할 수 있다. 이렇게 루터는 사람들을 교회의 권위에서 해방시켰지만, 그보다 훨씬 압제적인 권위에 복종시켰다. 그것은 바로 신의 권위였다. 신은 인간을 구원해주는 본질적 조건으로 인간의 완전한 복종과 개인적 자아의 절멸을 강요한다. 루터의 '믿음'은 자신을 버리면 사랑을 받게 된다는 확신이었다. 이것은 국가와 '지도자'에게 개인은 완전히 복종해야 한다는 주의와 많은 공통점을 갖고 있는 해결책이었다.

루터가 권위를 두려워하면서도 사랑했던 점은 그의 정치적 신념에도 나타나 있다. 그는 교회의 권위에 맞서 싸웠고, 새로운 유산계급—그 일부는 고위 성직자였다—에 대한 분노로 가득 찼으며, 농민들의 혁명적인 경향을 어느 정도까지는 지지했지만, 세속적 권위인 군주들에게는 철저하게 복종하는 것을 자명한 일로 가정했다. "권위를 가진 사람들이 사악하거나 신앙심이 없어도, 권위와 힘은 선한 것이며 신으로부터 받은 것이다……. 따라서 권력이 존재하고 번성하는 곳에는 신이 그렇게 정했기 때문에 권력이 존재하고 계속 유지되는 것이다."[36] 또 그는 이렇게 말했다. "신은 서민들의 폭동이 아무리 정당하다 해도 그들의 폭동을 허락하기보다는 아무리 사악한 정부라 해도 정부의 존재를 참고 견디는 쪽을 택할 것이다……. 군주는 아무리 압제적이라 해도 계속 군주로 남아 있어야 한다. 군주가 통치자이기 위해서는 피지배인인 백성이 있어야 하기 때문에 백성을 모두 죽일 수는 없고 소수만 참수할 수밖에 없다."

권위에 대한 그의 애착과 두려움의 또 다른 측면은 무력한 대중인 '일반 서민'에 대한 그의 혐오와 경멸에서 찾아볼 수 있다. 특히 그들의 혁명적 시도가 어떤 한계를 넘어설 때, 루터의 혐오와 경멸은 더욱 두드러진다. 대중을 비판한 그의 글에 다음과 같은 유명한 말이 있다. "그러므로 반역자보다 더 유독하고 유해하고 사악한 것은 존재할 수 없다는 것을 명심하고, 할 수 있는 사람은 누구나 은밀하게든 공공연하게든 그들을 공격하고 죽이고 칼로 찌르게 하자. 그것은 미친 개를 죽이지 않으면 안 되는 것과 마찬가지다. 그를 공격하지 않으면 그가 당신을 공격할 것이다. 그리고 당신과 함께 나라 전체를 공격할 것이다."[37]

루터의 가르침만이 아니라 그의 성격도 권위에 대한 양면성을 보여준다. 한편으로는 권위─세속적인 권위와 전제적인 신의 권위─

에 위압되고, 또 한편으로는 권위—교회의 권위—에 저항한다. 그는 대중에 대한 태도에서도 똑같은 양면성을 보여준다. 대중의 반항이 그가 설정한 한계 안에 머무르는 한, 그는 대중을 지지한다. 하지만 그가 지지하는 권위를 공격하면, 대중에 대한 격렬한 혐오와 경멸을 표출했다. 도피의 심리학적 메커니즘을 다루는 장에서 우리는 권위에 대한 이 사랑과 무력한 대중에 대한 미움이 '권위주의적 성격' 특유의 특징이라는 것을 보여주려고 한다.

이 시점에서 중요한 것은 세속적 권위에 대한 루터의 태도가 그의 종교적 가르침과 밀접하게 관련되어 있다는 점을 이해하는 것이다. 개인이 자신의 공덕에 관한 한 쓸모없고 보잘것없는 존재라고 느끼게 함으로써, 또한 인간이 신의 수중에 놓인 무력한 도구에 불과하다고 느끼게 함으로써 루터는 인간의 자신감을 박탈하고, 억압적인 세속적 권위에 단호히 저항하기 위해서는 인간의 존엄성을 느끼는 것이 전제가 되어야 하지만 루터는 인간에게서 그 느낌을 박탈해버렸다. 역사가 발전하는 과정에서 루터의 가르침은 훨씬 광범위한 결과를 낳았다. 개인은 일단 자부심과 존엄성을 잃어버리면 심리적으로 중세적 사고, 즉 인간과 그 영적 구원과 정신적 목표가 인생의 목적이라는 생각의 특징이었던 감정을 기꺼이 잃을 준비가 되어 있었다. 개인은 자신의 인생이 자기 이외의 다른 목적, 즉 경제적 생산성이나 자본 축적 같은 목적을 달성하기 위한 수단이 되더라도, 그 역할을 기꺼이 받아들일 준비가 되어 있었다. 경제 문제에 대한 루터의 견해는 전형적으로 중세적이었고, 칼뱅의 견해보다 훨씬 더 중세적이었다. 그는 인간의 삶이 경제적 목적을 위한 수단이 되어야 한다는 생각을 혐오했을 것이다. 그런데 경제 문제에 대한 그의 생각은 전통적인 것이었지만, 그가 개인의 무가치를 강조한 것은 그것과는 대조적이었고, 인간은 세속적 권위에 복종해야 할 뿐만 아니라 경제적 성취라는 목적에 자신의 삶을 종속시켜야 한다는 쪽으로 생각이 발전할 길을 닦아놓았다. 우리 시대에 이 경향은 파시즘에서 정점에 달했는데, 파시스트들은 자신들의 삶의 목적이 '더 높은' 권력인 지도자나 민족 공동체를 위해 희생되는 것이라고 강조하고 있다.

루터의 신학이 독일에서 중요해졌듯이 앵글로색슨 국가에서는 칼뱅의 신학이 중요해졌다. 칼뱅의 신학은 신학적으로나 심리학적으로도 루터의 신학과 본질적으로 같은 정신을 보여준다. 칼뱅도 역시 교회의 권위에 반대하고 교회의 교리를 맹목적으로 받아들이는 데 반대했지만, 그에게 종교는 인간의 무력함에 뿌리를 두고 있었다. 자기비하와 인간적 자존심의 파괴가 그의 사상 전체의 중심을 이룬다. 현세를 경멸하는 사람만이 내세를 준비하는 데 헌신할 수 있는 것이다.[38]

인간은 자기를 비하해야 하고, 바로 이 자기비하가 신의 힘에 의존하는 수단이라고 그는 가르친다. "왜냐하면 자신감을 갖지 못하고 우리 자신의 비참함을 의식하는 데에서 생겨나는 불안만큼 우리로 하여금 주님을 믿고 의지하게 만드는 것은 없기 때문이다."[39]

또한 그는 개인은 자기가 자신의 주인이라고 느끼면 안 된다고 가르친다. "우리는 우리 자신의 것이 아니다. 그러므로 우리의 이성이나 의지가 우리의 사고와 행위에서 우위를 차지하면 안 된다. 우리는 우리 자신의 것이 아니다. 그러므로 육신의 요구에 따라 우리에게 편리한 것을 추구하는 것을 목표로 삼지 말자. 우리는 우리 자신의 것이 아니다. 그러므로 우리 자신과 우리가 가진 모든 것을 가능한 한 잊어버리자. 반대로 우리는 신의 것이다. 그러므로 신을 위해 살고 신을 위해 죽자. 인간이 자신에게 복종하면 그것은 인간을 파멸시키는 가장 무서운 역병이므로, 인간이 자신에 대해 알거나 스스로 무언가를 원하지 않고 우리보다 앞서가는 신의 인도를 받는 것이 우리가 구원받을 수 있는 유일한 길이기 때문이다."[40]

인간은 자신을 위해 미덕을 추구하면 안 된다. 그것은 허영심을 낳을 뿐이다. "인간의 영혼 속에는 감추어진 악덕의 세계가 존재한다는 것이 예로부터 관찰된 진정한 사실이기 때문이다. 욕망을 억제하고 모든 이기적인 생각을 버리고, 주님이 당신에게 요구하는 것을 추구하고, 그것이 주님을 기쁘게 한다는 단지 그 이유만으로 당신이 마땅히 추구해야 하는 것들을 추구하는 데 당신의 모든 관심을 쏟는 것보다 더 좋은 치유책은 찾을 수 없다."[41]

칼뱅도 선행이 구원으로 이어질 수 있다는 것을 부인한다. 우리에게 선행 따위는 존재하지 않는다. "아무리 독실하고 훌륭한 사람이 한 일도 신의 준엄한 심판 앞에서는 모두 가증스러운 짓으로 밝혀졌다."[42]

칼뱅의 사상 체계의 심리학적 의미를 이해하려 할 때에는, 원칙적으로는 앞에서 루터의 가르침에 대해 언급한 것이 칼뱅에게도 그대로 들어맞는다. 칼뱅도 당시 심한 고독과 두려움을 느끼고 있던 보수적인 중산층에게 설교했고, 개인은 보잘것없고 무력하며 아무리 노력해도 소용이 없다는 그의 교리에는 중산층의 감정이 표현되어 있었다. 하지만 루터와 칼뱅 사이에는 약간의 차이도 있었다고 생각할 수 있다. 루터 시대의 독일은 전반적으로 격변 상태였고, 중산층만이 아니라 농민과 도시 빈민까지도 자본주의의 등장에 위협을 받았던 반면, 칼뱅이 신권정치를 수립한 제네바는 비교적 번영하는 사회였다. 15세기 전반에 유럽에서 중요한 시장 가운데 하나였던 제네바는, 칼뱅 시대에는 이 점에서는 이미 리용의 그늘에 가려 빛을 잃었지만,[43] 경제적 안정성은 아직도 상당히 유지하고 있었다.

대체로 칼뱅의 추종자들은 주로 보수적인 중산층 출신이었고,[44] 프랑스와 네덜란드와 영국에서 그의 주요 지지자들은 앞서 있는 자본가들이 아니라 장인과 중소 상인이었다고 할 수 있다. 그들 가운데 일부는 이미 다른 사람보다 번영했지만, 집단 전체로 보면 자본주의의 등장으로 위협을 받고 있었다.[45]

이 사회 계급은 칼뱅주의에 대해 우리가 루터주의와 관련하여 이미 논한 것과 같은 심리적 매력을 느꼈다. 칼뱅주의는 자유의 감정을 표현했지만, 개인이 보잘것없고 무력하다는 느낌도 표현했다. 칼뱅주의는 완전한 복종과 자기비하를 통해 새로운 안전 찾기를 기대할 수 있다는 가르침으로 개인에게 해결책을 제시했다.

칼뱅의 가르침과 루터의 가르침에는 미묘한 차이가 많지만, 이 책에서 다루는 사상의 주류에는 별로 중요하지 않은 것들이다. 다만 두 가지 차이점은 강조해둘 필요가 있다. 하나는 칼뱅의 예정설이다. 우리가 아우구스티누스와 아퀴나스와 루터에게서 찾아볼 수 있는 예정설과는 달리 칼뱅의 예정설은 그의 사상 체계 전체의 초석

가운데 하나고, 아마 그의 중심 교리가 되었을 것이다. 칼뱅은 신이 어떤 자에게는 은총을 예정할 뿐만 아니라 다른 자에게는 영원한 저주를 결정한다고 주장하여, 예정설에 새로운 형태를 부여했다.[46)

구원이나 저주는 인간이 이 세상에서 행하는 선행과 악행의 결과가 아니라, 인간이 세상에 태어나기도 전에 신이 미리 결정해놓은 것이다. 신은 왜 어떤 사람은 골라서 은총을 내리고 다른 사람에게 는 저주를 내릴까. 그 이유는 인간이 탐구해서는 안 되는 비밀이다. 신은 그런 식으로 자신의 무한한 힘을 보여주고 싶었기 때문에 그렇게 했을 뿐이다. 칼뱅의 신은 정의롭고 사랑이 넘치는 신이라는 관념을 유지하려고 애쓰지만, 사랑은커녕 정의를 구현할 자질조차 없는 폭군의 특징을 모두 갖고 있다. 신약성서와 노골적으로 모순 되는 말이지만, 칼뱅은 사랑의 지대한 역할을 부인하고 이렇게 말했다. "스콜라 철학자들이 믿음과 소망보다 자비를 우선한다고 말한 것은 병적인 상상력이 만들어낸 단순한 몽상에 불과하다……."[47)

예정설은 심리적으로 이중적인 의미를 가지고 있다. 그것은 한편 으로는 개인이 보잘것없고 무력하다는 느낌을 표현하고 강화한다. 인간의 의지와 노력이 아무 쓸모도 없다는 것을 이보다 더 강력하 게 표현할 수 있는 교리는 없다. 인간의 운명에 대한 결정은 그 자신 의 손에서 완전히 벗어난 곳에서 내려지고, 인간이 무슨 짓을 해도 이 결정은 바꿀 수 없다. 인간은 신의 손에 쥐어진 무력한 도구일 뿐 이다. 루터의 교리와 마찬가지로 이 교리의 또 다른 의미는 비합리 적인 회의를 침묵시키는 기능이다. 이것은 칼뱅과 그 추종자들의 경 우도 루터의 경우와 같았다. 언뜻 보기에 예정설은 회의를 침묵시키기는커녕 오히려 더욱 조장할 것 같다. 인간은 태어나기도 전에 영원히 저주받을 것인지 구원받을 것인지가 미리 예정되어 있다는 것을 알면, 전보다 더욱 고통스러운 회의에 시달려야 하지 않을까? 자신의 운명이 어떤 것인지를 어떻게 확신할 수 있을까? 칼뱅은 자기운명의 확실성에 대한 구체적 증거가 존재한다고 가르치지는 않았지만, 칼뱅과 그의 추종자들은 자신들이 선택받은 집단에 속한다고 확신했다. 그들은 우리가 앞에서 루터의 교리와 관련하여 분석한 것과 같은 자기비하의 메커니즘으로 이 확신을 얻었다. 그런 확신을 가지고 있었기 때문에 예정설은 최대한의 확실성을 나타냈다. 구원은 자신의 행동에 달려 있는 것이 아니라 자기가 태어나기도 전에 결정된 일이기 때문에, 인간이 무슨 짓을 해도 구원이 위태로워질리는 없었다. 역시 루터의 경우와 마찬가지로 근본적인 회의는 절대적인 확실성을 추구하는 결과를 낳았다. 예정설은 그런 확실성을 주었지만 회의는 여전히 배후에 남아 있었고, 자기가 속한 종교 사회가 신에게 선택받은 집단을 대표한다는 광신적인 믿음으로 그 회의를 침묵시켜야 했다. 회의를 침묵시키는 일은 몇 번이고 되풀이되었고, 그때마다 그 믿음은 점점 더 광신적으로 변해갔다.

칼뱅의 예정설은 나치의 이데올로기 속에 가장 활기차게 되살아났기 때문에 여기서 명백히 지적해야 할 하나의 의미를 함축하고 있는데, 그것은 바로 인간이 기본적으로 불평등하다는 신조다. 칼뱅에게는 두 부류의 인간이 존재한다. 하나는 구원받을 인간이고, 또하나는 영원히 저주받을 운명을 타고난 인간이다. 이 운명은 태어나기도 전에 결정되어 있고, 사람이 세상을 살면서 무엇을 하든 안

하든 운명을 바꿀 수는 없기 때문에, 인류의 평등은 원칙적으로 인정되지 않는다. 인간은 불평등하게 창조되었다는 신조는 인간들 사이에는 어떤 연대도 존재할 수 없다는 것도 암시한다. 연대의 가장 강력한 토대인 운명의 평등이라는 요소가 인정되지 않기 때문이다. 칼뱅주의자들은 순진하게도 자신들은 신에게 선택을 받았고 다른 사람들은 모두 신에게 저주를 받았다고 생각했다. 이런 믿음이 심리적으로 다른 사람들에 대한 깊은 경멸과 증오를 나타낸 것은 분명하다. 사실상 그들은 신에게도 그와 똑같은 증오심을 품고 있었다. 근대 사상은 인간의 평등을 점점 더 강력하게 주장했지만, 칼뱅주의자들의 신조는 결코 완전히 소리를 죽이지 않았다. 인간은 민족적 배경에 따라 기본적으로 불평등하다는 교리는 같은 신조를 다른 이론적 설명으로 재확인하는 것이다. 심리학적 의미는 똑같다.

　루터의 가르침과 칼뱅의 가르침에는 아주 중요한 차이점이 또 하나 있다. 그것은 칼뱅이 도덕적 노력과 고결한 생활의 중요성을 더 강조한다는 점이다. 개인이 행동으로 운명을 바꿀 수 있는 것은 아니지만, 노력할 수 있다는 바로 그 사실이 그가 구원받을 집단에 속해 있다는 것을 보여주는 증거다. 인간이 노력해서 얻어야 하는 공덕은 겸양과 절제, 모든 사람은 자신의 정당한 몫을 받는다는 뜻에서의 정의, 인간과 신을 결합해주는 경건이다.[48] 나중에 칼뱅주의가 발전하는 과정에서 고결한 삶과 부단한 노력의 의미를 강조하는 것이 더욱 중요해지고, 특히 그런 노력의 결과로 속세에서 성공하는 것은 구원의 증거라는 생각도 더욱 중요성을 띠게 된다.[49]

　고결한 삶을 특별히 강조하는 것은 칼뱅주의의 특징이었지만, 이것은 심리적으로도 특별한 의미를 갖고 있었다. 칼뱅주의는 인간의 끊임없는 노력이 필요하다고 강조했다. 인간은 신의 말씀에 따라 살려고 애써야 하고, 그 노력을 잠시도 게을리하면 안 된다. 이 교리는 인간의 구원과 관련해서는 인간의 노력이 아무 소용도 없다는 교리와 모순되는 것처럼 보인다. 아무 노력도 하지 않는 숙명론적 태도가 훨씬 더 적절한 반응처럼 보일지도 모른다. 하지만 심리학적으로 생각하면 그렇지 않다는 것을 알 수 있다. 불안 상태, 자신이 무력하고 보잘것없다는 느낌, 특히 자기가 죽은 뒤의 운명에 대한 회의는 누구에게나 거의 참을 수 없는 정신 상태에 해당한다. 이 두려움에 사로잡힌 사람들 가운데 느긋하게 삶을 즐기고 나중에 일어날 일에 무관심할 수 있는 사람은 거의 없을 것이다. 이 참을 수 없는 불안 상태와 자신이 너무 보잘것없는 존재라는 괴로운 무력감에서 벗어날 수 있는 길은 칼뱅주의에서 두드러지는 바로 그 특성이다. 칼뱅주의에서는 열광적인 활동과 무언가를 하려는 충동이 발달했다. 이런 의미에서의 활동은 강제성을 띤다. '개인이 회의와 무력감을 극복하기 위해서는 활동적이어야 한다.' 이런 종류의 노력과 활동은 내적인 힘과 자신감의 결과가 아니라 불안에서 벗어나려는 필사적인 도피일 뿐이다.

이 메커니즘은 개인이 공황 장애로 발작을 일으켰을 때 쉽게 관찰할 수 있다. 몇 시간 안에 치명적일 수도 있는 질병에 대해 의사의 진단을 받기로 되어 있는 사람이 불안 상태에 빠지는 것은 지극히 당연하다. 그는 대개 조용히 앉아서 기다리지 못할 것이다. 불안으로 몸이 마비되지 않았다면, 이 불안은 그를 다소 광적인 활동으로 몰아넣는 경우가 많다. 복도를 오락가락하거나, 질문을 퍼붓거나, 아무나 붙잡고 말을 걸거나, 책상을 정리하거나, 편지를 쓰거나 할 것이다. 평소에 늘 하는 일을 더욱 활기차게, 더욱 미친 듯이 계속할 수도 있다. 그의 노력이 어떤 형태를 띠든지 간에 그것을 유도하는 것은 불안이고, 열광적인 활동으로 무력감을 극복하려는 것이다.

칼뱅주의에서 노력은 또 다른 심리적 의미를 갖고 있었다. 어떤 사람이 그 부단한 노력에도 지치지 않고 세속적인 일만이 아니라 종교적인 일에서도 성공했다는 사실은 그가 선택받은 사람의 하나라는 확실한 증거였다. 이런 강제적인 노력의 비합리성은 '그 활동이 바라던 결과를 만들어내기 위한 것이 아니라, 자신의 활동이나 통제력과는 관계없이 미리 정해진 어떤 일이 일어날 것인지 아닌지를 나타내는 데 도움이 된다'는 데에 있다. 이 메커니즘은 강박신경증의 잘 알려진 특징이다. 강박신경증 환자들은 중대한 일의 결과가 두려울 때는 그 해답을 기다리는 동안 창문이나 가로수의 수를 헤아릴 것이다. 그 수가 짝수면 일이 잘될 거라고 느낀다. 수가 홀수면 그것은 실패할 조짐이다. 이런 회의는 어떤 특정한 경우가 아니라 사람의 생애 전반에 걸쳐 적용되는 경우도 많고, 따라서 '조짐'을 찾는 강박적 충동도 평생 동안 계속될 것이다. 돌을 헤아리거나 혼자서 카드놀이를 하거나 도박을 하는 것 따위가 불안이나 회의와 관련되어 있다는 것을 사람들은 대개 의식하지 못한다. 사람은 막연한 불안감 때문에 혼자서 카드놀이를 할 수도 있지만, 잠깐만 분석해보면 그 행위의 숨은 기능을 알아낼 수 있을 것이다. 즉 그 기능은 바로 미래를 드러내는 일이다.

칼뱅주의에서 이런 노력의 의미는 종교적 교리의 일부였다. 원래 그것은 본질적으로는 도덕적 노력과 관련되어 있었지만, 나중에는 직업상의 노력과 그 노력의 결과—즉 사업에서의 성공이나 실패—를 점점 더 강조했다. 성공은 신의 은총을 받았다는 표시였고, 실패는 저주를 받았다는 표시였다.

이런 생각들은 부단한 노력과 일을 하려는 충동이 인간의 무력함에 대한 기본적인 확신과 결코 모순되지 않았다는 것을 보여준다. 오히려 그것은 심리적으로 그 확신의 당연한 결과였다. 이런 의미의 노력과 일은 완전히 비합리적인 성격을 띠었다. 개인이 어떤 노력을 하든 관계없이 운명은 신의 뜻으로 미리 정해져 있기 때문에, 개인의 노력과 일이 운명을 바꿀 수는 없었다. 노력과 일은 예정된 운명을 예측하는 수단일 뿐이었다. 그와 동시에 미친 듯한 노력은 참을 수 없는 무력감에 대항하여 위안을 주었다.

노력과 일 자체를 목적으로 보는 이 새로운 태도는 중세가 끝난 이후 인간에게 일어난 가장 중요한 심리적 변화라 할 수 있을 것이다. 어떤 사회에서든 인간은 살아가고 싶으면 일을 해야 한다. 많은 사회가 노예들에게 일을 시킴으로써 자유민들이 '보다 고상한' 일에 몰두할 수 있게 하는 방법으로 이 문제를 해결했다. 그런 사회에서 일은 자유민이 할 만한 게 아니었다. 중세 사회에서도 일의 부담은 다양한 사회 계급에 불평등하게 분배되었고, 야비한 착취도 많았다. 하지만 일에 대한 태도는 그 후 근대에 발달한 태도와는 달랐다. 원래 일은 시장에서 이익을 남기고 팔 수 있는 상품을 생산한다는 추상적 성격을 갖고 있지 않았다. 사람들은 구체적인 요구에 응하여 구체적인 목적을 가지고 일했다. 즉 생계를 꾸려 나가기 위해 일한 것이다. 특히 막스 베버가 잘 보여주었듯이, 전통적인 생활수준을 유지하는 데 필요한 것보다 더 많이 일하고자 하는 욕구는 전혀 존재하지 않았다. 중세의 일부 사회 집단은 생산 능력을 실현하는 수단으로 일을 즐겼던 것 같다. 하지만 그 밖의 많은 사람들은 일을 '하지 않으면 안 되니까' 일했고, 외부의 압력이 이 필요성을 좌우한다고 느꼈다. 근대 사회에서 새로워진 사실은 외부의 압력보다는 오히려 내적 충동이 사람들을 일로 내몰았다는 점이다. 근대 이전의 다른 사회에서는 아주 엄격한 주인만이 타인에게 그런 식으로 일을 시킬 수 있었다.

내적 충동은 어떤 외적 강제보다도 효과적으로 모든 에너지를 일에 묶어놓을 수 있었다. 외적 강제에는 언제나 어느 정도의 저항이 따르게 마련인데, 이 저항은 일의 효과를 제한하거나, 사람들에게 지성과 창의성과 책임감이 요구되는 차별화된 일을 시키지 못하게 만든다. 일하려는 충동은 사람을 자신의 노예 감독으로 만들어버리지만, 그 내적 충동은 지성과 창의성과 책임감 같은 자질들을 제한하지 않았다. 인간이 자기 에너지의 대부분을 일에 쏟지 않았다면 자본주의가 발달하지 못했을 것은 분명하다. 노예가 아닌 자유민들이 일이라는 하나의 목적에 이토록 철저하게 자신의 에너지를 쏟아부은 시대는 역사상 일찍이 없었다. 끊임없이 일하려는 충동은 근본적인 생산력 가운데 하나였고, 우리 산업 체계의 발달에는 증기와 전기 못지않게 중요한 요인이었다.

우리는 지금까지 주로 중산층에 널리 퍼져 있던 불안과 무력감에 대해 이야기했다. 이제는 우리가 아주 간단하게만 언급했던 또 다른 특징을 논해야 한다. 그것은 중산층의 '적개심'과 '분개'다. 중산층이 심한 적개심을 품는 것은 별로 놀랍지 않다. 감정적·감각적 표현을 방해받고 자신의 존재 자체까지 위협받으면 누구나 적개심을 품는 것이 정상적인 반응일 것이다. 앞에서 보았듯이 중산층 전체, 그중에서도 특히 대두하는 자본주의의 혜택을 누리지 못한 자들은 좌절당하고 심각한 위협까지 받았다. 그들의 적개심을 더욱 부추긴 요인이 또 하나 있었는데, 그것은 교회의 고위 성직자를 포함한 소수의 자본가 집단이 과시하는 사치와 권력이었다. 그들에게 부러움을 품는 것은 당연한 결과였다. 하지만 적개심과 부러움이 점점 커지는데도 중산층 사람들은 하층계급과 달리 그 감정을 직접 표출하지 못했다. 하층계급은 자신을 착취하는 부자들을 미워했고, 그들의 권력을 타도하고 싶어 했고, 증오심을 느끼고 표출할 수 있었다. 상류계급도 공격성을 권력욕으로 직접 표현할 수 있었다. 그러나 중산층 사람들은 본질적으로 보수적이었다. 그들은 사회를 안정시키고 싶어 했지, 사회를 전복시키고 싶어 하지 않았다. 그들 개개인은 좀 더 부유해지기를 바랐고, 전반적인 번영에 자신도 참여할 수 있기를 기대했다. 따라서 그들은 적개심을 공공연히 표출할 수 없었고, 그 감정을 의식적으로 느끼지도 못했다. 적개심은 억압되어야만 했다. 하지만 적개심을 억압하는 일은 그것을 의식적인 인식에서 제거할 뿐이지 정말로 없애버리는 것은 아니다. 게다가 직접 표출되지 못하고 억제된 적개심은 점점 쌓여서 그 사람의 성격에 구석구석 배어들고, 타인과의 관계만이 아니라 자신과의 관계에도—

합리화되고 위장된 형태로—스며든다.

루터와 칼뱅은 이처럼 널리 퍼져 있는 적개심을 묘사하고 있다. 이 두 사람이 개인적으로 역사상 주요 인물, 특히 종교 지도자들 가운데 가장 증오심에 사로잡힌 인물이었다는 뜻에서만이 아니라, 그보다 더 중요한 것은, 그들의 교리가 이 적개심에 영향을 받았고, 억압당한 적개심에 사로잡힌 사람들에게만 호소력을 가질 수 있었다는 뜻에서도 그렇다. 이런 적개심을 가장 뚜렷하게 표현한 것은 신에 대한 그들의 개념에서, 특히 칼뱅의 교리에서 찾아볼 수 있다. 우리는 누구나 이 개념을 잘 알고 있지만, 신이라는 것을 칼뱅의 신처럼 제멋대로 전횡을 일삼는 무자비한 존재로 생각하는 것이 과연 무엇을 뜻하는지는 충분히 깨닫지 못하는 경우가 많다. 칼뱅의 신은 인류의 일부를 영원히 저주받을 운명으로 정해놓았지만, 이 행위가 신의 권능의 표현이라는 것 외에는 어떤 정당성도 이유도 없었다. 물론 칼뱅 자신은 이 신의 개념에 대해 당연히 제기될 수 있는 반대 의견을 걱정했다. 하지만 정의와 사랑이 넘치는 신의 모습을 유지하기 위해 그가 제시한 다소 미묘한 해석은 전혀 설득력 있게 들리지 않는다. 인간에게 무제한의 권력을 휘두르고 인간의 복종과 굴욕을 요구하는 이 전제적인 신의 모습은 중산층 자신의 적개심과 부러움이 투영된 것이었다.

적개심이나 분개는 타인에 대한 관계의 특징에도 표현되었다. 그 주요한 형태는 도덕적 분노였는데, 이것은 루터의 시대부터 히틀러의 시대까지 중하층 계급의 변함없는 특징이었다. 이 계급은 부와 권력으로 인생을 즐길 수 있는 자들을 실제로는 부러워했지만, 그 우월한 자들이 영원한 고통에 시달릴 거라는 확신과 도덕적 분노로 자신들의 분개와 부러움을 합리화했다.[50] 하지만 타인들에 대한 적대적 긴장은 다른 방식으로 표출되었다. 제네바에 수립된 칼뱅 체제의 특징은 만인에 대한 만인의 의심과 적개심이었다. 그의 전제 정치에서는 사랑과 우애의 정신 따위는 거의 찾아볼 수 없었다. 칼뱅은 부를 신용하지 않았으며, 그와 동시에 가난에 대해서도 별로 동정하지 않았다. 그 후 칼뱅주의가 발달하면서 낯선 사람에게 친절을 베풀지 말라는 경고, 가난한 사람들에 대한 잔인한 태도, 남을 의심하고 불신하는 풍조가 자주 나타났다.[51]

적개심과 질투를 신에게 투영하고 도덕적 분노라는 형태로 그 감정을 간접적으로 표현하는 것 외에 적개심을 표현하는 또 다른 방법은 이 적개심을 자기 자신에게 돌리는 것이었다. 앞에서 보았듯이 루터와 칼뱅은 둘 다 인간의 사악함을 열심히 강조하고, 자기 비하와 겸손이 모든 미덕의 토대라고 가르쳤다. 그들이 의식적으로 염두에 둔 것은 분명 극단적인 겸손뿐이었다. 하지만 자기비난과 자기비하의 심리적 메커니즘을 잘 아는 사람에게는 이런 종류의 '겸손'이 격심한 증오에 뿌리박고 있다는 사실은 의심할 여지가 없다. 그 증오심이 어떤 이유 때문에 바깥세상으로 향할 길이 막히자 자신의 자아를 상대로 작동하는 것이다. 이 현상을 충분히 이해하기 위해서는 타인에 대한 태도와 자신에 대한 태도가 모순되기는 커녕 원칙적으로는 병행한다는 사실을 깨달을 필요가 있다. 하지만 타인에 대한 적개심은 대개 의식적이고 공공연히 표현될 수 있는 반면, 자신에 대한 적개심은 (병리적인 경우를 제외하고는) 대개 무의식적이고 간접적이고 합리화된 형태로 표현된다. 한 가지 형태는 앞에서 말했듯이 자신의 사악함과 무의미함을 적극적으로 강조하는 것이고, 또 다른 형태는 양심이나 의무라는 가면을 쓰고 나타난다. 자기혐오와는 아무 관계도 없는 겸손이 존재하듯, 적개심에 뿌리를 두지 않은 진정한 양심의 요구와 의무감도 존재한다. 이 진정한 양심은 통합된 인격의 일부를 이루고, 그 요구에 따르는 것은 자아 전체를 확인하는 것이다. 하지만 종교개혁 이후 오늘날에 이르기까지 종교적 합리화나 세속적 합리화라는 면에서 근대인의 생활 전반에 구석구석 스며들어 있는 '의무감'은 자아에 대한 적개심에 강한 영향을 받고 있다. '양심'이란 인간이 스스로 자기 마음속에 앉혀놓은 노예 감독에 불과하다. 양심은 인간이 자신의 것이라 믿는 소망이나 목표에 따라 행동하도록 몰아세우지만, 사실 그 소망이나 목표는 외부의 사회적 요구가 내면화한 것이다. 양심은 가혹하고 잔인하게 인간을 몰아붙이고, 쾌락과 행복을 금지하고, 이해할 수 없는 죄를 속죄하는 데 평생을 바치게 한다.[52] 또한 양심은 초기 칼뱅주의와 후기 청교도주의의 특징인 '내면세계의 금욕주의'의 토대이기도 하다. 이 근대적 형태의 겸손과 의무감에 뿌리를 두고 있는 적개심은 다른 설명으로는 잘 이해할 수 없는 한 가지 모순, 즉 그런 겸손은 타인에 대한 경멸과 동행하고, 독선이 실제로 사랑과 자비를 대신했다는 것도 설명해준다. 같은 인간에 대해 정말로 겸손하고 진정한 의무감을 갖고 있다면 그럴 수는 없을 것이다. 하지만 자기비하와 자기부정적인 '양심'은 적개심의 한 측면일 뿐이고, 적개심의 또 다른 측면은 타인에 대한 경멸과 혐오다.

종교개혁 시대에 자유가 어떤 의미를 갖고 있었는지에 대한 이 간단한 분석을 근거로, 사회 과정에서 경제적·심리적·이념적 요인들의 상호작용이라는 일반적 문제와 자유라는 특수한 문제와 관련하여 우리가 도달한 결론을 여기서 요약해두는 것이 적당할 듯하다.

봉건 사회라는 중세적 체제의 붕괴는 모든 사회 계급에게 한 가지 중요한 의미를 지니고 있었다. 그것은 개인이 홀로 남겨지고 고립되었다는 것이다. 개인은 이제 자유로워졌다. 이 자유는 두 가지 결과를 낳았다. 인간은 그때까지 누렸던 안전성과 의심할 여지없는 소속감을 박탈당했고, 경제적으로나 정신적으로 안전을 추구하는 그를 만족시켰던 세계로부터 강제로 떨어져나왔다. 그는 고독과 불안을 느꼈다. 하지만 그는 자유롭게 행동할 수도 있었고 독립적으로 생각할 수도 있었다. 스스로 자신의 주인이 되어, 남이 시키는 대로 하지 않고 자기가 원하는 대로 자신의 삶을 꾸려나갈 수도 있었다.

하지만 이 두 종류의 자유는 여러 사회 계급의 실제 생활 형편에 따라 서로 다른 무게를 가졌다. 사회에서 가장 성공한 부류만이 대두하는 자본주의의 혜택을 받아, 진정한 부와 권력을 얻을 수 있었다. 그들은 자신의 활동과 합리적인 계산의 결과로 사업을 확장하고 정복하고 지배하고 재산을 축적할 수 있었다. 이 신흥 유산 귀족은 기존의 문벌 귀족과 함께 새로운 자유의 열매를 누릴 수 있는 위치에 있었고, 개인이 주도권을 잡고 세상을 지배하는 새로운 느낌을 얻을 수도 있었다. 하지만 그들은 또 한편으로는 대중을 지배해야 했고 서로 싸워야 했다. 따라서 그들의 입장도 근본적인 불안전과 불안에서 결코 자유롭지 못했다. 하지만 이 신흥 자본가에게는 대체로 자유의 소극적인 의미보다 적극적인 의미가 더 지배적이었다. 그것은 새로운 귀족 사회의 토양에서 번영한 르네상스 문화에 잘 표현되어 있다. 르네상스의 예술과 철학에는 물론 절망과 회의주의도 자주 표현되었지만, 인간의 존엄성과 의지와 지배력이라는 새로운 정신이 표현되었다. 이처럼 개인의 활동과 의지의 힘을 강조한 것은 중세 말기에 가톨릭교회의 신학적 가르침에서도 찾아볼 수 있다. 당시의 스콜라 철학자들은 권위에 저항하지 않고 그 지도를 받아들였다. 하지만 그들은 자유의 적극적인 의미를 강조했고, 인간이 자신의 운명을 결정하는 데 참여할 권리, 인간의 힘과 존엄성 그리고 의지의 자유를 강조했다.

한편 하층계급인 도시 빈민과 특히 농민들은 자유에 대한 새로운 추구, 점점 심해지는 경제적·인간적 압박에서 벗어나고 싶은 열렬한 소망에 사로잡혔다. 그들은 잃을 것이 거의 없었지만 얻을 것은 많았다. 그들은 교리상의 시시콜콜한 면에는 관심이 없었고, 그보다는 성서의 기본 원칙인 우애와 정의에 관심이 많았다. 그들의 소망은 초기 기독교 특유의 비타협적 정신을 특징으로 하는 종교 운동과 수많은 정치적 반항에 적극적으로 표현되었다.

하지만 우리의 주요 관심사는 중산층의 반응이었다. 자본주의의 발흥은 그들의 독립성과 자주성을 강화하는 데에도 도움이 되었지만, 사실 그들에게는 큰 위협이었다. 중산층에 속하는 개개인은 16세기 초에는 아직 새로운 자유에서 힘과 안전을 많이 얻지 못했다. 자유는 힘과 자신감보다는 오히려 개인이 보잘것없는 존재라는 느낌과 고독감을 가져왔다. 게다가 중산층은 로마 교회의 성직자를 비롯한 유산계급의 사치와 권력에 대한 불타는 분노로 가득 차 있었다. 프로테스탄티즘은 개인의 무의미함과 부유층에 대한 분개를 표현했으며, 신의 무조건적인 사랑에 대한 믿음을 파괴했으며, 자신과 타인을 경멸하고 불신하도록 가르쳤으며, 인간을 목적이 아니라 수단으로 만들었다. 프로테스탄티즘은 세속 권력 앞에 굴복했으며, 세속 권력이 도덕적 원칙에 어긋나면 단지 존재한다는 이유만으로 정당화되지는 않는다는 원칙을 포기했다. 그렇게 함으로써 프로테스탄티즘은 유대-기독교 전통의 기초가 되었던 요소들을 버리고 만 것이다. 프로테스탄티즘의 교리가 제시한 개인과 신과 세계의 모습에서는, 개인이 느끼는 무의미함과 무력감은 인간이 본래 지니고 있는 성질에서 유래한 것이므로 '마땅히' 그렇게 느껴야 한다는 믿음으로 그 느낌을 정당화했다.

이렇게 새로운 종교적 교리는 평균적인 중산층의 느낌을 표현했을 뿐만 아니라, 이 태도를 합리화하고 체계화하여 그 느낌을 더욱 확대하고 강화했다. 하지만 이 새로운 교리는 그 이상의 일을 했다. 즉 불안에 대처하는 방법도 개인에게 알려주었다. 자신의 무력함과 본성의 사악함을 인정하고, 자신의 생애를 그 죗값으로 여기고, 극도로 자신을 비하하고 끊임없이 노력하면 회의와 불안을 극복할 수 있다고 가르친 것이다. 또한 신에게 완전히 복종하면 신의 사랑을 받을 수 있고, 적어도 신이 구원하기로 결정한 사람들 가운데 자기도 속해 있을 거라는 희망은 가질 수 있다고 가르쳤다. 프로테스탄티즘은 겁먹고 뿌리째 뽑혀 고립된 개인, 새로운 세계와 관계를 맺고 거기에 적응해야 하는 개인의 인간적 욕구에 대한 해답이었다.

경제적·사회적 변화로 생겨났고 종교적 신조로 더욱 강화된 새로운 성격 구조가 이번에는 거꾸로 사회적·경제적 발전을 촉진하는 중요한 요인이 되었다. 이 성격 구조에 뿌리를 두고 있던 바로 그 자질들―일하려는 충동, 절약하려는 열정, 가외의 개인적 힘을 얻기 위해 자신의 삶을 기꺼이 도구로 삼으려는 태도, 금욕주의, 강박적 의무감―은 자본주의 사회에서 생산력이 된 성격 특성들이었다. 그것이 없었다면 근대의 경제 발전과 사회 발전은 생각할 수도 없는 일이었다. 인간의 에너지가 구체적인 형태로 형성된 것이 바로 그 특징들이었다. 그 특정한 형태를 취함으로써 인간의 에너지는 사회 과정에서 생산력의 하나가 되었다. 새로 형성된 성격 특성에 따라 행동하는 것은 경제적 필요라는 관점에서 보면 유리했다. 그런 행동은 이 새로운 성격 유형의 요구와 불안에 대응했기 때문에 심리적으로도 만족스러웠다. 이 원칙을 좀 더 일반적인 말로 표현하면 다음과 같아질 것이다. 사회 과정은 개인의 생활양식, 즉 타인 및 일과의 관계를 결정함으로써 그의 성격 구조를 형성한다. 종교적이든 철학적이든 정치적이든, 새로운 이념은 성격 구조의 이런 변화가 낳은 결과이고, 이렇게 바뀐 성격 구조에 호소하여 그것을 강화하고 충족하고 안정시킨다. 새로 형성된 성격 특성은 다시 경제 발전을 촉진하는 중요한 요인이 되고, 사회 과정에 영향을 미친다. 원래 그 성격 특성들은 새로운 경제력의 위협에 대한 반응으로 생겨난 것이지만, 서서히 새로운 경제 발전을 촉진하고 강화하는 생산력이 되는 것이다.[53]

제4장

근대인의 관점에서 본 자유의 두 측면

앞 장에서 우리는 프로테스탄티즘의 주요 교리들에 대해 그 심리적 의미를 분석해보았다. 그 분석에 의하면 새로운 종교의 교리는 중세 사회 체제의 붕괴와 자본주의의 등장으로 초래된 정신적 요구에 대한 해답이라는 것이다. 또한 이 분석은 두 가지 의미에서 자유라는 문제에 집중했는데, 중세 사회의 전통적 유대'로부터' 해방된 것은 독립이라는 새로운 느낌을 개인에게 주었지만, 그와 동시에 고독과 고립을 느끼게 했고, 회의와 불안으로 그를 가득 채웠으며, 결국 그를 새로운 복종과 강박적이고 비합리적인 행동으로 몰아넣었다는 사실이 드러났다.

이 장에서는 자본주의 사회의 계속된 발달이 종교개혁 시대에 취하기 시작한 것과 같은 방향으로 성격 구조에 영향을 미쳤다는 것을 제시하고자 한다.

프로테스탄티즘의 교리를 통해 인간은 근대의 산업 사회 체제에서 자신이 맡아야 할 역할에 대한 심리적 준비를 갖추었다. 이 사회 체제와 그 실제, 그리고 그 체제에서 생겨나 삶의 모든 측면에 파급되는 정신은 인간의 인격 전체를 형성했고, 우리가 제3장에서 논한 모순을 더욱 강조했다. 근대의 사회 체제는 개인을 발달시켰지만 그를 더욱 무력하게 만들었다. 그것은 자유를 증가시켰지만 새로운 종류의 의존을 낳았다. 우리는 자본주의가 인간의 성격 구조 전체에 미친 영향을 설명하려고는 하지 않는다. 우리는 이 일반적인 문제의 한 측면, 즉 자유가 성장하는 과정의 변증법적 성격에만 중점을 두기 때문이다. 우리의 목표는 근대 사회의 구조가 동시에 두 가지 면으로 인간에게 영향을 미치고 있음을 보여주는 것이다. 즉 인간은 더 독립적, 자립적, 비판적이 되었지만, 또 한편으로는 더 고립되고 고독해지고 두려움에 사로잡혔다는 사실이다. 자유라는 문제 전체를 이해하려면, 자유의 성장 과정이 지닌 두 측면 가운데 한쪽을 따라가느라 다른 한쪽을 놓치는 일이 없이 양면을 모두 볼 수 있어야 한다.

이것은 결코 쉬운 일이 아니다. 우리는 비변증법적으로 생각하는 데 익숙해져 있고, 그래서 모순되는 두 경향이 하나의 원인에서 동시에 생겨날 수 있다는 것을 의심하는 경향이 있기 때문이다. 게다가 자유라는 대의명분을 지지하는 사람은 특히 자유의 부정적인 측면, 즉 자유가 인간에게 주는 부담을 알아차리기가 어렵다. 근대사에서 자유를 위해 싸운 사람들의 관심은 '낡은' 형태의 권위나 규제와 싸우는 데 집중되었기 때문에, 이런 전통적인 규제가 더 많이 제거될수록 더 많은 자유를 얻었다고 느끼는 것이 당연했다. 그런데 인간이 자유의 낡은 적으로부터는 해방되었지만 성질이 다른 새로운 적이 등장했다는 것을 우리는 충분히 인식하지 못하고 있다. 이 새로운 적이란 본질적으로 외적 제약이 아니라 개인의 자유가 완전히 실현되는 것을 방해하는 내적 요인들이다. 예를 들면 우리는 신앙의 자유가 자유의 최후 승리라고 믿는다. 신앙의 자유는 자신의 양심에 따라 신을 숭배하는 것을 허락하지 않은 교회와 국가 권력에 대한 승리지만, 근대인은 자연과학의 방법으로 개연성이 입증되지 않은 것을 믿는 내적 능력을 대부분 잃어버렸다는 사실을 우리는 충분히 인식하지 못하고 있다. 또 다른 예를 들면, 우리는 자유가 거둔 승리의 행진에서 언론의 자유가 마지막 단계라고 느낀다. 언론의 자유는 '낡은' 제약과의 싸움에서 거둔 중요한 승리이기는 하지만, 근대인이 생각하고 말하는 것은 대부분 다른 사람들이 생각하고 말하는 것과 똑같다는 사실을 우리는 잊고 있으며, 근대인은 독창적으로, 즉 자기 스스로 생각하는 능력을 얻지 못했다는 사실도 잊고 있다. 사상의 표현을 아무도 방해할 수 없다는 그의 주장에 의미를 부여하는 것은 오로지 독창적인 사고뿐이다. 또한 우리는 세상을 살아가면서 해야 할 일과 하지 말아야 할 일을 지시하는 외적 권위로부터 인간이 해방된 것을 자랑스럽게 여긴다. 우리는 모든 사람이 우리에게 거는 기대에 기꺼이 따르려 하고 주위 사람들과 다른 것을 몹시 두려워하기 때문에 여론이나 상식 같은 익명의 권위가 그렇게 강한 위력을 발휘하지만, 그런 익명의 권위가 맡고 있는 역할은 간과한다. 다시 말하면 우리는 '외부'의 힘으로부터 점점 자유로워지는 데 매혹되어, 자유가 전통적인 적들한테 거둔 승리의 의미를 '내부'의 제약과 충동과 두려움이 약화시키는 경향이 있다는 사실에는 눈을 감아버린다. 그래서 우리는 근대사에서 우리가 얻은 것과 같은 종류의 자유를 '더 많이' 얻는 것이 자유의 유일한 문제라고 생각하기 쉽고, 필요한 것은 그런 자유를 인정하지 않는 권력에 맞서서 자유를 지키는 것뿐이라고 믿기 쉽다. 물론 우리가 얻은 자유는 있는 힘껏 지켜야 하지만, 자유의 문제는 양적인 것만이 아니라 질적인 것이기도 하다는 것, 우리는 전통적인 자유를 지키고 늘려야 할 뿐만 아니라 우리 자신의 개체적 자아를 실현할 수 있게 해주는 새로운 종류의 자유도 얻어야 하고, 이 자아와 삶을 믿을 자유도 얻어야 한다는 것을 잊고 있다.

산업 체제가 이런 내적 자유에 미친 영향을 비판적으로 평가하려면 우선 자본주의가 인격 발달에 엄청난 진보를 의미했다는 점을 충분히 인식해야 할 것이다. 사실 이런 측면을 무시한 근대 사회 비판은 비합리적인 낭만주의에 입각한 것으로 밝혀질 테고, 자본주의에 대한 비판도 진보를 위한 것이 아니라 근대사에서 인간이 이룩한 가장 중요한 업적들을 파괴하기 위한 것이라는 의심을 사게 된다.

프로테스탄티즘이 인간을 영적으로 해방하면서 시작한 일을 자본주의는 정신적으로, 사회적으로, 정치적으로 계속했다. 경제적 자유는 이 발전의 토대였고, 중산층은 그 옹호자였다. 개인은 더 이상 고정된 사회 체제에 묶여 있지 않았다. 전통에 근거를 둔 이 고정된 사회 체제에서는 개인이 전통적 한계선을 넘어 발전할 여지가 비교적 적었다. 이제 개인은 자신의 근면과 지성과 용기와 절약과 행운이 이끌어주는 한, 개인적으로 경제적 이익을 얻는 것이 허용되었고, 당연히 거기에 성공할 것으로 여겨졌다. 성공할 기회도 그의 몫이었고, 실패할 위험도 그의 몫이었다. 각자가 자신을 제외한 모든 사람과 맞서 싸우는 치열한 경제적 전투에서 죽거나 다칠 위험도 그 자신의 몫이었다. 봉건 체제에서는 개인이 자신의 생활을 확장할 수 있는 한계가 태어나기도 전에 이미 정해져 있었지만, 자본주의 체제에서 개인, 특히 중산층에 속하는 사람은─비록 많은 제약은 있었지만─자신의 장점과 활동을 기반으로 성공할 수 있는 기회가 있었다. 그는 목표가 눈앞에 있는 것을 보고, 그 목표에 도달하려고 노력할 수 있었고, 대개는 목표에 도달할 수 있는 기회가 있었다. 그는 자신을 믿고, 책임 있는 결정을 내리고, 사람에게 위안과 두려움을 동시에 주는 미신을 포기하는 법을 배웠다. 인간은 자연의 속박으로부터 점점 자유로워졌고, 과거에는 들어본 적도 없고 꿈에도 생각지 못했을 정도로 자연력을 지배하게 되었다. 인간은 평등해졌다. 한때는 인류의 통합을 방해하는 자연적 경계였던 계급과 종교의 차이가 사라졌으며, 서로 상대를 인간으로 인정하는 법을 배웠다. 세계는 사람을 미혹시키는 신비적인 요소들로부터 차츰 자유로워졌다. 인간은 자신을 객관적으로 보기 시작했고, 환상은 점점 줄어들었다. 정치적 자유도 증대되었다. 대두하는 중산층은 경제적 지위 덕분에 정치적 권력을 정복할 수 있었고, 새로 얻은 정치적 권력은 경제적으로 더욱 발전할 수 있는 가능성을 증대시켰다. 영국과 프랑스에서 일어난 대혁명과 미국의 독립전쟁은 이 발전이 이루어진 시점을 알려주는 이정표였다. 정치 분야에서 자유의 발달은, 만인은 평등하며 누구나 스스로 선택한 대표자를 통해 정부에 참여할 동등한 권리를 갖는다는 원칙에 바탕을 둔 근대적 민주주의 국가에서 절정에 이르렀다. 사람은 저마다 자신의 이익에 따라 행동할 수 있지만, 그와 동시에 국민 전체의 공통된 행복을 고려하여 행동할 수 있다고 여겨졌다.

한마디로 말해서 자본주의는 인간을 전통적 속박으로부터 해방시켰을 뿐만 아니라, 적극적인 자유를 늘리고 능동적이고 비판적이며 책임 있는 자아를 성장시키는 데도 크게 이바지했다.

이것은 자본주의가 자유의 성장 과정에 끼친 하나의 영향이지만, 그와 동시에 자본주의는 개인을 더 고독하고 고립된 존재로 만들었으며, 자신은 보잘것없고 소용없는 존재라는 느낌을 개인에게 심어주었다.

여기서 언급해야 할 첫 번째 요인은 자본주의 경제의 일반적 특징의 하나인 개인주의적 활동의 원칙이다. 모든 사람이 잘 정돈되고 투명한 사회 체제에서 저마다 정해진 자리를 갖고 있던 중세의 봉건 체제와는 대조적으로 자본주의 경제는 개인을 완전히 자립시켰다. 그가 무엇을 하느냐, 그 일을 어떻게 하느냐, 성공하느냐 실패하느냐는 전적으로 그 자신의 소관이었다. 이 원칙이 개체화 과정을 촉진한 것은 분명하고, 근대 문화의 좋은 점을 나열할 때 중요한 항목으로 항상 언급된다. 하지만 '~으로부터의 자유'를 촉진하는 과정에서 이 원칙은 개인간의 모든 유대를 끊어버렸고, 그럼으로써 개인을 동료로부터 고립시키고 분리했다. 종교개혁의 가르침은 이런 변화를 준비했다. 가톨릭교회에서 개인과 신의 관계는 교회의 일원이라는 데 근거를 두고 있었다. 교회는 개인과 신을 연결하는 고리였고, 한편으로는 개인의 개성을 제한했지만 또 한편으로는 개인을 집단의 성원으로서 신과 대면하게 해주었다. 그런데 프로테스탄티즘은 개인이 혼자서 신과 대면하게 한 것이다. 루터가 말하는 의미에서의 신앙은 완전히 주관적인 경험이었고, 칼뱅의 경우에는 구원의 확신도 이와 똑같은 주관적 성질을 갖고 있었다. 혼자서 신의 힘과 맞서는 개인은 압도당하는 기분을 느끼지 않을 수 없었고, 완전한 복종 속에서 구원을 찾을 수밖에 없었다. 심리학적으로 보면, 이 정신적 개인주의는 경제적 개인주의와 별로 다르지 않다. 어느 경우에나 개인은 완전히 혼자이고, 고립된 상태에서 신이든 경쟁자든 또는 인간 외적인 경제력이든 자기보다 우세한 힘과 맞서는 것이다. '신에 대한 개인주의적 관계는 인간의 세속 활동이 지닌 개인주의적 성격에 대한 심리적인 준비였다.'

경제 체제의 개인주의적 성격은 논란의 여지가 없는 사실이고, 이 경제적 개인주의가 개인의 고독을 늘리는 데 미치는 영향만 의심스러워 보일지 모르지만, 우리가 지금 검토하려는 논점은 자본주의에 대해 가장 널리 퍼져 있는 통념과는 모순된다. 이 통념에 따르면, 근대 사회에서는 인간이 모든 활동의 중심이자 목적이 되었고, 인간이 하는 일은 모두 자신을 위해 스스로 하는 것이고, 이기심과 자기중심주의의 원칙은 인간 활동의 가장 강력한 동기다. 우리가 이것을 어느 정도 사실로 믿고 있다는 것은 이 장 첫머리에 언급한 말에서 당연히 나오는 결론이다. 인간은 지난 400년 동안 자신을 위해,

자신의 목적을 위해 많은 일을 해왔다. 하지만 그가 자신의 목적이라고 생각한 것의 대부분은 그의 목적이 아니었다. 적어도 여기서 말하는 '그'가 '노동자'나 '제조업자'가 아니라 모든 감정적·지적·감각적 잠재력을 지닌 구체적인 인간을 의미한다면 그렇다. 게다가 자본주의는 개인에 대한 긍정을 유발했을 뿐만 아니라, 프로테스탄트 정신과 직접 연결되어 있는 자기부정과 금욕주의도 낳았다.

이 문제를 설명하기 위해서는 우선 앞 장에서 이미 서술한 사실을 다시 언급하지 않으면 안 된다. 중세의 사회 체제에서 자본은 인간의 하인이었지만, 근대의 사회 체제에서는 인간의 주인이 되었다. 중세의 세계에서 경제 활동은 목적을 이루기 위한 수단이었다. 목적은 삶 자체, 또는 가톨릭교회가 이해한 바와 같이 인간의 영적 구원이었다. 경제 활동은 필요한 것이고, 재물도 신의 목적에 이바지할 수 있지만, 모든 외적 활동은 삶의 목적을 촉진하는 경우에만 의미와 존엄성을 갖는다. 그 자체를 위한 경제 활동과 소유욕은 중세 사상가에게는 비합리적인 것으로 여겨졌지만, 근대 사상가에게는 오히려 그런 활동과 욕망이 없는 것이 비합리적인 것으로 생각되었다.

자본주의에서 경제 활동과 성공과 물질적 획득은 그 자체가 목적이 된다. 자신의 행복이나 구원을 위해서가 아니라 경제 체제의 발전에 기여하고 자본을 축적하는 것 자체를 목적으로 삼는 것이 인간의 운명이 된다. 인간은 경제라는 거대한 기계의 톱니―그가 자본을 많이 갖고 있다면 중요한 톱니가 되고, 자본을 갖고 있지 않다면 하찮은 톱니가 된다―가 되었지만, 항상 외부의 목적에 이바지하는 톱니다. 인간을 초월한 목적에 자신을 이토록 기꺼이 바치도록 마음의 준비를 시킨 것은 사실 프로테스탄티즘이었다. 물론 경제 활동의 이 같은 우월성을 인정하는 것만큼 루터나 칼뱅의 정신과 동떨어진 것은 없었지만, 그들은 신학적 가르침 속에서 인간의 정신적 척추인 존엄감과 자존심을 꺾어버리고 활동의 목적은 자기 자신 외에는 존재하지 않는다고 가르침으로써, 상황이 이런 식으로 발전할 토대를 마련해주었다.

앞 장에서 살펴보았듯이, 루터의 가르침에서 주된 요점의 하나는 그가 인간성의 사악함을 강조하고, 인간의 의지와 노력이 아무 쓸모도 없다는 것을 강조한 것이었다. 칼뱅도 인간의 사악함을 강조했고, 인간은 최대한 자신의 자존심을 굴복시켜야 한다는 생각을 그의 사상 체계의 중심에 놓았다. 더 나아가 인간 생활의 목적은 신의 영광을 위한 것이지 자기 자신을 위한 것은 아니라고 설파했다. 그렇게 루터와 칼뱅은 심리적으로 인간이 근대 사회에서 맡아야 할 역할—자신이 무의미하다고 느끼고, 자신의 목적이 아닌 목적을 위해서만 자신의 삶을 종속시킬 각오를 하는 것—을 준비시켰다. 인간은 일단 정의도 사랑도 상징하지 않는 신의 영광을 위한 수단에 불과한 존재가 되면, 경제적 기계—그리고 결국에는 '총통'—의 하인 역할도 충분히 받아들일 수 있게 된다.

경제적 목적을 위한 수단으로 개인을 경시하는 것은 자본 축적을 경제 활동의 목적으로 삼는 자본주의적 생산 방식의 특성에 바탕을 두고 있다. 사람은 이익을 위해 일하지만, 그가 얻는 이익은 소비되지 않고 새 자본으로 투자된다. 이렇게 늘어난 자본은 새로운 이익을 가져오고, 이 이익은 다시 투자된다. 이익과 투자는 이렇게 다람

제4장 근대인의 관점에서 본 자유의 두 측면

쥐 쳇바퀴 돌 듯 계속된다. 물론 사치를 위해 돈을 쓰거나 '과시적인 낭비'로 돈을 쓰는 자본가들은 언제나 존재했다. 하지만 자본주의의 전형적인 대표자들은 소비가 아니라 일을 즐겼다. 자본을 소비하는 대신 축적하는 이 원칙은 우리의 근대 산업 체제가 이룩한 위대한 업적의 전제다. 사람이 일에 대해 금욕적인 태도를 갖고 있지 않았다면, 또한 경제 체제의 생산력을 발달시키기 위해 자신의 성과를 투자하려는 욕망을 갖고 있지 않았다면, 우리는 자연을 통제하는 일에서 이렇게 많은 진보를 이룩하지 못했을 것이다. 우리가 물질적 욕구를 충족시키기 위한 끊임없는 투쟁이 마침내 막을 내리게 될 미래를 역사상 처음으로 마음속에 그릴 수 있게 된 것도 사회의 생산력이 이렇게 증대했기 때문이다. 하지만 자본 축적 자체를 위해 일한다는 원칙이 객관적으로는 인류의 진보에 엄청난 가치를 갖고 있다 해도, 주관적으로는 인간으로 하여금 초개인적인 목적을 위해 일하게 만들었고, 인간을 자기가 만든 기계의 하인으로 전락시켰으며, 그리하여 자기가 보잘것없고 무력하다는 느낌을 인간에게 안겨주었다.

지금까지 우리는 근대 사회에서 자본을 가지고 이익을 새로운 투자에 돌릴 수 있는 개인들에 대해 논했다. 그들은 대자본가든 소자본가든 관계없이 자신의 경제적 기능인 자본 축적에 인생을 바쳤다. 하지만 자본이 없고 노동력을 팔아서 생계를 꾸려야 하는 사람들은 어떠한가? 그들의 경제적 지위가 미치는 심리적 영향은 자본가의 경우와 별로 다르지 않았다. 우선 남에게 고용된다는 것은 시장의 법칙, 호황과 불황, 고용주가 쥐고 있는 기술 개량의 효과 따위에 그들이 좌우된다는 것을 의미했다. 고용주는 그들을 직접 조종했고, 그들이 복종해야 하는 우세한 힘의 대표가 되었다. 특히 19세기까지, 그리고 19세기 전반에 걸쳐 노동자의 처지가 그러했다. 그 후로는 노동조합 운동이 노동자들에게 어느 정도 힘을 주었고, 그리하여 노동자가 단순히 고용주의 조종 대상이었던 상황이 바뀌고 있다.

그러나 노동자는 고용주에게 이처럼 직접적이고 개인적으로 의존할 뿐만 아니라, 사회 전체와 마찬가지로 우리가 자본가의 특징으로 묘사한 금욕주의 정신과 초개인적인 목적에 복종하는 정신으로 가득 차 있었다. 이것은 결코 놀라운 일이 아니다. 어떤 사회에서나 문화 전반의 정신을 결정하는 것은 그 사회에서 가장 강력한 집단의 정신이다. 그 이유는, 부분적으로는 이런 집단이 교육제도와 학교, 교회, 언론, 극장을 지배하는 힘을 갖고 있기 때문이고, 그리하여 자신의 사상으로 인구 전체를 가득 채울 수 있는 힘을 갖고 있기 때문이다. 게다가 이 강력한 집단은 신망이 높기 때문에, 하층계급은 그들의 가치관을 받아들이고 모방함으로써 심리적으로 자신을 그들과 동일시하려고 한다.

지금까지 우리는 자본주의적 생산 방식이 인간을 초개인적인 경제적 목적을 위한 도구로 만들었고, 프로테스탄티즘을 통해 이미 심리적으로 준비되어 있던 금욕주의 정신과 개인의 무의미함을 더욱 증대시켰다고 주장했다. 하지만 이 논지는, 근대인이 어떤 행동에 나서는 이유는 희생정신이나 금욕주의 때문이 아니라 극도의 이기주의와 사리사욕의 추구 때문인 것 같다는 사실과 모순된다. 인간이 객관적으로는 초개인적인 목적에 봉사하는 하인이 되었지만, 주관적으로는 개인적 이익을 위해 행동한다고 믿고 있다는 사실을 우리는 어떻게 조화시킬 수 있을까? 이타심을 강조하는 프로테스탄티즘 정신과 근대적 이기주의의 신조를 어떻게 조화시킬 수 있을까? 더구나 이 근대적 이기주의의 신조는, 마키아벨리의 말을 빌리자면, 이기주의야말로 인간의 행동을 유발하는 가장 강력한 원동력이고, 개인적 이익을 얻고자 하는 욕망은 어떤 도덕적 고려보다 강력하며, 인간은 아버지의 죽음을 보는 것보다 재산을 잃는 것을 더 견디지 못한다고 주장한다. 이타심을 강조하는 것은 근본적인 이기주의를 은폐하는 이데올로기일 뿐이라는 가정으로 이 모순을 설명할 수 있을까? 이것도 어느 정도는 사실일 수 있지만, 충분한 해답이라고 볼 수는 없다. 해답이 놓여 있다고 생각되는 방향을 가리키기 위해서는 이기심이라는 문제의 심리적 복잡성에 관심을 가져야 할 것이다.[1]

루터와 칼뱅의 사상, 그리고 칸트와 프로이트의 사상 저변에 깔려 있는 가정은, 이기심과 자기애는 동일하다는 생각이다. 즉 타인을 사랑하는 것은 미덕이고 자신을 사랑하는 것은 죄악이다. 게다가 타인에 대한 사랑과 자신에 대한 사랑은 서로 배타적이다.

하지만 이것은 이론적으로 사랑의 본질에 대한 잘못된 생각이다. 사랑은 원래 어떤 특정한 대상이 '불러일으키는' 것이 아니라, 인간 속에 머물면서 꾸물거리고 있는 자질이 어떤 '대상'에 의해 현실화할 뿐이다. 증오는 파괴를 원하는 열망이고, 사랑은 어떤 '대상'을 긍정하려는 열망이다. 사랑은 '애착'이 아니라, 그 대상의 행복과 성장과 자유를 위해 적극적으로 노력하는 것이고, 그 대상과 내적 관계를 맺는 것이다.[2) 원칙적으로 사랑은 우리 자신을 포함하여 어떤 사람이나 사물에도 얼마든지 돌려질 수 있다. 배타적인 사랑이란 것은 그 자체가 모순이다. 물론 누군가가 명백한 사랑의 '대상'이 되는 것은 결코 우연이 아니다. 그런 특정한 선택에 영향을 미치는 요인들은 너무 많고 복잡해서 여기서 논할 수는 없다. 하지만 특정한 '대상'에 대한 그 사랑은 마음속에서 꾸물거리고 있던 사랑이 한 사람과 관련하여 현실화하고 그 사람에게 집중되었을 뿐이라는 점이 중요하다. 사랑에 대해 낭만적인 생각을 가진 사람이라면, 자기가 사랑할 수 있는 대상은 이 세상에 오직 한 사람뿐이라고 말하겠지만, 사실은 그렇지 않다. 일생을 사는 동안 그 사람을 찾을 가능성이 그렇게 많은 것도 아니고, 그 사람에 대한 사랑 때문에 다른 모든 사람과 관계를 끊는 것도 아니다. 오직 한 사람에게만 느낄 수 있는 사랑은 바로 그 사실 때문에 사랑이 아니라 가학-피학적 집착일 뿐이라는 것을 보여준다. 사랑에는 기본적인 긍정이 포함되어 있는데, 그 긍정이 애인을 향하는 것은 그 애인을 본질적으로 인간적인 자질들의 구현으로 보았을 때다. 한 사람에 대한 사랑은 당연히 인간에 대한 사랑을 수반한다. 흔히들 생각하는 것과는 달리, 인간에 대한 사랑은 특정한 한 사람에 대한 사랑 '다음에' 오는 추상 개념도 아니고, 특정한 '대상'과의 경험을 확대한 것도 아니다. 인간에 대한 사랑은 발생적으로는 구체적인 개인들과의 접촉에 의해 생겨나지만, 이것이 전제되지 않으면 특정한 한 사람에 대한 사랑도 생겨날 수 없다.

여기서 다음과 같은 결론이 나온다. 원칙적으로 나 자신의 자아는 타인과 마찬가지로 내 사랑의 대상이다. 내 삶과 행복, 성장과 자유에 대한 긍정은 기본적으로 그런 긍정을 할 준비가 되어 있고 긍정할 수 있는 능력을 갖고 있다는 데 뿌리를 둔다. 개인이 이런 마음의 준비가 되어 있다면, 자신에 대해서도 그런 준비가 되어 있다. 그가 오직 타인만 '사랑'할 수 있다면, 그 사람은 아예 사랑을 할 수 없다.

이기심은 자기애와 동일하지 않다. 오히려 자기애와는 정반대의 것과 동일하다. 이기심은 일종의 탐욕이다. 모든 탐욕이 그렇듯이, 이기심은 결코 만족할 줄 모르는 불만족감을 포함하며, 그 결과 진정한 만족은 존재하지 않는다. 탐욕은 바닥이 없는 구덩이다. 탐욕스러운 사람은 욕구를 충족시키기 위해 끝없이 노력하지만 끝내 만족에 도달하지 못하고 기진맥진한다. 자세히 관찰해보면, 이기적인 사람은 항상 불안하게 자신을 걱정하지만, 절대 만족하지 못하고 항상 안절부절못하고, 충분히 얻지 못하거나 뭔가를 놓치거나 빼앗기지 않을까 하는 두려움에 늘 사로잡혀 있다. 그는 자기보다 더 많이 가진 사람에 대한 불타는 질투심으로 가득 차 있다. 특히 무의식적인 역학 관계를 좀 더 관찰해보면, 이런 유형의 사람은 기본적으로 자신을 좋아하지 않으며, 사실은 자신을 몹시 혐오한다는 것을 알 수 있다.

언뜻 모순되어 보이는 이 수수께끼는 쉽게 풀 수 있다. 이기심은 바로 자신을 좋아하는 마음이 별로 없다는 데 뿌리를 두고 있다. 자신을 좋아하지 않는 사람, 자신을 좋게 생각지 않는 사람은 항상 자신에 대해 불안을 품고 있다. 그에게는 진정한 사랑과 긍정의 기반 위에서만 존재할 수 있는 내면의 안정이 존재하지 않는다. 그는 기본적으로 안정과 만족을 느끼지 못하기 때문에, 자신을 걱정해야 하고 스스로 모든 것을 차지하려고 탐욕스러워질 수밖에 없다. 이른바 자기도취적인 사람도 마찬가지다. 그는 자신을 위해 뭔가를 얻는 데 관심을 갖기보다는 오히려 자신을 칭찬하는 데 관심이 많다. 이들은 표면상으로는 자신을 무척 사랑하는 것처럼 보이지만 실제로는 자신을 좋아하지 않으며, 그들의 자기도취는—이기심과 마찬가지로—자기애의 근본적인 결핍에 대한 과잉 보상인 것이다. 자기도취적인 사람은 사랑을 남으로부터 빼앗아, 그것을 자기 자신에게 돌린다고 프로이트는 지적했다. 이 말의 앞부분은 맞지만 뒷부분은 틀렸다. 자기도취적인 사람은 타인은 물론 자기 자신도 사랑하지 않는다.

자, 그러면 우리를 이기심에 대한 심리학적 분석으로 끌어들인 애초의 문제로 되돌아가자. 근대인은 자기가 자신의 이익을 위해 행동한다고 믿지만, 실제로는 자신의 것이 아닌 목적을 위해 자신의 생활을 바친다는 모순에 우리는 직면하게 되었다. 칼뱅이 인간 존재의 유일한 목적은 자기 자신이 아니라 신의 영광이라고 느낀 것과 마찬가지다. 우리는 이기심이 진정한 자아에 대한 긍정과 사랑의 결핍에 근원을 두고 있다는 것, 즉 모든 잠재력을 가진 구체적인 인간 전체에 대한 긍정과 애정의 결핍이 이기심의 원인이라는 것을 보여주려고 애썼다. 근대인의 행동 동기인 '자아'는 사회적 자아다. 이 자아는 본질적으로 개인이 맡아야 하는 역할로 이루어지지만,

실제로는 사회에서 인간의 객관적인 사회적 기능을 감추는 주관적인 가면일 뿐이다. 근대적 이기심은 진정한 자아의 좌절에 근원을 두는 탐욕이고, 그 대상은 바로 사회적 자아다. 근대인은 자아를 최대한 주장하는 것이 특징인 것 같지만, 실제로 그의 자아는 약해져서 전체 인격의 다른 부분은 모두 제외하고 전체 자아의 일부인 지성과 의지력으로 축소되었다.

이것이 사실이라 해도, 자연에 대한 지배력이 점점 강해진 것은 개별적 자아의 힘이 점점 강해지는 결과를 낳지 않았을까? 이것은 어느 정도 사실일 것이며, 그것이 사실인 한 그것은 우리가 놓치고 싶지 않은 개인 발달의 긍정적 측면과 관련되어 있다. 자연에 대한 인간의 지배력은 놀랄 만큼 강해졌지만, 사회는 자기가 창조한 그 힘을 통제하지 못하고 있다. 우리의 생산 체계는 기술적 측면에서는 합리적이지만 사회적 측면에서는 비합리적이다. 경제 위기, 실업, 전쟁이 인간의 운명을 지배한다. 인간은 자신의 세계를 건설했다. 공장과 집을 세우고, 자동차와 옷을 생산하고, 곡식과 과일을 재배한다. 하지만 인간은 자신의 손으로 만든 생산품에서 멀어졌다. 인간은 이제 더 이상 자기가 만든 세계의 주인이 아니다. 반대로 인간이 만든 세계가 그의 주인이 되었고, 그 주인 앞에 인간은 고개를 숙이고, 될 수 있는 한 아양을 떨며 속이려 애쓴다. 인간의 손으로 만든 것이 인간의 신이 되었다. 그는 자기 이익에 휘둘리는 것 같지만, 실제로는 모든 구체적 능력을 가진 그의 전체적인 자아는 그의 손으로 만들어진 그 기계의 목적을 달성하기 위한 하나의 도구가 되었다. 인간은 여전히 자기가 세상의 중심이라는 환상을 품지만,

일찍이 선조들이 신에 대해 의식적으로 느꼈던 무력감을 온몸으로 느끼고 있다.

근대인의 고독감과 무력감은 그의 모든 인간관계가 지니고 있는 특징 때문에 더욱 강해진다. 개인과 개인의 구체적인 관계는 직접적이고 인간적인 성격을 잃고, 속임수와 수단의 성격을 띠게 되었다. 모든 사회적 관계와 개인적 관계를 지배하는 규칙은 시장의 법칙이다. 경쟁자들 사이의 관계가 상대에 대한 인간적 무관심에 바탕을 두어야 하는 것은 명백한 사실이다. 그러지 않으면 그들 가운데 누군가는 경제적 과업을 제대로 수행할 수 없게 된다. 그들은 서로 싸워야 하고, 필요하다면 상대를 경제적 파멸로 몰아넣는 일도 불사하게 될 테니까.

고용주와 고용인의 관계에도 역시 무관심의 정신이 스며들어 있다. '고용주'라는 말에는 다음과 같은 내용이 모두 포함되어 있다. 자본 소유자는 다른 사람을, 마치 기계를 '고용'하듯 고용한다. 고용주와 고용인은 각자 자신의 경제적 이익을 추구하기 위해 서로를 이용한다. 그들의 관계는 둘 다 목적을 이루기 위한 수단이고, 둘 다 서로에게 도구인 관계다. 그것은 상호 효용성 이외에 어떤 다른 인간적 관계를 갖는 것은 아니다. 상인과 고객의 관계를 지배하는 것도 이와 같은 효용성이다. 고객은 상인에게 이용당하는 대상일 뿐, 구체적인 인간은 아니다. 상인은 고객의 목적을 충족시키는 데에는 전혀 관심이 없다. 일에 대한 태도도 수단적인 성질을 갖는다. 중세의 장인과는 대조적으로 근대의 제조업자는 주로 자기가 생산하는 물건에 관심을 갖지 않는다. 그는 본질적으로 자신의 투자에서 이익을 얻기 위해 생산하고, 그가 무엇을 생산할 것인지는 본질적으로 어떤 분야에 투자하면 이익을 얻을 수 있을 거라고 약속하는 시장에 달려 있다.

경제적 관계만이 아니라 인간적 관계도 이런 소외의 성격을 띤다. 그 관계는 인간 사이의 관계가 아니라 사물 사이의 관계와 같은 성격을 띤다. 하지만 서로 상대를 수단으로 이용하고 소외시키는 이런 정신을 보여주는 실례 가운데 가장 중요하고 가장 파괴적인 것은 아마 개인과 그 자신 사이의 관계일 것이다.[3] 사람은 상품을 팔 뿐만 아니라 자신까지 팔고, 자신이 상품이라고 느낀다. 육체노동자는 자신의 육체적 에너지를 팔고, 상인과 의사와 사무원은 '인격'을 판다. 그들이 생산품이나 용역을 팔기 위해서는 '인격'을 갖고 있어야 한다. 이 인격은 남의 마음에 드는 것이어야 하지만, 그 밖에도 그 소유자는 수많은 요구를 충족시켜야 한다. 그는 에너지와 창의성, 그 밖에 자신의 특별한 지위가 요구하는 이런저런 것들을 갖추어야 한다. 다른 상품과 마찬가지로 이런 인간적 자질들의 가치, 나아가 그 존재 자체까지 결정하는 것은 시장이다. 어떤 사람이 제공하는 자질들이 아무 쓸모도 없으면 그는 쓸모없는 사람이다. 설령 사용 가치를 지니고 있더라도 시장에서 팔리지 않는 상품은 무가치한 것과 마찬가지다. 따라서 자신감이나 '자아의식'은 남들이 그 사람을 어떻게 생각하는지를 알려주는 표시일 뿐이다. 시장에서의 인기나 성공과는 관계없이 그의 가치를 확신하는 것은 '그'가 아니다. 남들이 그를 원하면 그는 쓸모 있는 인간이고, 인기가 없으면 쓸모없는 인간이다. 자기 평가가 이처럼 '인격'의 성공에 달려 있는 것이야말로 인기가 근대인에게 그토록 엄청난 중요성을 갖는 이유다. 어떤 실제적인 문제에서 남보다 앞서가느냐 아니냐뿐만 아니라, 자존심을 유지할 수 있느냐 없느냐 또는 열등감의 구렁텅이에 빠지느냐 아니냐도 인기에 달려 있다.[4]

자본주의가 개인에게 가져다준 새로운 자유는 프로테스탄티즘의 종교적 자유가 이미 개인에게 미친 영향을 더욱 강화시켰다는 사실을 우리는 증명하려고 애썼다. 개인은 더 외로워지고 고립되고, 자기 외부에 있는 압도적으로 강력한 힘에 조종되는 하나의 도구가 되었다. 그는 '개인'이 되었지만, 어리둥절하고 불안한 개인이었다. 이 근본적인 불안을 겉으로 드러내지 않도록 도와주는 요소들이 있었다. 우선 재산의 소유가 그의 자아를 뒤에서 받쳐주었다. 인간으로서의 '그'와 그가 소유한 재산은 분리될 수 없었다. 사람의 옷이나 집은 그의 몸과 마찬가지로 그의 자아를 이루는 일부였다. 자기가 대단한 인물이라는 느낌이 약할수록 재산을 가져야 할 필요성은 더욱 커졌다. 개인이 재산을 소유하지 못했거나 잃으면 '자아'의 중요한 부분이 부족해지고, 타인들만이 아니라 자기 자신까지도 어느 정도는 그를 제대로 성숙한 인간으로 생각지 않았다.

자아를 뒷받침하는 다른 요소는 명성과 권력이었다. 그것은 부분적으로는 재산 소유의 결과이고, 부분적으로는 경쟁 분야에서 거둔 성공의 결과였다. 재산의 뒷받침에 덧붙여 남들에게 존경받고 남들에 대한 지배력을 가지면, 그것들이 불안정한 개인의 자아를 뒤에서 든든하게 받쳐주었다.

재산도 사회적 명성도 거의 없는 사람들에게는 가족이 개인적 신망의 원천이었다. 가정에서 개인은 '대단한 인물'이 된 기분을 느낄 수 있었다. 그는 아내와 자식을 거느렸고, 무대의 중심이었으며, 순진하게도 자신의 역할을 자연의 권리로 받아들였다. 그가 사회적 관계에서는 보잘것없는 인물일지 모르지만, 집 안에서는 왕이었다. 가족 외에 민족적 자부심(유럽에서는 흔히 계급적 자부심)도 그에게 자신이 중요한 인물이라는 느낌을 주었다. 개인적으로는 하찮은 인물이라 해도 자신이 속해 있는 집단이 다른 집단보다 우월하다고 느낄 수만 있다면 그것을 자랑으로 삼을 수 있었다.

약화된 자아를 뒷받침하는 이런 요소들은 제4장 첫머리에서 설명한 요소들, 즉 실제의 경제적·정치적 자유, 개인이 독창성을 발휘할 수 있는 기회, 점점 커지는 합리적 인식 같은 것과는 구별되어야 한다. 이 두 번째 요소들은 실제로 자아를 강화했고, 개성과 독립성과 합리성을 발달시켰다. 반면에 자아를 뒷받침하는 요소들은 불안정과 불안을 벌충하는 데 이바지했을 뿐이다. 불안정과 불안을 근절한 것이 아니라 은폐하여, 개인이 의식적으로 안정감을 느끼도록 도와주었다. 하지만 이 감정은 어느 정도 표면에만 존재했고, 뒷받침하는 요소들이 존재하는 동안에만 지속되었다.

종교개혁부터 지금까지 유럽과 미국의 역사를 상세히 분석해보면, '무엇으로부터의 자유에서 무엇을 위한 자유로' 나아가는 발전 과정에 내재하는 두 개의 모순되는 경향이 어떻게 평행으로 달리는지, 아니 그보다는 오히려 계속 얽히는지를 알 수 있을 것이다. 유감스럽게도 그 같은 분석은 이 책의 범위를 넘어서기 때문에 훗날을 기약할 수밖에 없다. 어떤 시기에 어떤 사회 집단에서는 적극적인 의미의 자유—자아의 힘과 존엄—가 지배적인 요소였다. 대략적으로 말하면 이런 일은 영국과 프랑스, 미국과 독일에서 중산층이 경제적으로나 정치적으로 구체제의 대표자들에게 승리를 거두었을 때 일어났다. 적극적인 자유를 얻으려는 이 싸움에서 중산층은 인간의 자율성과 존엄성을 강조하는 프로테스탄티즘의 그 측면에 호소할 수 있었고, 가톨릭교회는 자신의 특권을 유지하기 위해 인간 해방과 맞서 싸워야 했던 집단과 손을 잡았다.

근대의 철학 사상에서 우리는 자유의 두 측면이 종교개혁의 신학적 교리에서 이미 그랬던 것처럼 여전히 서로 얽혀 있음을 발견하게 된다. 따라서 칸트와 헤겔에게 개인의 자율성과 자유는 그들의 사상 체계를 이루는 중심 조건이지만, 그들은 개인을 강력한 국가의 목적에 종속시킨다. 프랑스 혁명 시대의 철학자들과 19세기의 포이어바흐와 마르크스, 슈티르너와 니체는 개인이 자신의 성장이나 행복 이외의 다른 목적에 종속되어서는 안 된다는 생각을 또다시 단호한 어조로 표현했다. 하지만 같은 시대의 반동적 철학자들은 개인이 종교적 권위와 세속적 권위에 종속된다고 명쾌하게 상정했다. 19세기 후반과 20세기 초에는 적극적인 의미에서의 자유를 지향하는 경향이 절정에 이르렀다. 중산층만 거기에 참여한 것이 아니라 노동자 계급도 적극적이고 자유로운 참여자가 되어 자신의 경제적 목적을 위해 싸우는 동시에 인류의 광범한 목적을 위해서도 싸웠다.

지난 수십 년 동안 차츰 발달한 자본주의의 독점적 단계에서 인간적 자유를 지향하는 두 경향의 비중이 달라진 것 같다. 개인의 자

제4장 근대인의 관점에서 본 자유의 두 측면

아를 약화시키는 요인들은 비중이 늘었고, 개인을 강화시키는 요인들은 상대적으로 비중이 줄었다. 개인의 무력감과 고독감은 늘어났고, 모든 전통적 속박으로부터의 '자유'는 더욱 확연해졌고, 개인이 경제적 성과를 이룰 가능성은 줄어들었다. 개인은 거대한 힘에 위협을 느끼고, 그 상황은 여러 면에서 15세기와 16세기의 상황과 비슷하다.

이 변화에서 가장 중요한 요소는 점점 증대되는 독점 자본의 힘이다. 우리 경제 체제의 몇몇 부문에 자본(부가 아니다)이 집중되는 것은 개인의 창의와 용기와 지성이 성공할 가능성을 제한했다. 독점 자본이 승리를 거둔 부문에서는 많은 사람의 경제적 독립이 무너졌다. 그래도 투쟁을 계속하는 사람들, 특히 중산층의 대부분에게 그 싸움은 거의 승산이 없는 전투의 성격을 띠기 때문에, 개인의 창의와 용기에 대한 신뢰감은 무력감과 절망감으로 바뀐다. 사회 전체를 지배하는 힘, 거대하지만 은밀한 힘을 행사하는 것은 작은 집단이다. 사회를 이루는 대다수 사람들의 운명이 그 작은 집단의 결정에 달려 있다. 1923년에 일어난 독일의 인플레이션이나 1929년에 일어난 미국의 대공황은 불안감을 높였고, 노력하면 출세할 수 있다는 희망과 성공의 무한한 가능성에 대한 전통적인 믿음을 산산이 깨뜨려버렸다.

사실상 우세한 자본의 압도적인 힘에 위협당하는 중소 규모의 상인이 자신의 독립성을 유지하면서 계속 이윤을 얻을 수도 있다. 하지만 그의 머리 위에 대롱대롱 매달려 있는 위협은 그의 불안과 무력감을 전보다 훨씬 더 강화시켰다. 전에는 대등한 상대와 싸웠지만, 독점적 경쟁자들과 싸우는 것은 거인들과 겨루는 것이다. 하지만 근대의 산업 발전으로 새로운 경제적 기능을 갖게 된 그 독립된 상인들의 심리 상태는 종래의 독립된 상인들과도 다르다. 이 차이를 보여주는 한 가지 실례를 주유소 주인의 경우에서 찾아볼 수 있는데, 주유소 주인은 중산층에 새로 생겨난 생활 유형의 예로 종종 인용되는 독립된 상인이다. 주유소 주인은 대부분 경제적으로 독립해 있다. 그들은 식료품점 주인이나 양복점 재봉사와 마찬가지로 자신의 사업체를 소유한 자영업자다. 하지만 종래의 독립된 상인과 새로운 유형의 독립된 상인은 얼마나 다른지 모른다. 식료품점 주인은 많은 지식과 기술이 필요했다. 그는 많은 도매상들 중에서 어떤 도매상의 가격과 품질이 제일 좋은지를 판단하여, 그 판단에 따라 도매상을 고를 수 있었다. 그에게는 많은 개인 고객이 있어서 그들이 무엇을 필요로 하는지를 알아야 했고, 그들이 물건을 살 때 조언도 해주어야 했고, 누구에게 외상을 주고 말 것인지도 결정해야 했다. 옛날의 상인의 역할은 대체로 독립성만이 아니라 기술과 개별화된 서비스, 지식과 활동성까지 요구하는 것이었다. 반면에 주유소 주인의 상황은 전혀 다르다. 그가 파는 상품은 한 가지뿐이다. 그는 경유와 휘발유를 판다. 정유회사들과의 거래 관계에서 그의 지위는 제한적이다. 그는 휘발유와 경유를 채우는 똑같은 행동을 기계적으로 수없이 되풀이한다. 기술과 창의성과 개인적 활동이 비집고 들어갈 여지는 옛날의 식료품점 주인보다 적다. 그의 이윤은 두 가지 요인으로 결정된다. 즉 그가 휘발유와 경유를 사기 위해 정유회사에 치러야 하는 값과 그의 주유소에 차를 세우는 운전자의 수다. 두 요인이 모두 그가 통제할 수 있는 범위를 넘어서 있다. 그는 도매업자와 고객 사이에서 중개상 역할을 할 뿐이다. 그가 업체에 고용되어 있든 '독립된' 상인이든, 심리적으로는 별 차이가 없다. 그는 거대한 분배 기계에 끼워진 하나의 톱니일 뿐이다.

대기업의 확대와 더불어 수가 늘어난 화이트칼라 노동자들로 이루어진 새로운 중산층의 지위가 옛날의 독립된 중소 상인과 전혀 다른 것은 명백하다. 화이트칼라 노동자들은 공식적인 의미에서는 더 이상 독립해 있지 않지만, 성공을 위한 토대로 창의성과 지성을 개발할 기회는 실제로 종래의 재봉사나 식료품점 주인만큼 많거나 그들보다 훨씬 많다고 주장하는 사람도 있을 것이다. 이 주장이 어느 정도까지 사실인지는 의심스럽지만, 확실히 어떤 의미에서는 사실이다. 하지만 심리적으로 화이트칼라 노동자의 상황은 다르다. 그는 거대한 경제 기계의 일부이고, 고도로 전문화된 일을 갖고 있으며, 같은 지위에 있는 수백 명과 치열한 경쟁 관계에 있고, 뒤처지면 가차 없이 해고당한다. 요컨대 그는 성공할 가능성이 더 클 때도 있지만, 옛날의 상인이 누렸던 안정과 독립성을 대부분 잃어버렸다. 화이트칼라 노동자는 그가 통제할 수 없는 기계의 톱니로 변했고, 그 톱니는 때로는 작고 때로는 좀 크지만, 그에게 자신의 속도를 강요하는 거대한 기계에 비하면 그는 전적으로 보잘것없는 존재다.

대기업의 거대함과 우세한 힘에서 나오는 심리적 효과는 노동자에게도 영향을 미친다. 옛날의 소기업에서는 노동자가 고용주를 개인적으로 알고 있었고, 기업에 대해서도 잘 알아 그것을 전체적으로 조망할 수 있었다. 그는 시장 법칙에 따라 고용되거나 해고되었지만, 고용주나 업무와 구체적인 관계가 있어서 자신의 처지를 알고 있다는 느낌을 받았다. 그러나 수천 명의 노동자를 고용하고 있는 공장에서 일하는 사람은 입장이 다르다. 고용주는 추상적인 인물이 되었고, 노동자는 고용주를 보는 것도 힘들다. '경영'은 그가 간접적으로밖에 상대할 수 없는 익명의 힘이고, 거기에 대해서 그는 개인으로서 무의미한 존재다. 기업은 너무 거대해서, 그는 자신의 특정한 업무와 관련된 작은 부분만 볼 수 있을 뿐 그 너머에 있는 것은 볼 수 없다.

이런 상황은 노동조합 덕분에 다소 상쇄되었다. 노동조합은 노동자의 경제적 지위를 향상시켰을 뿐만 아니라 노동자에게 중요한 심리적 영향도 미쳤다. 즉 거인들을 상대하는 그에게 자신도 힘이 있고 중요한 존재라는 느낌을 갖게 해주었다. 불행히도 많은 노동조합은 그 자체가 거대한 조직으로 성장하여, 그 안에서 개개 조합원이 창의성을 발휘할 여지는 거의 없다. 조합원은 조합비를 내고 이따금 투표를 하지만 여기서도 그는 거대한 기계를 이루는 작은 톱니일 뿐이다. 노동조합이 각 조합원의 적극적인 협조로 뒷받침되는 조직이 되는 것, 그리고 각 조합원이 조직 생활에 적극적으로 참여하고 조합 운영에 책임감을 느낄 수 있도록 조합원들을 조직하는 것은 매우 중요하다.

우리 시대에 개인의 무의미함은 경영자나 고용인이나 육체노동자로서의 역할만이 아니라 고객으로서의 역할과도 관련되어 있다. 지난 수십 년 동안 고객의 역할에는 급격한 변화가 일어났다. 독립된 상인이 운영하는 소매점에 들어간 고객은 반드시 개인적 관심을 받았다. 손님의 개인적 구매는 상점 주인에게 매우 중요했다. 그래서 상점 주인은 고객을 중요한 인물처럼 대했고, 고객이 무엇을 원하는지에 대해 마음을 썼다. 그리고 물건을 사는 행위 자체가 고객에게는 중요하고 존귀한 인물이 된 듯한 기분을 주었다. 하지만 백화점과 고객의 관계는 얼마나 다른가. 백화점에 간 고객은 건물의 거대함, 수많은 점원들, 진열된 상품의 풍성함에 강한 인상을 받는다. 그리고 이 모든 것에 비해 자기는 너무 하찮고 보잘것없는 존재라는 느낌을 받는다. 백화점의 입장에서 보면, 그는 한 개인으로서는 전혀 중요하지 않다. 단지 '하나의' 고객으로서만 중요할 뿐이다. 백화점은 그를 잃고 싶어 하지 않는다. 그를 잃는다는 것은 뭔가 잘못이 있다는 것을 나타낼 것이고, 그것은 백화점이 같은 이유로 다른 고객들도 잃을 수 있다는 것을 의미하기 때문이다. 그는 추상적인 고객으로서는 중요하지만, 구체적인 고객으로서는 전혀 중요하지 않다. 그가 백화점에 오는 것을 기뻐하는 사람도 없고, 그가 무엇을 원하는지에 대해 특별히 관심을 보이는 사람도 없다. 물건을 사는 행위는 우체국에 가서 우표를 사는 것과 비슷해졌다.

이런 상황은 근대적 광고 방법에 의해 한층 더 강조되었다. 옛날의 상인이 고객에게 물건을 사라고 권유하는 것은 본질적으로 합리적이었다. 그는 자기가 파는 상품을 잘 알았고, 고객의 요구도 잘 알고 있었다. 그래서 이 지식을 바탕으로 물건을 팔려고 애썼다. 물론 그의 권유가 전적으로 객관적인 것은 아니었지만, 어떻게든 물건을 사게 하려고 최선을 다해 고객을 설득했다. 하지만 그 설득이 효과를 발휘하기 위해서는 상당히 이성적이고 그럴듯한 이야기여야 했다. 그러나 근대적 광고는 대부분 전혀 다르다. 그것은 이성이 아니라 감정에 호소한다. 최면술의 암시와 마찬가지로 광고는 대상에게 감정적으로 깊은 인상을 준 다음 지적으로 그들을 굴복시키려고 애쓴다. 이런 유형의 광고는 온갖 수단으로 고객에게 깊은 인상을 심어준다. 같은 표현으로 몇 번이고 되풀이하기도 하고, 사교계의 부인이나 유명한 권투선수가 어떤 브랜드의 담배를 피우는 모습처럼 권위 있는 이미지의 영향력을 이용하기도 하고, 예쁜 소녀의 성적 매력으로 고객을 매혹시키는 동시에 그의 비판 능력을 약화시키기도 하고, 체취나 구취가 날지도 모른다는 위협으로 겁을 주기도 하고, 어떤 셔츠나 비누를 사면 인생 전체가 갑자기 달라진다는 몽상을 불러일으키기도 한다. 이 방법들은 모두 본질적으로 비합리적이다. 상품의 품질과는 아무 관계도 없고, 아편이나 최면술처럼 고객의 비판 능력을 억누르고 마비시킨다. 이런 광고는 영화와 마찬가지로 공상적인 성질을 갖고 있어서 고객에게 어떤 만족감을 주지만, 그와 동시에 고객에게 하찮고 무력하다는 느낌을 더욱 높인다.

비판적 사고력을 둔화시키는 이런 방법들은 사실 우리의 민주주의에는 공공연한 공격보다 더 위험하고, 출판하면 벌을 받는 외설 문학보다―인간 본래의 모습이라는 면에서―더 부도덕하다. 소비자 운동은 고객의 비판력과 존엄성과 자존감을 회복시키려 했고, 그래서 노동조합 운동과 비슷한 방향으로 작동하고 있다. 하지만 지금까지는 소비자 운동의 범위가 신중한 시작 단계에 불과하다.

경제 분야에 들어맞는 것은 정치 분야에도 들어맞는다. 초기 민주주의 시대에는 개인이 구체적으로 그리고 적극적으로 투표에 참여하여 어떤 결정을 내리거나 어떤 공직 후보자를 선택할 수 있는 다양한 제도가 존재했다. 그는 결정해야 할 문제에 대해서나 후보자들에 대해서 잘 알고 있었다. 대개 시민 전체가 모인 집회에서 이루어진 투표 행위는 구체성을 가졌고, 여기서는 개인이 정말로 중요했다. 오늘날의 유권자는 거대한 정당들과 직면해 있는데, 이 정당들은 거대한 산업체처럼 멀리 떨어져 있으면서 강한 영향력을 행사한다. 선거에서 문제가 되는 쟁점들은 복잡하고, 문제의 진상을 흐리는 온갖 방법 때문에 더욱 복잡해진다. 유권자는 선거철이 되면 후보자를 조금 볼 수 있지만, 라디오 시대 이후로는 그렇게 자주 볼 수도 없고, 그래서 '그의' 후보자를 평가할 최후의 수단마저 잃어버렸다. 실제로 그는 정당이 추천한 두세 명의 후보자 중에서 하나를 고르게 되어 있다. 그러나 이 후보자들은 '그'가 선택한 것이 아니며, 그와 후보자들은 서로 알지도 못한다. 다른 인간관계가 대부분 그렇듯이 그들도 추상적인 관계에 지나지 않는다.

정치적 선전은 소비자에 대한 광고의 효과와 마찬가지로 자신은 무의미한 존재라는 유권자의 느낌을 조장하는 경향이 있다. 정치적 구호를 되풀이하고 쟁점과는 아무 관계도 없는 요인들을 강조하는 일은 유권자의 비판 능력을 마비시킨다. 정치 선전에서 유권자의 생각에 합리적으로 명쾌하게 호소하는 것은—민주주의 국가에서도—원칙이라기보다 오히려 예외다. 정치 선전에서 드러나는 정당의 위력과 규모에 직면하면, 유권자는 자신이 하찮고 보잘것없는 존재라고 느끼지 않을 수 없다.

그렇다고 해서 광고와 정치 선전이 개인의 무의미함을 공공연히 강조한다는 뜻은 아니다. 그와는 반대로 광고와 정치 선전은 개인이 중요한 존재처럼 보이도록 아첨하고, 개인의 비판적 판단과 안목에 호소하는 것처럼 가장한다. 하지만 이런 가식은 본질적으로 개인의 판단력을 둔화시키고, 그가 내린 결정의 개인적 성격에 대해 자신을 기만하도록 조장한다. 여기서 새삼 지적할 필요도 없이, 내가 지금까지 이야기한 선전이 전적으로 비합리적인 것은 아니며, 각 정당과 후보자의 정치 선전에서 합리적 요소가 차지하는 비중은 저마다 다르다.

다른 요인들도 점점 커지는 개인의 무력감을 가중시켰다. 경제와 정치는 전보다 더 복잡하고 거대해진 반면, 개인이 그것을 꿰뚫어 볼 수 있는 능력은 전보다 줄어들었다. 개인이 직면하는 위협의 규모도 커졌다. 수백만 명의 구조적 실업으로 불안감이 증대되었다. 공적 수단으로 실업자를 지원하는 것이 경제적으로만이 아니라 심리적으로도 실업의 결과를 완화하는 데 큰 도움이 되었지만, 대다수 사람들에게 실업은 심리적으로 매우 견디기 어려운 부담이고, 실업에 대한 두려움이 그들의 생활 전반에 그늘을 드리운다는 사실은 여전히 남아 있다. 많은 사람들이 어떤 종류의 일이든 관계없이 일자리만 가질 수 있다면 인생에서 더 이상 바랄 게 없고 정말로 감사해야 할 일이라고 생각한다. 실업은 노년의 위험도 증가시켰다. 많은 직장이 무경험자라도 새로운 환경에 적응할 수 있는 젊은 사람만 원한다. 이것은 그 특정한 조직에 필요한 작은 톱니로 쉽게 변형시킬 수 있는 사람을 원하는 직장이 많다는 뜻이다.

전쟁의 위협도 개인의 무력감을 증대시켰다. 물론 19세기에도 전쟁은 있었다. 하지만 지난번의 제1차 세계대전 이후 파괴 가능성이 엄청나게 증가하는 바람에—전쟁의 영향을 받는 범위가 하도 넓어져서, 한 사람도 예외 없이 모든 사람이 위태로워졌을 정도다—전쟁의 위협은 악몽이 되었고, 자국이 실제로 전쟁에 휩쓸리기 전에는 그 악몽을 의식하지 못할 수도 있겠지만, 이 악몽은 많은 사람의 삶에 그늘을 드리우고 두려움과 무력감을 증대시켜왔다.

이 시대 전체의 '양식'은 내가 스케치한 그림과 일치한다. 개인이 실종되어버리는 도시의 거대함, 산처럼 높이 솟은 빌딩들, 끊임없이 청각적 포격을 퍼붓는 라디오, 하루에 세 번씩이나 바뀌어 무엇이 중요한 것인지 분간하기 힘들게 만드는 신문의 헤드라인, 백 명이나 되는 소녀가 개성을 버리고 시계처럼 정확함을 과시하면서 강력하지만 원활한 기계처럼 연기하는 쇼, 고동치는 재즈의 리듬……. 이 수많은 세부들은 성좌 같은 한 무리의 표현이며, 개인은 통제할 수 없는 차원에 의해 그 무리와 직면하는데, 거기에 비하면 개인은 아주 작은 알갱이에 불과하다. 그가 할 수 있는 일은 행군하는 병사처럼, 또는 끝없이 돌아가는 컨베이어 벨트 앞에서 일하는 노동자처럼 남들과 보조를 맞추는 것뿐이다. 그는 행동할 수는 있지만, 자신이 독립된 중요한 존재라는 의식은 사라져버리고 말았다.

미국의 보통 사람들이 이 같은 두려움과 무력감에 얼마나 사로잡혔는지는 미키마우스 영화의 인기에 효과적으로 표현되어 있는 것 같다. 이 영화가 다루는 한 가지 주제는—아주 다양하게 변형되기는 하지만—언제나 다음과 같은 것이다. 즉 뭔가 작은 것이 압도적으로 강한 것에게 박해를 받아 위험에 빠진다. 강한 것은 작은 것을 죽이거나 삼켜버리려고 한다. 작은 것은 도망치고, 결국 탈출에 성공하거나 적을 해치기까지 한다. 이 주제가 자신의 감정 생활과 아주 가까운 무언가를 건드리지만 않는다면, 사람들은 이 주제의 수많은 변형을 계속 보려고 하지 않을 것이다. 강하고 밉살스러운 적에게 위협을 받는 작은 것은 분명 관객 자신이다. 그것은 '그'가 느끼는 감정이고, 그는 그 상황을 자신과 동일시할 수 있다. 하지만 행복한 결말이 없다면 지속적인 매력도 존재하지 않으리라는 것은 말할 나위도 없다. 결말이 해피엔딩이기 때문에 관객은 자신의 두려움과 무력감을 모두 견뎌내고, 결국은 구원을 받고 심지어 강한 것을 물리치기까지 한다는 위안을 마침내 얻는다. 하지만—이것이 이 해피엔딩의 중요하고도 슬픈 부분인데—그의 구원은 주로 그가 괴물을 피해 도망치는 능력과 괴물이 그를 잡을 수 없게 만드는 뜻밖의 사고 덕분이다.

우리 시대에 개인이 놓인 입장은 19세기에 이미 통찰력 있는 사상가들이 예측한 것이었다. 키르케고르는 회의로 고통받고 외로움과 보잘것없다는 느낌에 압도된 무력한 개인을 그리고 있다. 니체는 훗날 나치즘에서 분명히 나타나게 된 니힐리즘의 도래를 상상하고, 그가 현실에서 본 무의미하고 방향도 없는 개인과는 정반대되는 존재로서 '초인'을 그리고 있다. 개인의 무력함이라는 주제는 프란츠 카프카의 작품에 가장 분명하게 표현되었다. 예컨대《성》에서 카프카는 어떤 성의 신비로운 주민들과 접촉하고 싶어 하는 남자를 그리고 있는데, 주민들은 그가 해야 할 일을 말해주고 세상에서 그가 있어야 할 자리를 알려줄 것으로 기대된다. 그는 그들과 접촉하려는 노력에 모든 삶을 바치지만 끝내 성공하지 못하고, 그에게 남은 것은 극심한 허무감과 무력감뿐이다.

고독감과 무력감은 쥘리앵 그린의 다음과 같은 구절에 아름답게 표현되어 있다. "나는 우리가 우주에 비해 하찮은 존재라는 것을 알았다. 나는 우리가 아무것도 아니라는 것을 알았다. 하지만 그렇게 헤아릴 수도 없을 만큼 아무것도 아니라는 것은 어떤 면에서는 우리를 압도하는 동시에 안심시키는 것 같기도 하다. 인간의 사고 범위를 넘어서는 그 수치나 차원들은 완전히 압도적이다. 도대체 우리가 잡고 매달릴 수 있는 것이 세상에 있을까? 우리는 환상들의 혼돈 속에 거꾸로 던져지지만, 그 혼돈 속에는 진실로 눈에 띄게 두드러지는 것이 하나 있다. 그것은 바로 사랑이다. 나머지는 모두 무(無)이고 공(空)이다. 우리는 거대한 암흑의 심연을 내려다본다. 그리고 우리는 두려움에 사로잡힌다."[5]

하지만 이 작가들이 표현한 것과 같은, 그리고 많은 신경증 환자들이 느끼는 것과 같은 이런 개인적 고독감과 무력감을 정상적인 보통 사람은 전혀 의식하지 못한다. 그 느낌은 그들이 의식하기에는 너무 무섭다. 그의 일상적인 활동, 그가 개인적 관계나 사회적 관계에서 얻는 자신감과 칭찬, 사업에서의 성공, 기분 전환, '즐기기', '교제하기', '여기저기 돌아다니기'는 그 고독감과 무력감을 완전히 덮어서 가려버린다. 하지만 어둠 속에서 휘파람을 불어도 빛은 비쳐오지 않는다. 고독감, 두려움, 당혹감은 그대로 남는다. 사람들이 그것을 영원히 참을 수는 없다. '무엇으로부터의 자유'라는 무거운 짐을 계속 짊어질 수는 없다. 소극적인 자유에서 적극적인 자유로 나아가지 못하면, 아예 자유로부터 도피하려고 애쓸 수밖에 없다. 우리 시대에 주요한 사회적 도피로는 파시즘 국가에서 일어났듯이 지도자에게 굴복하는 것과, 민주주의 사회에 널리 퍼져 있듯이 강박적으로 동조하는 것이다. 사회적으로 정형화된 이 두 가지 도피 방법을 설명하기 전에 나는 도피의 심리적 메커니즘을 이루는 복잡한 내용을 검토할 생각이다. 이 메커니즘의 일부는 앞에서 이미 다루었지만, 파시즘의 심리적 의미와 근대 민주주의에서 볼 수 있는 인간의 자동화를 제대로 이해하려면 심리적 현상을 일반적으로 이해할 뿐만 아니라 그 작용을 아주 상세히 구체적으로 이해할 필요가 있다. 이것은 길을 우회하는 것처럼 보일지도 모른다. 하지만 그것은 우리의 논의 전체에서 빼놓을 수 없는 부분이다. 사회적 배경과 문화적 배경을 모르면 심리적 문제를 제대로 이해할 수 없듯이, 사회적 현상도 그 바탕을 이루는 심리적 메커니즘을 알지 못하면 이해할 수 없다. 다음의 제5장에서는 이런 메커니즘을 분석하고, 개인의 내면에서 일어나는 것을 밝히고, 고독감과 무력감으로부터 벗어나려고 할 때 우리는 새로운 형태의 권위에 복종하거나 이미 용인된 행동 양식에 강박적으로 동조함으로써 우리의 개체적 자아를 없애려고 얼마나 노력하는지를 보여주려고 한다.

제5장

도피의 메커니즘

우리의 논의도 어느덧 현대에 이르렀고, 이제는 파시즘의 심리학적 의미를 검토하고 권위주의 체제와 민주주의 체제에서 자유가 갖는 의미를 논하고자 한다. 하지만 우리 주장의 타당성은 우리의 심리학적 전제의 타당성에 달려 있기 때문에 생각의 전체적인 흐름을 여기서 잠시 멈추고, 앞에서 이미 언급했고 나중에 다시 검토할 심리적 메커니즘에 대해 좀 더 상세히 구체적으로 논하는 데 한 장을 바치는 것이 바람직하게 여겨진다. 이들 전제는 무의식적인 힘과 그것이 합리적 사고와 성격 특성에 표현되는 방식을 다루는 개념에 바탕을 두기 때문에 상세히 검토할 필요가 있다. 독자들도 이 개념이 낯선 것은 아니더라도 최소한 설명은 필요하다고 생각할 것이다.

이 장에서는 의도적으로 개인심리학과 정신분석적 방법으로 개인을 면밀히 연구한 관찰 결과를 언급할 작정이다. 정신분석은 학문적 심리학이 오랫동안 이상으로 삼았던 것, 즉 자연과학의 실험적 방법과 비슷한 이상에 따르지는 않지만, 그럼에도 불구하고 그것은 검열을 거치지 않은 개인의 사고와 꿈과 환상에 대한 공들인 관찰에 바탕을 둔 철저히 실증적인 방법이다. 무의식적인 힘의 개념을 활용하는 심리학만이 우리가 개인이나 문화를 분석할 때 부딪히는 혼란스러운 합리화를 꿰뚫어볼 수 있다. 사람들이 자신을 움직인 동기라고 스스로 '믿고 있는' 동기와 그들을 실제로 움직여 그런 식으로 행동하고 느끼고 생각하게 만드는 동기가 동일한 것이라는 생각을 버리기만 하면, 풀 수 없을 것처럼 보이는 많은 문제들이 당장 사라져버릴 것이다.

개인을 관찰하여 얻은 결과가 집단을 심리적학으로 이해하는 데 적용될 수 있느냐는 의문을 제기하는 독자도 많을 것이다. 이 물음에 대한 우리의 대답은 단호한 긍정이다. 어떤 집단이든 개인으로 이루어지지 개인 이외의 다른 것으로 이루어지지 않는다. 따라서 집단 안에서 작용하는 심리적 메커니즘은 개인 안에서 작용하는 메커니즘일 수밖에 없다. 사회심리학을 이해하기 위한 토대로 개인 심리학을 공부하는 것은 어떤 대상을 현미경으로 유심히 살펴보는 것에 비할 수 있다. 이것은 사회 과정에서 대규모로 작동하는 심리적 메커니즘의 세부를 발견할 수 있게 해준다. 사회심리학적 현상에 대한 우리의 분석이 개인 행동에 대한 상세한 연구에 바탕을 두지 않으면, 그것은 실증적인 성격이 결여되고 따라서 타당성을 잃을 것이다.

하지만 개인 행동에 대한 연구가 그렇게 중요하다는 것을 인정하더라도, 흔히 신경증 환자라고 부르는 개인에 대한 연구가 사회심리학 문제를 고찰하는 데 도움이 될 수 있느냐는 의문은 제기할 수 있다. 우리는 이 질문에 대해서도 그렇다고 대답할 수밖에 없다고 생각한다. 우리가 신경증 환자에게서 관찰하는 현상은 원칙적으로는 정상인에게서 발견하는 현상과 다르지 않다. 다만 신경증 환자의 경우에는 그 현상이 더욱 강조되고 더 명백하며, 연구할 필요가 있는 문제를 전혀 알아차리지 못하는 정상인의 경우보다 더 빨리 그것을 인식하는 경우가 많을 뿐이다.

이 점을 좀 더 분명히 하기 위해 '신경증적(neurotic)'이라는 용어와 '정상적인(normal)' 또는 '건강한(healthy)'이라는 용어를 잠깐 검토하는 것이 유용할 듯싶다.

'정상적인' 또는 '건강한'이라는 용어는 두 가지로 정의할 수 있다. 첫째, 기능을 제대로 발휘하는 사회의 관점에서 보면 그 사회에서 맡아야 할 사회적 역할을 수행할 수 있는 사람은 정상적인 또는 건강한 사람이라고 부를 수 있다. 좀 더 구체적으로 말하면, 이것은 그가 그 특정한 사회에서 요구되는 방식대로 일할 수 있다는 것을 의미하고, 한 걸음 더 나아가 사회의 재생에 참여할 수 있다는 것, 즉 가정을 꾸릴 수 있다는 것을 의미한다. 둘째, 개인의 관점에서 보면 우리는 건강 또는 정상적인 상태를 개인의 성장과 행복의 최고 단계로 생각한다.

주어진 사회의 구조가 개인이 행복해질 수 있는 최고의 가능성을 제공했다면, 두 관점이 일치할 것이다. 하지만 우리 사회를 포함하여 우리가 아는 대부분의 사회는 그렇지 않다. 개인의 성장이라는 목표 달성을 어느 정도나 촉진시키는지는 사회마다 다르지만, 사회의 원활한 기능과 개인의 완전한 발전이라는 두 가지 목표는 일치하지 않는다. 이런 사실 때문에 건강에 대한 두 개념을 뚜렷이 구별할 필요가 있다. 하나는 사회적 필요의 지배를 받고, 또 하나는 개인 생활의 목표에 관한 규범과 가치관의 지배를 받는다.

불행하게도 이 차이는 종종 무시된다. 정신과 의사들은 대부분 그들의 사회 구조를 너무나 당연하게 받아들이기 때문에, 사회에 적응하지 못하는 사람을 가치가 떨어지는 존재로 생각한다. 반면에 잘 적응하는 사람은 인간적 가치 척도의 관점에서 더 쓸모 있는 사람으로 여긴다. 우리가 정상적이라는 개념과 신경증적이라는 개념을 구별해서 보면 다음과 같은 결론에 도달할 것이다. 즉 잘 적응한다는 점에서 정상적인 사람이 인간적 가치라는 면에서는 신경증적인 사람보다 덜 건강한 경우가 많다. 그는 사회에 잘 적응한다 하더라도 어떻게 해서든 남들의 기대에 부응하는 사람이 되기 위해 자아를 포기하는 대가를 치르고 있는 것이다. 진정한 개성과 자연스러움은 모두 사라졌을 것이다. 반면에 신경증적인 사람은 자아를 지키기 위한 싸움에서 완전히 굴복할 준비가 되어 있지 않은 사람으로 그 특징을 묘사할 수 있다. 물론 자신의 개체적 자아를 구하려는 그의 시도는 성공하지 못했고, 그는 자신의 자아를 생산적으로 표현하는 대신 신경증적 증상을 통해, 그리고 환상적인 생활로 물러가 그 속에서 구원을 추구했다. 그럼에도 불구하고 그는 인간적 가치라는 관점에서 보면 개성을 완전히 잃어버린 정상적인 사람보다는 덜 불구자다. 말할 나위도 없는 일이지만, 신경증 환자가 아니면서도 적응 과정에서 개성을 잃지 않은 사람도 있다. 하지만 신경증적인 사람에게 찍혀 있는 낙인은 아무 근거도 없는 것 같고, 신경증 환자를 사회적 효율성이라는 관점에서 생각할 때만 그 낙인이 정당화되는 듯하다. 사회 전체에 관해서 말하면, '신경증적'이라는 용어는 이 후자의 의미로는 쓰일 수 없다. 사회 구성원들이 사회적으로 기능을 발휘하지 않으면 그 사회는 존재할 수 없기 때문이다. 하지만 인간적 가치라는 관점에서 보면, 그 구성원들이 인격의 성장 과정에서 심각한 손상을 입고 기능을 제대로 발휘하지 못하는 사회는 그런 의미에서 신경증적이라고 부를 수 있다. '신경증적'이라는 용어는 사회적 기능의 결핍을 나타낼 때 자주 쓰이기 때문에, 사회가 신경증적이라고 말하기보다는 인간의 행복과 자기실현에 불리한 사회라고 말하는 편이 낫다.

우리가 제5장에서 검토할 메커니즘은 고립된 개인의 불안에서 비롯한 도피의 메커니즘이다.

개인에게 안전을 주었던 원초적 유대가 일단 끊어지면, 그리고 개인이 완전히 독립된 존재로서 외부 세계와 직면하면, 그는 참을 수 없이 무력하고 고독한 상태를 극복해야 하기 때문에 그에게는 두 가지 길이 열려 있다. 그중 하나의 길을 통해서 그는 '적극적인 자유'로 나아갈 수 있고, 사랑과 일 속에서 자신의 감정적·감각적·지적 능력을 진정으로 표현하면서 바깥 세계와 자연스럽게 관계를 맺을 수 있으며, 그리하여 자신의 개체적 자아의 독립성과 본래의 모습을 포기하지 않고도 인간과 자연 및 그 자신과 다시 일체가 될 수 있다. 그에게 열려 있는 또 하나의 길은 뒤로 물러나 자신의 자유를 포기하고, 그의 개체적 자아와 세계 사이에 생겨난 간격을 제거함으로써 자신의 외로움을 극복하려고 애쓰는 것이다. 이 두 번째 길은 그가 '개인'으로 결합되기 전과 같은 방식으로 세계와 그를 다시 통합시키지는 못한다. 그와 세계의 분리는 결코 되돌릴 수 없는 일이기 때문이다. 이 두 번째 길은 참을 수 없는 상황에서 벗어나는 길이다. 그 상황이 오래 계속되면 도저히 살 수가 없기 때문에 거기에서 도피하는 것이다. 따라서 위협적인 공포로부터의 도피가 모두 그렇듯이 이 두 번째 길을 특징짓는 것은 그 강박적인 성격이다. 또 다른 특징은 개성과 자아의 본모습을 완전히 포기하는 것이다. 따라서 그것은 행복과 적극적인 자유로 이어지는 해결책이 아니다. 원칙적으로 그것은 모든 신경증적 현상에서 발견되는 해결책이다. 그것은 공포를 회피함으로써 참을 수 없는 불안을 누그러뜨리고 살아갈 수 있게 해준다. 하지만 근본적인 문제를 해결하지는 못하고, 대개 자동적이거나 강박적인 행동만 되풀이하는 생활로 그 대가를 치른다.

이런 도피의 메커니즘 중에는 사회적 중요성이 비교적 적은 것도 있다. 그런 메커니즘은 정신적으로나 감정적으로 심한 혼란에 빠진 개인에게서만 두드러지게 나타난다. 이 장에서 나는 다음에 다룰 사회적 현상을 심리학적으로 분석하기 위해서는 그것을 이해하는 것이 꼭 필요한 전제가 되고 문화적으로 중요한 의미를 갖는 메커니즘만 검토할 작정이다. 그것은 한편으로는 파시즘 체제이고 또 한편으로는 근대 민주주의다.[1]

1. 권위주의

내가 다루려고 하는 자유로부터의 도피의 첫 번째 메커니즘은 인간이 개체적 자아에 결여된 힘을 얻기 위해 자기 자신의 개체적 자아의 독립성을 포기하고 자기 이외의 어떤 사람이나 사물과 그 자신의 자아를 융합시키는 경향이다. 다른 말로 표현하면, 잃어버린 원초적 유대를 대신할 새로운 '2차적 유대'를 추구하는 경향이다.

이 메커니즘이 좀 더 뚜렷한 형태로 드러나는 것은 복종하거나 지배하려는 욕구다. 아니, 그보다는 정상적인 사람과 신경증적인 사람에게 제각기 다양한 정도로 존재하는 피학적 충동과 가학적 충동에서 그 메커니즘의 뚜렷한 형태를 찾아볼 수 있다고 표현하는 편이 나을 것이다. 우리는 우선 이 경향을 설명한 다음, 두 경향이 둘 다 참을 수 없는 고독으로부터의 도피라는 것을 입증해보려고 한다.

가장 자주 나타나는 '피학적(masochistic)' 충동의 형태는 열등감과 무력감과 허무감이다. 이런 감정에 사로잡힌 사람들을 분석해보면, 그들은 의식적으로는 이런 감정을 불평하고 그것을 없애고 싶어 하지만, 무의식적으로는 그들의 내면에 있는 어떤 힘이 열등감이나 허무감을 느끼도록 그들을 몰아붙인다는 것을 알 수 있다. 그들의 이런 감정은 자신의 실제 결점과 약점을 인식하는 수준을 훨씬 넘어선다(그들의 열등감은 대개 자신의 실제 결점과 약점을 인식한 결과인 것처럼 합리화되지만). 그들은 자신을 비하하고, 자신을 약화시키고, 어떤 것도 지배하지 않으려는 경향을 보인다. 그들은 외부의 힘, 즉 타인이나 제도나 자연에 의존하려는 것이 보통이다. 그들은 자신을 주장하지 않고, 자기가 원하는 대로 하는 것이 아니라 그런 외부의 힘이 지니는 실제적 명령이나 가상의 명령에 복종하는 경향이 있다. 그들은 "나는 무엇을 원한다"거나 "나는 존재한다"는 감정을 경험하지 못하는 경우가 많다. 그들은 삶을 전체적으로 엄청나게 강력한 것, 도저히 지배도 통제도 할 수 없는 것으로 느낀다.

더 극단적인 경우—이런 경우는 너무나 많다—에는 자신을 비하하고 외부의 힘에 복종하는 경향 외에 자신을 해치고 괴롭히려는 경향까지 드러낸다.

이 경향은 다양한 형태로 나타난다. 우리는 가장 악독한 원수도 하지 않을 만큼 지독한 자기비난과 자기비판에 몰두하는 사람들이 있다는 것을 알고 있다. 강박신경증 환자처럼 강박적인 의식과 생각으로 자신을 괴롭히는 사람들도 있다. 어떤 유형의 신경증적 성격을 가진 사람들은 몸이 실제로 아프고, 그 병이 신의 선물이라도 되는 것처럼 의식적 또는 무의식적으로 병에 걸리기를 기다리는 경향이 있다. 그들은 사고를 초래하는 무의식적 경향이 작용하지 않았다면 일어나지 않았을 사고를 유발할 때가 많다. 자신을 해치고 괴롭히는 이런 경향은 대개 공공연하거나 극적이지 않은 형태로 나타난다. 예를 들면 시험 문제의 해답을 아주 잘 알면서도 시험을 칠 때나 시험이 끝난 뒤에도 올바른 대답을 하지 못하는 사람들이 있다. 사랑하거나 의존하는 사람에게 실제로는 친밀감을 느끼고, 그래서 그런 말을 할 의도가 전혀 없었는데도 상대에게 적대감을 불러일으키는 말을 하는 사람들도 있다. 이런 사람들은 적의 충고에 따라 자신에게 가장 해롭게 행동하는 것처럼 보이기까지 한다.

피학적 경향은 분명히 병적이거나 비합리적으로 느껴지는 경우가 많다. 하지만 합리화되는 경우가 더 많다. 피학적 의존은 사랑이나 충성심으로 여겨지고, 열등감은 실제 결점의 적절한 표현으로 여겨지고, 고통은 전적으로 바꿀 수 없는 상황 때문으로 여겨진다.

이런 피학적 경향 외에, 그와는 정반대인 '가학적(sadistic)' 경향이 같은 종류의 성격에서 자주 발견된다. 가학적 경향의 정도는 다양하고, 더 의식적이거나 덜 의식적일 수는 있지만 결코 사라지지는 않는다. 우리는 세 종류의 가학적 경향이 다소 밀접하게 얽혀 있는 것을 발견한다. 하나는 타인들을 자기한테 의존시키고, 그들에게 절대적이고 무제한적인 지배력을 행사하여 그들을 '도공의 손에 있는 점토'처럼 도구에 불과한 존재로 만드는 경향이다. 또 하나는 이렇게 절대적으로 타인을 지배할 뿐만 아니라 그들을 착취하고 이용하고 훔치고 내장을 꺼내고, 말하자면 먹을 수 있는 것은 다 먹어치우려는 충동으로 이루어진다. 이 욕망은 물질적인 것만이 아니라 한 사람이 제공할 수 있는 감정적이거나 지적인 자질과 관련될 수도 있다. 세 번째 가학적 경향은 남을 괴롭히고 싶어 하거나 남이 괴로워하는 것을 보고 싶어 하는 욕망이다. 이 고통은 육체적일 수도 있지만, 그보다는 정신적 고통인 경우가 더 많다. 그 목적은 남을 적극적으로 해치는 것, 남에게 굴욕감을 주고 난처하게 만드는 것, 또는 남들이 난처하고 굴욕적인 상황에 놓인 모습을 보는 것이다.

가학적 경향은 대개 사회적으로 덜 해로운 피학적 경향보다 더 무의식적이고 더 많이 합리화된다. 그 이유는 명백하다. 가학적 경향은 타인에 대한 지나친 친절이나 지나친 관심의 반작용 형성으로 완전히 은폐되는 경우가 많기 때문이다. 가장 자주 볼 수 있는 합리화는 다음과 같다. "나는 무엇이 너한테 제일 좋은지 알기 때문에 너를 지배하는 거야. 너는 너 자신을 위해서 내 말에 거역하지 말고 따라야 돼." 또는 "나는 너무 훌륭하고 특별하기 때문에 남들이 나한테 의존하기를 기대할 권리가 있어." 남을 이용하고 착취하는 경향을 은폐하는 또 다른 합리화는 다음과 같다. "나는 너를 위해 지금까지 많은 것을 해주었으니까, 이제는 내가 원하는 것을 너한테 받을 자격이 있어." 좀 더 공격적인 가학적 충동은 두 가지 형태로 가장 자주 합리화된다. "나는 남들 때문에 많은 피해를 당했으니까, 내가 남을 해치고 싶어 하는 것은 거기에 대한 앙갚음일 뿐이야." 또는 "나는 나나 친구들이 다칠까봐 미리 막기 위해 먼저 공격을 하는 거야."

가학적인 사람과 그 대상의 관계에서 한 가지 요소는 자주 무시되기 때문에 여기서 특별히 강조할 만하다. 그것은 가학적인 사람이 그 대상에게 의존한다는 점이다.

피학적인 사람의 의존성은 명백하지만, 가학적인 사람은 정반대일 것이라고 예상하기 쉽다. 가학적인 사람은 너무 강하고 지배적인 반면 그의 가학성의 대상은 너무 약하고 순종적이어서, 강자가 그가 지배하는 약자에게 의존한다고 생각하기는 어렵다. 하지만 그들의 관계를 면밀히 분석해보면 이것이 사실이라는 것을 알 수 있다. 가학적인 사람은 지배할 대상이 필요하고, 자기가 강하다는 느낌은 누군가를 지배한다는 사실에 뿌리를 두기 때문에 지배할 대상을 몹시 필요로 한다. 그는 이 의존을 전혀 의식하지 못할 수도 있다. 예를 들면 남편이 아내를 몹시 가학적으로 대하면서 언제든지 집을 나가도 좋다고, 당신이 집을 나가면 나는 무척 기쁠 거라고 아내에게 되풀이해서 말할 수도 있다. 아내는 너무 심하게 학대를 받은 나머지 감히 집을 나갈 엄두도 내지 못하는 경우가 많고, 따라서 두 사람 다 남편의 말이 사실이라고 계속 믿는다. 하지만 아내가 용기를 내어 집을 떠나겠다고 선언하면, 두 사람에게는 전혀 예상치 않았던 일이 일어날 수도 있다. 남편은 절망에 빠지고 비탄에 잠겨 제발 떠나지 말아 달라고 아내에게 애원할 것이고, 당신 없이는 살수 없다고, 당신을 너무 사랑한다고 말할 것이다. 이렇게 되면 대개 아내는 자기주장을 내세우기가 두렵기 때문에 남편의 말을 믿기 쉽고, 그래서 결심을 바꾸어 남편 곁에 남을 것이다. 그러면 문제가 다시 시작된다. 남편은 전과 똑같은 행동을 되풀이하고, 아내는 남편과 함께 지내기가 점점 더 어려워지는 것을 깨닫고 다시 폭발한다. 남편은 다시 무너지고, 아내는 또 남편 곁에 머문다. 이런 일이 몇 차례고 되풀이되는 것이다.

이런 악순환을 되풀이하는 부부관계나 그 밖의 인간관계는 수없이 많고, 이 마법의 순환 고리는 절대 끊어지지 않는다. 남편이 아내한테 당신을 너무 사랑해서 당신 없이는 살 수 없다고 말했을 때, 남편은 거짓말을 한 것일까? 사랑에 대해 말하자면, 그것은 모두 그가 말하는 사랑이 무엇을 뜻하느냐에 달려 있다. 아내 없이는 살 수 없다는 주장에 대해서 말하자면, 그것은—물론 그 말을 문자 그대로 받아들이는 것은 아니지만—완전히 진심이다. 그는 아내 없이는 살 수 없다. 아니, 어쨌든 그가 자기 수중에 들어 있는 무력한 도구라고 느낄 만한 사람이 없이는 살 수 없다. 이런 경우 사랑의 감정은 관계가 끝날 조짐을 보일 때만 나타나지만, 다른 경우에는 가학적인 사람이 자기가 지배한다고 느끼는 사람들을 분명히 '사랑'한다. 그것이 아내든 자식이든 가게 점원이든 웨이터든 길거리 거지든 간에, 자신의 지배를 받는 대상에 대해 그는 '사랑'의 감정뿐만 아니라 감사의 감정까지 느낀다. 그는 그들을 너무 사랑하기 때문에 그들의 삶을 지배하고 싶어 한다고 생각할지도 모른다. '사실 그는 그들을 지배하기 때문에 "사랑"하는 것이다.' 그는 물질적인 것, 칭찬, 사랑의 확인, 재치와 재기의 과시, 또는 관심을 보이는 방법으로 그들을 매수한다. 그는 그들에게 모든 것을 줄 수 있다. 다만 한 가지, 자유와 독립에 대한 권리만 제외하고. 이런 관계는 특히 부모와 자식의 관계에서 자주 발견된다. 여기서 지배, 그리고 소유의 태도는 자식에 대한 '자연스러운' 관심이나 자식을 보호하려는 감정처럼 보이는 것으로 은폐되는 경우가 많다. 자식은 황금 우리 속에 넣어지고, 그 우리를 떠나고 싶어 하지만 않으면 모든 것을 가질 수 있다. 그 결과 자식은 나중에 자라서 사랑을 몹시 두려워하는 경우가 많다. 그에게 '사랑'은 자유를 추구하다가 붙잡혀서 어딘가에 갇히는 것을 뜻하기 때문이다.

많은 관찰자들에게는 가학증보다 피학증이 더 수수께끼로 보였다. 남을 해치거나 지배하고 싶어 하는 것은 반드시 '좋은' 것은 아니지만, 지극히 자연스러워 보였다. 홉스는 "죽어야만 끝나는 영원하고 끊임없는 권력욕"의 존재를 "인류 전체의 일반적인 경향"[2]이라고 생각했다. 그에게 권력욕은 악마처럼 사악한 것이 아니라 쾌락과 안전을 추구하는 인간의 욕망이 낳은 지극히 합리적인 결과다. 히틀러는 지배욕이 적자생존을 위한 생물학적 투쟁의 논리적 결과라고 설명한다. 홉스에서 히틀러에 이르기까지 권력욕은 어떤 설명도 정당화할 수 없을 만큼 명백한 인간 본성의 일부로 설명되어 왔다. 하지만 피학적 충동, 즉 자신의 자아에 대항하는 경향은 하나의 수수께끼처럼 생각된다. 사람이 자신을 비하하고 약화시키고 해치고 싶어 할 뿐만 아니라 그것을 즐기기까지 한다는 사실을 어떻게 이해해야 하는가? 쾌락과 자기보존을 지향하는 것이 우리가 생각하는 인간 심리의 전모인데, 피학증이라는 현상은 그런 인간 심리와 모순되는 게 아닐까? 우리 모두가 피하려고 그렇게 애쓰는 고통에 매혹되어 스스로 고통을 초래하는 경향이 있는 사람도 존재한다는 것을 어떻게 설명할 수 있을까?

하지만 고통과 나약함이 인간 충동의 목표가 될 수 있음을 보여주는 현상이 있는데, 그것은 바로 '피학적 도착(倒錯)'이다. 여기서 우리는 지극히 의식적으로 이런저런 고통을 원하고 그것을 즐기는 사람들을 발견하게 된다. 피학적 도착에 빠진 사람은 타인에 의한 고통을 경험할 때 성적 흥분을 느낀다. 하지만 이것만이 피학적 도착의 형태는 아니다. 그는 고통을 실제로 겪는 것이 아니라, 몸이 묶여서 무력하고 나약해진 상태가 불러일으키는 흥분과 만족을 추구하는 경우가 많다. 피학적 도착에 빠진 사람이 원하는 것은 타인에게 어린애 취급을 받고, 꾸중을 듣거나 그 밖의 갖가지 방법으로 창피를 당함으로써 '정신적으로' 약해지는 것이다. 가학적 도착에 빠진 사람은 이것과 대응하는 방법, 즉 남을 육체적으로 해치거나 밧줄이나 쇠사슬로 묶거나 행동이나 말로 창피를 주는 방법으로 만족감을 얻는다.

의식적으로 그리고 의도적으로 고통이나 굴욕을 즐기는 피학적 도착은 피학적 성격(또는 정신적 피학증)보다 먼저 심리학자들과 작가들의 눈길을 사로잡았다. 하지만 우리가 처음에 묘사한 피학적 경향이 성도착과 매우 가깝다는 것을, 그리고 이 두 유형의 피학증은 본질적으로 하나의 현상이라는 것을 사람들은 차츰 인식하게 되었다.

일부 심리학자들은 굴종하고 고통받기를 원하는 사람들이 있는 이상 바로 그런 목적을 가진 '본능'도 분명 있을 것이라고 생각했다. 알프레드 피어칸트 같은 사회학자도 같은 결론에 도달했다. 좀 더 철저한 이론적 설명을 맨 처음 시도한 사람은 프로이트였다. 원래 프로이트는 가학-피학증(sado-masochism)이 본질적으로 성적 현상이라고 생각했다. 그는 어린아이들의 가학-피학적 행위를 관찰하면서 가학-피학증이 성적 본능의 발달 과정에서 정상적으로 나타나는 '부분적 충동'이라고 생각했다. 그리고 어른의 가학-피학적 경향은 그 사람의 정신적-성적 발달이 초기 단계에 고착되었기 때문이거나 나중에 초기 단계로 퇴행했기 때문이라고 믿었다. 나중에 프로이트는 그가 정신적 피학증, 즉 육체적 고통이 아니라 정신적으로 괴로워하는 경향이라고 부른 현상의 중요성을 차츰 깨달았다. 그는 피학적 경향과 가학적 경향이 서로 모순되는 것처럼 보이지만 항상 함께 발견된다는 사실도 강조했다. 하지만 그는 피학적 현상에 대한 자신의 이론적 설명을 변경했다. 프로이트는 타인이나 자신을 파괴하려는 생물학적 경향이 존재한다고 가정하고, 피학증은 본질적으로 '죽음의 본능'이 낳은 결과라고 주장했다. 또한 그는 우리가 직접 관찰할 수 없는 이 죽음의 본능은 성적 본능과 융합하고, 그 융합된 것이 자신을 향하면 피학증으로 나타나고 타인을 향하면 가학증으로 나타난다고 주장했다. 그는 죽음의 본능이 이렇게 성적 본능과 융합한 덕분에 어떤 것과도 섞이지 않은 순수한 죽음의 본능이 사람에게 미칠 수 있는 위험한 영향을 피할 수 있다고 추정했다. 요컨대 프로이트에 따르면 인간은 파괴성과 성(sex)을 융합시키지 못하면 자신을 파괴하거나 타인을 파괴하거나 둘 중 하나를 선택할 수밖에 없다는 것이다. 이 이론은 가학-피학증에 대한 프로이트의 원래 추정과는 근본적으로 다르다. 프로이트의 원래 추정에서는 가학-피학증이 본질적으로 성적인 현상이었지만, 새로운 이론에서는 본질적으로 비(非)성적인 현상이며, 그 안에 있는 성적 요소는 죽음의 본능과 성적 본능이 융합한 결과일 뿐이다.

프로이트는 오랫동안 비성적 공격이라는 현상에 거의 관심을 두지 않았지만, 알프레드 아들러는 우리가 여기서 논하는 경향을 그의 사상 체계의 중심에 놓았다. 하지만 그것을 가학-피학증으로 다루지 않고 '열등감'과 '권력욕'으로 다루었다. 아들러는 이런 현상의 합리적인 측면만 보고 있다. 우리는 자신을 비하하고 하찮게 만드는 비합리적인 경향에 대해 말하지만, 그는 열등감을 어린아이의 일반적인 무력함과 신체적 열등함 같은 실제적 열등성에 대한 적절한 반작용으로 생각한다. 그리고 우리는 권력욕을 타인을 지배하려는 비합리적인 충동의 표출이라고 생각하는 데 대해 아들러는 그것을 완전히 합리적인 측면에서 바라보고, 권력욕은 사람의 불안전함과 열등함에서 생겨나는 위험으로부터 그를 보호하는 기능을 가진 적절한 반작용이라고 말한다. 아들러는 늘 그렇듯이 여기서도 인간 행동의 고의적이고 합리적인 결정 너머에 있는 것을 못 보고 있다. 그는 동기 부여의 복잡성에 대한 귀중한 통찰에 이바지했지만 항상 표면에만 남아 있을 뿐, 프로이트가 했던 것처럼 비합리적 충동의 심연 속으로는 결코 내려가지 않았다.

정신분석에 관한 저술에서 프로이트와 다른 관점을 제시한 사람은 빌헬름 라이히,[3] 카렌 호나이,[4] 그리고 필자[5]다.

라이히의 견해는 프로이트의 리비도(libido) 이론의 원래 개념에 바탕을 두기는 하지만, 피학적인 사람은 궁극적으로 쾌락을 추구하고 그 과정에서 초래된 고통은 그 자체가 목적이 아니라 부산물이라고 지적하고 있다. 호나이는 처음으로 신경증적 성격에서 피학적 충동이 맡은 기본적인 역할을 인정했으며, 피학적 성격 특성을 상세히 기술하고, 그것이 전체 성격 구조의 결과라는 것을 이론적으로 설명했다. 호나이의 저작에서는—나의 저작에서와 마찬가지로—피학적 성격 특성을 성도착에 뿌리를 둔 것으로 생각하는 대신, 성도착을 특별한 성격 구조에 기반을 둔 정신적 경향의 성적 표현으로 이해한다.

이제 나는 핵심적인 문제에 도달했다. 피학적 도착과 피학적 성격 특성의 뿌리는 각각 무엇인가? 그리고 피학적 충동과 가학적 충동의 공통된 뿌리는 무엇인가?

그 대답이 놓인 방향은 이 장 첫머리에 이미 암시되어 있다. 피학적 충동과 가학적 충동은 둘 다 개인이 견딜 수 없는 고독감과 허무감에서 벗어나도록 도와주는 경향이 있다. 피학적인 사람을 정신분석적으로 또한 경험적으로 관찰해보면, 그들이 외로움과 허무감에 대한 두려움으로 가득 차 있다는 것을 숱한 증거를 통해 알 수 있다(여기서 그 증거를 인용하자면 이 책의 범위를 넘어설 수밖에 없다). 이 감정은 의식되지 않는 경우가 많고, 흔히 탁월함과 완벽함이라는 보상적 감정으로 은폐된다. 하지만 그런 사람의 무의식적인 움직임을 깊이 꿰뚫어보면 그 감정들을 반드시 발견하게 된다. 개인은 자기가 부정적인 의미에서 '자유롭다'는 것, 즉 자신의 자아와 함께 혼자서 서먹서먹하고 적대적인 세계와 맞서 있다는 것을 깨닫는다. 이 상황에서 도스토옙스키의 《카라마조프가의 형제들》에 나오는 뛰어난 서술을 인용하면, "인간이라는 불운한 동물은 자유라는 타고난 선물을 되도록 빨리 넘겨줄 수 있는 누군가를 찾고 싶은 욕구보다 더 긴급한 욕구를 갖고 있지 않다." 두려움에 사로잡힌 개인은 자신의 자아를 붙들어맬 수 있는 사람이나 사물을 찾는다. 그는 자신의 개체적 자아로 존재하는 것을 더 이상 참을 수 없어서, 자아를 제거하고 이 부담에서 벗어나 다시 안전감을 느끼려고 미친 듯이 애쓴다.

피학증은 이런 목표에 이르는 하나의 길이다. 피학적 충동의 여러 형태는 한 가지 목적을 갖고 있다. 즉 '개체적 자아를 제거하고 자기 자신을 잃는 것', 다른 말로 표현하면 '자유의 부담에서 벗어나는 것'이다. 이 목적은 개인이 압도적으로 강하다고 느끼는 사람이나 권력에 복종하려는 피학적 충동에서 분명히 드러난다. (그런데 다른 사람의 힘이 더 우월하다는 확신은 항상 상대적으로 이해되어야 한다. 그 확신은 다른 사람이 가진 실제적인 힘에 근거를 둔 것일 수도 있지만, 자기가 전적으로 보잘것없고 무력하다는 생각에 입각한 것일 수도 있다. 후자의 경우에는 생쥐 한 마리나 나뭇잎 한 장도 위협적인 특성을 띨 수 있다.) 다른 형태의 피학적 충동에서도 본질적인 목적은 동일하다. 자기가 하찮은 존재라는 피학적 감정 속에서 우리는 원래의 허무감을 증대시키는 데 이바지하는 경향을 발견할 수 있다. 이것을 어떻게 이해하면 좋을까? 공포를 더욱 심화시켜 불안을 없애려 한다고 추정할 수 있을까? 사실 이것은 피학적인 사람이 하는 짓이다. 내가 독립적이고 강해지고 싶은 욕망과 허무감이나 무력감 사이에서 싸우는 한, 나는 고통스러운 갈등에 사로잡혀 있다. 만일 내가 개인의 자아를 제거하는 데 성공할 수 있다면, 만일 내가 개인으로서 분리되어 있다는 인식을 극복할 수 있다면, 이 갈등에서 나 자신을 구할 수 있을지도 모른다. 자신이 너무 하찮고 무력하다고 느끼는 것은 이 목표로 가는 하나의 길이다. 고통과 고뇌에 압도당하는 것도 또 하나의 길이고, 무언가에 열중하여 그 도취 효과에 압도당하는 것도 또 하나의 길이다. 다른 모든 방법이 고독의 부담을 덜어주는 데 성공하지 못했다면, 마지막 희망은 자살에 대한 공상이다.

어떤 상황에서는 이런 피학적 충동이 비교적 성공을 거둘 수 있다. 개인이 이 피학적 충동을 만족시키는 문화 유형(예를 들면 파시즘 이데올로기에서의 '지도자'에 대한 복종 같은)을 발견하면, 그는 이 감정을 공유하는 수백만 명과 자신이 결합되어 있음을 깨닫고 안전을 얻는다. 하지만 이 경우에도 피학적 '해결'은 신경증 징후와 마찬가지로 진정한 해결이 아니다. 개인은 겉으로 뚜렷이 드러난 고통을 제거하는 데는 성공하지만, 근본적인 갈등과 침묵 속의 불행을 제거하는 데는 성공하지 못한다. 피학적 충동이 문화 유형을 발견하지 못하거나 개인이 속해 있는 사회 집단 내 피학증의 평균량을 양적으로 초과하면, 피학적 해결은 상대적인 면에서조차 아무것도 해결해주지 못한다. 피학적 해결은 참을 수 없는 상태에서 생겨나 그 상태를 극복하는 데 이바지한 뒤, 개인을 새로운 고통에 사로잡힌 상태로 내버려둔다. 인간의 행동이 항상 합리적이고 의도적이라면, 피학증은 신경증 징후가 대개 그렇듯이 이해할 수 없는 현상일 것이다. 하지만 정서 장애나 정신 장애에 대한 연구가 우리에게 알려준 바에 따르면, 인간의 행동은 불안이나 그 밖의 참을 수 없는 정신 상태가 불러일으킨 충동으로 유발될 수 있으며, 이런 충동은 이 감정 상태를 극복하는 데 도움이 되지만 단지 가장 눈에 띄는 징후를 은폐할 뿐이고, 그것조차 성공하지 못하는 경우도 있다는 것이다. 신경증 징후는 공황 상태에서의 비합리적인 행동과 비슷하다. 그래서 불길에 휩싸인 사람은 창가에 서서 큰 소리로 도움을 청하지만, 아무도 그의 목소리를 들을 수 없다는 것은 까맣게 잊고 있다. 그리고 몇 분만 지나면 계단에도 불이 옮겨 붙겠지만, 아직은 계단으로 탈출할 수 있다는 것도 전혀 생각하지 못한다. 그는 구조를 받고 싶어서 소리를 지르고, 그 순간에는 이 행동이 구조의 길로 가는 한 걸음처럼 보인다. 하지만 그것은 결국 완전한 파멸로 끝날 것이다. 이와 마찬가지로 피학적 충동은 온갖 결점과 갈등, 위험, 의심,

참을 수 없는 외로움과 함께 개인의 자아를 없애고 싶은 욕망에서 생겨나지만, 가장 두드러진 고통을 없애는 데에만 성공하거나 오히려 더 큰 고통을 낳기도 한다. 피학증의 비합리성은 다른 신경증 징후가 모두 그렇듯이 불안정한 감정 상태를 해결하기 위해 채택한 수단이 궁극적으로는 아무 소용도 없다는 데 있다.

이런 고찰은 신경증적 행동과 합리적 행동의 중요한 차이를 말해준다. 합리적 행동에서는 행동의 '결과'가 '동기'와 대응한다. 즉 사람은 어떤 결과를 얻기 위해 행동한다. 신경증적 행동을 유발하는 것은 참을 수 없는 상황에서 벗어나려는 충동이고, 따라서 본질적으로 부정적인 성격을 지니고 있다. 이 충동은 상황을 오직 허구적으로 해결해주는 방향으로 흐를 뿐이다. 실제로 그 결과는 그가 얻고 싶어 하는 것과 모순된다. 참을 수 없는 감정을 제거하려는 충동이 너무 강해서, 사람은 결코 허구적이 아닌 다른 의미에서 해결책이 될 수 있는 행동 방침을 선택할 수 없었다.

피학증과 관련하여 이것이 암시하는 것은 참을 수 없는 고독감과 허무감이 개인을 그 방향으로 몰아붙인다는 것이다. 그는 자신의 자아(생리적 존재로서의 자아가 아니라 심리적 존재로서의 자아)를 제거함으로써 그 감정을 극복하려고 한다. 이 목적을 이룰 수 있는 방법은 자신을 비하하고 괴롭히고 무의미한 존재로 만드는 것이다. 하지만 그가 원하는 것은 고통과 괴로움이 아니다. 고통과 괴로움은 그가 강박적으로 얻으려는 목적을 위해 치르는 대가일 뿐이고, 그 대가는 비싸다. 그는 점점 더 많은 대가를 치러야 하고, 내면의 평화와 평온을 얻기 위해 대가를 치렀지만 원하는 것은 얻지 못한 채 날품팔이처럼 빚만 점점 늘어날 뿐이다.

나는 지금까지 피학적 도착에 대해 이야기했는데, 그것은 사람이 일부러 고통을 추구할 수도 있다는 것을 피학적 도착이 의심할 여지없이 입증하기 때문이다. 하지만 피학적 도착에서는 정신적 피학증과 마찬가지로 고통이 진정한 목적은 아니다. 두 경우 모두 고통은 자신의 자아를 잊어버린다는 목적을 위한 수단일 뿐이다. 피학적 도착과 피학적 성격 특성의 차이는 본질적으로 다음과 같다. 피학적 도착에서는 자신의 자아를 없애려는 경향이 육체라는 매개체를 통해 표현되고 성감과 연결된다. 정신적 피학증에서는 피학적 경향이 그 사람을 완전히 사로잡고 자아가 의식적으로 얻으려는 목표를 모조리 파괴해버리기 쉽지만, 피학적 도착에서는 피학적 충동이 신체적 영역에 다소 한정되어 있다. 게다가 그 충동은 섹스와 결합하여 성적 영역에서 일어나는 긴장을 푸는 데 참여하고, 그리하여 직접적인 해방감을 느낀다.

개인의 자아를 제거하여 참을 수 없는 허무감을 극복하려는 시도는 피학적 충동의 일면일 뿐이다. 또 다른 일면은 자기 밖에 있는 더 크고 더 강력한 전체의 일부가 되어 그 속에 빠져들고 거기에 참여하려는 시도다. 이 외부의 힘은 사람일 수도 있고, 어떤 제도나 신, 국가, 양심 또는 정신적 충동일 수도 있다. 절대 흔들리지 않을 만큼 강력하고 영원하고 화려하게 느껴지는 힘의 일부가 되어, 그 힘의 기운과 영광에 참여하려는 것이다. 그러기 위해 자신의 자아를 포기하고, 자아와 결부된 힘과 자존심을 모두 버리고, 개인으로서의 본래 모습을 잃고, 자유를 포기한다. 하지만 그 대신 강한 힘

속에 빠져들고 참여함으로써 새로운 안전과 새로운 자부심을 얻고, 또한 회의의 고통에서도 안전할 수 있다. 피학적인 사람은 제 주인이 외부의 권위든 아니든, 주인을 자신의 양심이나 정신적 충동으로 내면화했든 아니든 결정을 내려야 하는 부담에서 해방되고, 자신의 운명에 최종 책임을 져야 하는 부담에서도 해방되고, 그리하여 내려진 결정에 대한 회의에서도 해방된다. 그는 또한 내 삶의 의미는 무엇이고 '나'는 누구인가 하는 의문에서도 해방된다. 이런 의문에 대해서는 그가 달라붙은 강력한 힘과의 관계가 대답해준다. 삶의 의미와 그 자신의 정체성은 그의 자아가 빠져든 보다 큰 전체가 결정해준다.

피학적 유대는 원초적 유대와는 근본적으로 다르다. 원초적 유대는 개별화 과정이 끝나기 전에 존재했다. 개인은 아직도 '그'의 자연적 세계와 사회적 세계의 일부이고, 아직 주위 환경에서 완전히 제모습을 드러내지 않았다. 원초적 유대는 그에게 진정한 안전을 주고, 그가 어디에 속해 있는지에 대한 지식을 준다. 피학적 유대는 도피다. 개인의 자아는 출현했지만, 자신의 자유를 실현하지 못한다. 자아는 불안과 의심과 무력감에 압도당한다. 자아는 피학적 유대라고 부를 수 있는 '2차적 유대' 속에서 안전을 찾으려 하지만, 이 시도는 결코 성공할 수 없다. 이미 출현한 개인의 자아를 되돌릴 수는 없다. 개인은 의식적으로 안전을 느낄 수 있고 어딘가에 '속한' 것처럼 느낄 수도 있지만, 기본적으로 그는 여전히 자아의 침몰로 고통받는 무력한 하나의 원자일 뿐이다. 그와 그가 달라붙어 있는 힘은 결코 하나가 되지 않고, 기본적인 대립은 여전히 남아 있다. 그리고 이 대립과 함께 전혀 의식하지는 못하더라도 피학적 의존을 극복하고 자유로워지려는 충동도 남아 있다.

　가학적 충동의 본질은 무엇일까? 여기서도 타인에게 고통을 주고 싶어 하는 욕망은 그 본질이 아니다. 우리가 관찰할 수 있는 온갖 다양한 형태의 가학증은 결국 하나의 본질적인 충동, 즉 타인을 완전한 지배하고, 그를 무력하게 만들어 자기 뜻대로 움직이고, 그에게 군림하는 절대적 지배자가 되고, 그의 신이 되고, 그를 마음대로 다루고 싶은 충동으로 되돌아간다. 그에게 굴욕을 주고 그를 노예로 만드는 것은 이 목적을 이루기 위한 수단이고, 가장 근본적인 목적은 그를 괴롭히는 것이다. 왜냐하면 타인에 대한 지배력 중에서 남에게 고통을 가하고, 상대가 자기 방어도 못한 채 고통을 견디도록 강요하는 것보다 더 강력한 지배력은 없기 때문이다. 다른 사람(또는 다른 생물)을 완전히 지배하는 쾌감, 이것이 바로 가학적 충동의 본질이다.[6]

　타인에 대해 절대적 지배자가 되려는 이 경향은 피학적 경향의 정반대인 것처럼 보인다. 따라서 이 두 경향이 서로 밀접하게 결합되어 있다는 것은 우리를 헷갈리게 한다. 실제 결과에 대해 말하면, 타인에게 의존하거나 고통받고 싶어 하는 욕망이 타인을 지배하고 괴롭히고 싶어 하는 욕망과 정반대인 것은 의심할 여지가 없다. 하지만 심리학적으로 말하면 이 두 경향은 모두 자신의 외로움과 무력감을 참지 못하는 데에서 생겨나는 하나의 기본적 욕구의 결과다. 가학증과 피학증의 근저에 놓여 있는 목적을 '공생(symbiosis)'이라고 부르도록 하자. 이 심리학적 의미에서 볼 때 공생은 한 개인의 자아가 다른 자아(또는 자신의 자아 밖에 있는 다른 힘)와 결합하여 각자 자기 자아의 본래 모습을 잃어버리고 서로에게 완전히 의존하는 것을 뜻한다. 피학적인 사람이 상대를 필요로 하는 만큼, 가학적인 사람도 상대를 필요로 한다. 다만 그는 남에게 고통을 당함으로써 안전을 찾는 것이 아니라 남에게 고통을 가함으로써 안전을 얻는다. 어느 경우에나 개인의 자아는 자신의 본래 모습을 잃어버린다. 피학적인 경우에는 외부의 힘 속에 나 자신을 용해시키고, 그리하여 나를 잃어버린다. 가학적인 경우에는 타인의 존재를 나 자신의 일부로 만들어 나 자신을 확대하고, 그리하여 독립적 자아인 나에게는 부족한 힘을 얻는다. 누군가 다른 사람과 공생 관계를 맺으려는 충동이 생기는 것은 항상 자신의 개체적 자아의 외로움을 견디지 못하기 때문이다. 이것으로 보아 피학적 경향과 가학적 경향이 항상 서로 어우러져 섞이는 이유는 분명하다. 두 경향은 표면상으로는 서로 반대인 것처럼 보이지만, 본질적으로는 동일한 욕구에 뿌리를 두고 있다. 사람은 가학적이거나 피학적인 어느 한쪽만 있는 것이 아니라, 공생 관계의 능동적인 쪽과 수동적인 쪽 사이를 진자처럼 끊임없이 오가는 것이다. 따라서 어떤 순간에 어느 쪽이 작용하는지를 알아내기 어려울 때가 많다. 어느 경우에나 개성과 자유는 사라지고 만다.

가학증이라면 우리는 보통 그것과 너무 노골적으로 결합되어 있는 파괴성과 적개심을 떠올린다. 확실히 파괴성은 가학적 경향과 관련하여 그 양이 많든 적든 항상 발견된다. 하지만 이것은 피학증에도 적용된다. 피학적 특성을 분석하면 반드시 적개심이 나타난다.

가학증과 피학증의 주요한 차이는, 가학증의 경우에는 대개 적개심을 더 분명히 의식하고 행동으로 직접 표현하는 반면, 피학증의 경우에는 대개 적개심을 의식하지 못하고 간접적으로 표현한다는 것이다. 나는 나중에 파괴성이 개인의 감각적·감정적·지적 확장이 좌절당한 결과라는 점을 입증하려고 한다. 따라서 파괴성은 공생의 필요를 낳는 것과 같은 조건의 결과라고 예상할 수 있다. 내가 여기서 특히 강조하고 싶은 점은 가학증이 파괴성과 상당히 섞여 있기는 하지만 파괴성과 동일하지는 않다는 것이다. 파괴적인 사람은 상대를 파괴하고 싶어 한다. 즉 상대를 죽여서 없애버리고 싶어 한다. 하지만 사디스트는 상대를 지배하고 싶어 하고, 따라서 상대가 사라지면 상실감으로 괴로워한다.

우리가 지금까지 사용한 가학증이라는 말도 파괴성에서 비교적 자유로울 수 있고, 상대에 대한 우호적 태도와 결합할 수도 있다. 이런 종류의 '다정한' 가학증은 발자크의 《잃어버린 환상》에 고전적으로 표현되어 있는데, 이 서술에는 우리가 공생에 대한 욕구라고 부르는 것의 독특한 성질도 실려 있다. 이 대목에서 발자크는 젊은 뤼시앵과 신부 행세를 하는 탈옥수의 관계를 묘사하는데, 젊은이가 자살을 기도한 직후 그를 알게 된 신부는 이렇게 말한다. "……이 젊은이는 지금 막 죽은 그 시인과는 아무 공통점도 없다. 내가 너를 골라서 너에게 생명을 주었다. 피조물은 창조자의 것이니까, 너는 내 것이다. 동양의 전설에 나오는 '이프리트'*가 정령에 속해 있

• **이프리트** 이슬람 신화에 나오는 초자연적 생물로, 신과 인간의 중간적 존재.

제5장 도피의 메커니즘

듯이, 육체가 영혼에 속해 있듯이, 너는 나에게 속해 있는 내 소유물이다. 나는 힘센 두 손으로 너를 권력의 길로 곧장 데려가겠다. 하지만 그래도 나는 너에게 쾌락과 명예와 영원한 축제의 생활을 약속하겠다. 너는 절대로 돈이 궁하지 않을 것이다. 너는 생기 넘치고 뛰어난 사람이 될 것이다. 반면에 나는 출세의 더러운 오물 속에서 허리를 숙이고 너의 성공이라는 화려한 건물을 안전하게 지킬 것이다. 나는 권력을 위한 권력을 사랑한다! 나는 쾌락을 포기해야 하겠지만, 너의 '쾌락'을 항상 즐길 것이다. 이제 곧 나는 너와 하나가 될 것이다. ……나는 내 피조물을 사랑할 것이다. 아버지가 자식을 사랑하듯 그를 사랑하기 위해 내 마음대로 그를 만들고, 그가 나를 위해 봉사하게 할 것이다. 사랑하는 아들아, 나는 너의 이륜마차에 너와 나란히 앉을 것이다. 네가 여자들을 유혹하는 데 성공하면 나는 기뻐할 것이다. 나는 말하리라. 나는 이 잘생긴 젊은이라고. 내가 뤼방프레 후작을 창조하여 귀족의 반열에 올려놓았다. 그의 성공은 내가 만들어낸 산물이다. 그는 말이 없어, 내 목소리로 말한다. 매사에 내 충고를 따른다."

흔히, 그것도 통속적인 표현으로만이 아니라 가학-피학증은 사랑과 혼동되기도 한다. 특히 피학적 현상은 사랑의 표현으로 여겨진다. 타인을 위해 자신을 완전히 부정하고 타인에게 자신의 권리와 요구를 양보하는 태도는 '위대한 사랑'의 본보기로 찬양을 받아왔다. 사랑하는 사람을 위해 기꺼이 자신을 포기하고 희생하는 것보다 더 확실한 '사랑'의 증거는 없어 보인다. 실제로 이런 경우 '사랑'은 본질적으로 피학적 갈망이고, 거기에 관련된 사람의 공생 욕구에 뿌리를 두고 있다. 사랑이 특정한 사람의 본질에 대한 열정적인 지지나 적극적인 교섭을 뜻한다면, 또 사랑이 당사자 두 사람의 독립성과 본래 모습에 입각한 타인과의 결합을 뜻한다면, 피학증과 사랑은 반대말이다. 사랑은 평등과 자유에 바탕을 두고 있다. 한쪽이 자신의 본래 모습을 잃고 다른 쪽에 종속된다면, 그 관계는 어떻게 합리화되든 상관없이 피학적 의존이다. 가학증도 역시 사랑으로 가장하고 나타나는 경우가 많다. 남을 지배하는 것이 그 사람 자신을 위해서라고 주장할 수 있다면, 그것은 사랑의 표현으로 보일 때가 많다. 하지만 여기서 본질적인 요소는 지배를 즐기는 것이다.

　이 시점에서 독자들의 마음에 한 가지 의문이 떠올랐을지 모른다. 지금까지 서술한 바와 같은 가학증은 권력욕과 동일한 것이 아닐까? 이 의문에 대한 대답은 다음과 같다. 즉 남을 해치고 괴롭히는 것을 목표로 삼는 좀 더 파괴적인 형태의 가학증은 권력욕과 동일하지 않지만, 권력욕은 가학증의 표현 가운데 가장 중요한 표현이다. 이 문제는 오늘날 더욱 중요해졌다. 홉스 이후 우리는 권력에서 인간 행동의 기본적인 동기를 보았다. 하지만 그 후 수세기 동안 사람들은 권력을 제한하는 경향의 법적 요소와 도덕적 요소들을 점점 더 중요시했다. 파시즘의 등장과 함께 권력에 대한 욕망과 권력의 권리에 대한 확신은 사상 어느 때보다도 높은 수준에 이르렀다. 수많은 사람들이 권력의 승리에 깊은 인상을 받았고, 그것을 강함의 표시로 받아들였다. 확실히 사람들을 지배할 수 있는 힘은 순전히 물질적인 의미에서 우월한 힘의 표현이다. 내가 다른 사람을 죽일 수 있는 힘을 갖고 있다면, 나는 그보다 '강한' 것이다. 하지만 심

　　　　　　　　　　제5장 도피의 메커니즘

리적 의미에서 보면 '권력욕은 강함이 아니라 오히려 약함에 뿌리를 박고 있다.' 그것은 개체적 자아가 홀로 서서 살아갈 수 없다는 표현이다. 그것은 진정한 힘이 부족할 때 2차적인 힘을 얻으려는 필사적인 노력이다.

'힘(power)'이라는 낱말은 두 가지 의미를 갖고 있다. 하나는 어떤 사람에 대한 영향력, 그 사람을 지배하는 능력을 갖는 것이다. 또 다른 의미는 어떤 일을 할 수 있는 능력과 잠재력을 갖는 것이다. 후자의 의미는 지배와는 아무 관계도 없다. 그것은 능력이라는 의미에서 무언가에 숙달하는 것을 나타낸다. 우리가 무력하다고 말할 때 염두에 두는 것이 바로 이 의미다. 우리가 말하는 무력한 사람은 남을 지배할 수 없는 사람이 아니라, 자기가 원하는 일을 할 수 없는 사람이다. 이렇게 '파워'는 '지배'나 '능력' 중 하나를 뜻할 수 있다. 이 두 성질은 같기는커녕 서로 배타적이다. '임포텐스'—이 용어를 성적 영역과 관련해서만이 아니라 인간 잠재력의 모든 영역과 관련하여 사용하면—는 가학적인 지배욕을 낳는다. 개인이 유능하면, 즉 자신의 본래 모습과 자유를 바탕으로 자신의 잠재력을 실현할 수 있으면, 그는 남을 지배할 필요가 없어지고, 따라서 권력에 대한 욕망도 없어진다. 성적 가학증이 성애의 도착인 것과 마찬가지로, 지배라는 의미에서의 '파워'는 능력의 도착이다.

가학적 특성과 피학적 특성은 아마 모든 사람에게서 찾아볼 수 있을 것이다. 한쪽에는 인격 전체가 이런 특성의 지배를 받는 사람들이 있고, 다른 한쪽에는 이런 가학-피학적 특성이 두드러지지 않는 사람들이 있다. 우리는 전자를 논할 때에만 가학-피학적 성격에 대해 말할 수 있다. 여기서 '성격'이라는 용어는 프로이트가 성격을 이야기할 때 사용한 것과 같은 동적인 의미로 사용되었다. 이런 의미로 쓰일 때의 성격은 어떤 사람의 독특한 행동 유형 전체를 가리키는 것이 아니라 행동을 유발하는 지배적 충동을 가리킨다. 프로이트는 행동을 유발하는 기본적인 추진력이 성적인 것이라고 생각했기 때문에, '구강적' 성격이나 '항문적' 성격이나 '생식기적' 성격 같은 개념에 도달했다. 이런 생각에 동의하지 않는다면, 다른 성격 유형을 고안할 수밖에 없다. 하지만 동적인 개념은 그대로 남는다. 추진력의 지배를 받는 성격의 소유자가 반드시 그 추진력을 의식하는 것은 아니다. 가학적 충동에 완전히 지배되는 사람이 의식적으로는 오직 의무감만이 자신을 움직이는 동기라고 믿을 수도 있다. 심지어는 노골적인 가학적 행위를 전혀 저지르지 않고 자신의 가학적 충동을 완전히 억제하여, 표면적으로는 가학적인 사람이 아닌 것처럼 보일 수도 있다. 그럼에도 불구하고 그의 행동과 환상, 꿈과 몸짓을 자세히 분석해보면, 그의 인격의 더 깊은 층에서는 가학적 충동이 작용하고 있음을 알 수 있을 것이다.

가학-피학적 충동이 지배적인 사람의 성격은 가학-피학적이라고 특징지을 수 있지만, 그런 사람이 반드시 신경증적인 것은 아니다. 특정한 성격 구조가 '신경증적'인지 '정상적'인지는 주로 사람들이 자신의 사회적 상황 속에서 수행해야 하는 일과 그들의 문화에 어떤 감정 유형과 행동 유형이 존재하느냐에 달려 있다. 사실 독일이나 그 밖의 유럽 국가에서 중하층계급에 속하는 대다수 사람들에게 전형적으로 나타나는 성격도 가학-피학적 성격이다. 나중에 다시 설명하겠지만, 나치 이데올로기는 바로 이런 종류의 성격 구조를 가진 사람들에게 가장 강한 매력을 갖고 있었다. '가학-피학적'이라는 용어는 도착이나 신경증이라는 개념과 결부되기 때문에, 특히 신경증적인 사람이 아니라 정상적인 사람을 염두에 두고 이야기할 때는 가학-피학적 성격이라는 말 대신 '권위주의적 성격 (authoritarian character)'이라는 용어를 쓰고 싶다. 가학-피학적인 사람을 특징짓는 것은 언제나 권위에 대한 태도이기 때문에 이 용어는 정당하다고 생각된다. 그는 권위를 우러러보고 권위에 복종하는 경향이 있지만, 그와 동시에 자신이 권위자가 되어 남들을 복종시키고 싶어 한다. 이 용어를 선택한 데에는 또 다른 이유가 있다. 파시즘 체제는 그 사회적·정치적 구조에서 권위가 지배적인 역할을 맡기 때문에 자신을 권위주의적이라 부른다. '권위주의적 성격'이라는 용어는 파시즘의 인간적 토대인 성격 구조를 나타낸다.

권위주의적 성격에 대한 논의를 시작하기 전에 '권위'라는 용어를 분명히 설명해둘 필요가 있다. 권위란 어떤 사람이 재산이나 신체적 자질처럼 '가지고 있는' 것이 아니다. 권위는 어떤 사람이 다른 사람을 자기보다 우월한 존재로 우러러보는 인간관계를 가리킨다. 하지만 합리적 권위라고 부를 수 있는 우열 관계와 억제적 권위라고 부를 수 있는 우열 관계 사이에는 근본적인 차이가 있다.

내가 생각하는 바를 분명히 보여줄 수 있는 한 예가 있다. 교사와 학생의 관계나 노예 주인과 노예의 관계는 둘 다 한쪽이 다른 쪽보다 우월하다는 데 기초를 두고 있다. 교사와 학생의 이해관계는 같은 방향에 있다. 교사는 학생을 발전시키는 데 성공하면 만족한다. 학생을 발전시키는 데 실패하면, 그 실패는 교사의 것이고 학생의 것이다. 반면에 노예 주인은 노예를 최대한 많이 착취하려고 한다. 노예한테서 많이 얻어낼수록 주인은 한층 더 만족한다. 동시에 노예는 최소한의 행복이나마 누릴 권리를 최대한 지키려고 애쓴다. 이런 이해관계는 분명히 대립적이어서, 한쪽에 이익인 것이 다른 쪽에는 손해가 된다. 이 두 경우에 우월성은 전혀 다른 기능을 갖고 있다. 첫 번째 경우에는 권위의 지배를 받는 사람을 돕기 위한 조건이고, 두 번째 경우에는 착취하기 위한 조건이다.

이 두 유형에서는 권위의 역학관계도 다르다. 학생이 많이 배울수록 그와 교사 간의 틈은 좁아진다. 그는 점점 더 교사와 비슷해진다. 다시 말하면 권위적 관계 자체가 사라지는 경향이 있다. 하지만 우월성이 착취의 근거로 작용할 때는 그 관계가 오래 지속될수록 둘 사이의 거리는 점점 멀어진다.

심리적 상황도 이런 권위의 상황에 따라 달라진다. 첫 번째 상황에서는 사랑이나 존경이나 감사의 요소가 우세하다. 동시에 권위는 부분적 또는 전체적으로 자신의 자아와 동일시하고 싶은 본보기다. 두 번째 상황에서는 착취자에 대한 원한이나 적개심이 생겨날 것이다. 착취자에게 복종하는 것은 자신의 이익에 어긋난다. 하지만 노예의 경우처럼 이 증오는 충돌로 이어질 때가 많을 것이고, 주인과 충돌하면 노예는 이길 가망이라고는 전혀 없이 고통만 당할 것이다. 따라서 대개는 증오심을 억누르고 때로는 증오심을 맹목적인 존경심으로 바꾸려는 경향이 생길 것이다. 이런 경향은 두 가지 기능을 갖고 있다. 첫째는 증오라는 고통스럽고 위험한 감정을 제거하는 기능이고, 둘째는 굴욕감을 완화시키는 기능이다. 만약에 나를 지배하는 사람이 그렇게 훌륭하거나 완벽한 사람이라면, 그에게 복종하는 것이 조금도 부끄럽지 않을 것이다. 그는 나보다 훨씬 강하고 현명하고 훌륭하기 때문에 나는 그와 대등해질 수 없다. 그 결과 억제적 권위의 경우에는 권위를 증오하는 요소나 권위를 터무니없게 과대평가하고 찬미하는 요소가 늘어나는 경향이 있다. 합리적인 권위의 경우에는 권위의 지배를 받는 사람이 더 강해지고, 그리하여 권위와 더 비슷해지는 정도에 비례하여 그런 요소가 줄어드는 경향을 보인다.

합리적 권위와 억제적 권위의 차이는 상대적인 것에 불과하다. 심지어는 노예와 주인의 관계에도 노예에게 이익이 되는 요소가 있다. 그는 어쨌든 주인을 위해 일할 수 있도록 최소한의 음식과 보호를 받는다. 한편 이해의 대립이 없는 관계도 교사와 학생의 관계에서 이상적인 경우에만 찾아볼 수 있다. 이처럼 극단적인 두 경우 사이에는 노동자와 공장주의 관계, 농부의 아들과 그 아버지의 관계, 가정주부와 그 남편의 관계처럼 수많은 중간 단계가 있다. 게다가 현실에서는 두 유형의 권위가 한데 섞이지만 두 권위는 본질적으로 다르다. 그러므로 권위의 구체적인 상황을 분석하여 각 권위의 구체적인 무게를 결정해야 한다.

권위는 당신에게 이것을 해야 한다고 말하거나 저것을 하면 안된다고 말하는 사람이나 제도일 필요는 없다. 이런 종류의 권위는 외적 권위라고 부를 수 있지만, 의무나 양심이나 초자아라는 이름의 내적 권위로도 나타날 수 있다. 사실 프로테스탄티즘에서 칸트의 철학에 이르는 근대 사상의 발달을 특징짓는 것은 내면화한 권위가 외적 권위를 대신한 것이라고 말할 수 있다. 대두하는 중산층이 정치적 승리를 거두면서 외적 권위는 특권을 잃었고, 한때 외적 권위가 차지했던 자리는 이제 인간 자신의 양심이 차지하게 되었다. 많은 사람들에게 이 변화는 자유의 승리처럼 보였다. 외부로부터의 명령에 복종하는 것(적어도 정신적인 문제에서)은 자유인에게 어울리지 않는 일처럼 보였다. 하지만 그의 타고난 경향을 정복하는 것, 개인의 일부인 본성에 대해 또 다른 일부인 이성이나 의지나 양심이 지배권을 확립하는 것이 바로 자유의 본질인 것처럼 보였다. 그런데 잘 분석해보면 양심은 외적 권위만큼 가혹하게 개인을 지배하고, 게다가 인간의 양심이 내리는 명령의 내용은 궁극적으로 윤리적 규범의 위엄을 띤 요구에 지배되지 않는다는 것을 알 수 있다. 개인은 양심의 명령이 자신의 명령이라고 느끼기 때문에, 양심의 통치는 외적 권위의 통치보다 훨씬 더 가혹할 수 있다. 어떻게 자기 자신에게 반기를 들 수 있겠는가?

최근 수십 년 동안 '양심'은 그 의미를 대부분 잃어버렸다. 이제는 외적 권위도 내적 권위도 개인의 삶에서 두드러진 역할을 하지 않는 것 같다. 타인의 정당한 요구를 방해하지만 않으면 모든 사람은 완전히 '자유롭다'. 하지만 우리가 보기에 권위는 사라진 것이 아니라 눈에 보이지 않게 되었을 뿐이다. 공공연한 권위 대신 '익명의 권위'가 지배한다. 그것은 상식과 과학, 정신 건강, 정상성, 여론 등으로 가장하고 있다. 그것은 자명하다는 것 외에는 아무것도 요구하지 않고, 부드러운 설득 외에는 어떤 압력도 가하지 않는 것 같다.

제5장 도피의 메커니즘

어머니가 딸에게 "나는 네가 그 남자랑 외출하고 싶어 하지 않으리라는 걸 알고 있어"라고 말하거나 광고에서 "이 담배를 피워보세요. 그 시원한 맛이 마음에 드실 겁니다"라고 말해도, 실제로 우리의 사회생활 전반에 널리 퍼져 있는 것은 바로 이 같은 미묘한 암시의 분위기다. 익명의 권위는 공공연한 권위보다 효과적이다. 왜냐하면 명령을 받는 사람은 거기에 그가 따라야 할 명령이 있다는 생각을 전혀 하지 않기 때문이다. 외적 권위에서는 명령이 존재하고 누가 명령을 내리는지가 분명히 드러난다. 사람은 권위에 저항하여 싸울 수 있고, 이 싸움에서 개인의 자주성과 도덕적 용기가 발달할 수 있다. 내면화한 권위에서는 비록 내적 명령이지만 명령이 여전히 눈에 보이는 반면, 익명의 권위에서는 명령 자체와 명령하는 사람이 둘 다 보이지 않게 된다. 그것은 눈에 보이지 않는 적의 사격을 받는 것과 마찬가지다. 반격하려 해도 맞서 싸울 상대와 대상이 없는 것이다.

이제 권위주의적 성격에 대한 논의로 돌아가자. 여기서 언급해야 할 가장 중요한 특징은 힘에 대한 태도다. 권위주의적 성격에는 두 가지 성이 존재한다. 힘이 있는 성과 힘이 없는 성이다. 힘은 사람의 힘이든 어떤 제도의 힘이든 관계없이, 권위주의적 성격자에게 자동적으로 사랑과 존경과 복종하고 싶은 마음을 불러일으킨다. 힘이 그를 사로잡는 것은 특정한 힘이 지키고자 하는 어떤 가치 때문이 아니라, 단지 그것이 힘이기 때문이다. 힘이 자동적으로 그의 '사랑'을 불러일으키듯, 힘이 없는 사람이나 제도는 자동적으로 그의 경멸을 불러일으킨다. 힘없는 사람을 보기만 해도 그는 상대를 공격하고 지배하고 모욕하고 싶어진다. 이와 다른 종류의 성격을 가진 사람은 무력한 사람을 공격한다는 생각만 해도 질겁하는 반면, 권위주의적 성격자는 상대가 무력해질수록 한층 더 증오하고 분노한다.

권위주의적 성격의 특징 가운데 많은 관찰자가 오해하는 특징이 하나 있다. 즉 권위에 반항하고 '위'로부터의 어떤 영향에도 분개하는 특징이다. 때로는 이 반항이 그림 전체에 그림자를 드리우고, 복종적 경향은 배경에 숨어버리는 경우도 있다. 이런 유형의 사람은 어떤 종류의 권위에도 끊임없이 저항하려고 한다. 심지어는 그의 이익을 증진하고 억압적 요소가 전혀 없는 권위에 대해서도 마찬가지다. 때로는 권위에 대한 태도가 분열하기도 한다. 그런 사람들은 어떤 권위에는, 특히 그 권위의 무력함에 실망한 경우에는 맞서 싸우지만, 동시에(또는 나중에) 더 강력한 힘이나 약속으로 그들의 피학적 갈망을 만족시켜줄 것처럼 보이는 다른 권위에는 복종한다. 끝으로 반항적인 경향이 완전히 억압되어 있다가 의식적인 통제가 약해진 경우에만 표면으로 드러나는 유형이 있다. 또는 권위의 힘이 약해져서 비틀거리기 시작할 때 권위에 대한 증오심이 생겨나면, 그제야 귀납적으로 그들을 인식할 수 있는 경우도 있다. 반항적 태도가 그림의 한복판을 차지하는 첫 번째 유형의 사람들을 보면, 그들의 성격 구조는 복종적이고 피학적인 유형의 성격 구조와는 정반대일 거라고 믿기 쉽다. 그들은 극단적인 자주성을 바탕으로 모든 권위에 반항하는 사람처럼 보인다. 그들은 내적인 힘과 본래 모습을 바탕으로 그들의 자유와 독립성을 방해하는 힘과 맞서 싸우는 사람처럼 보인다. 하지만 권위주의적 성격자가 권위에 맞서 싸우는 것은 본질적으로 반항이다. 그것은 권위와 싸움으로써 자신을 주장하고 자신의 무력감을 극복하려는 노력이다. 하지만 복종에 대한 갈망은 의식적으로든 무의식적으로든 여전히 존재한다. 권위주의적 성격자는 결코 '혁명가'가 아니다. 나는 그를 '반역자'라고 부르고 싶다. '급진주의'에서 극단적인 권위주의로 뭐라고 설명할 수 없게 표변하여 피상적인 관찰자를 당혹하게 만드는 개인과 정치 운동이 많다. 심리학적으로 보면 이들은 전형적인 '반역자'다.

권위주의적 성격자가 인생에 대해 보이는 태도, 즉 그의 철학 전체를 결정하는 것은 감정적 추구다. 권위주의적 성격자는 인간의 자유를 제한하는 상황을 좋아하고, 운명에 복종하기를 좋아한다. '운명'이 그에게 무엇을 뜻하는지는 그의 사회적 지위에 달려 있다. 병사에게는 그것이 상관의 의지나 변덕을 의미할 수도 있고, 그는 거기에 기꺼이 복종한다. 중소 상인에게는 경제와 관련된 법률이 그의 운명이다. 그에게 번영과 위기는 인간의 활동으로 바꿀 수 있는 사회 현상이 아니라 인간이 복종해야 하는 더 우월한 힘의 표현이다. 그것은 사회 계급의 꼭대기에 있는 사람들에게도 기본적으로 다르지 않다. 다른 점은 의존하려는 감정 자체에 있는 것이 아니라 그가 복종하는 힘의 크기와 일반성에 있을 뿐이다.

개인의 삶을 직접 결정하는 힘만이 아니라 일반적으로 삶을 결정하는 것으로 생각되는 힘들도 역시 바꿀 수 없는 운명으로 느껴진다. 전쟁이 일어나고 인류의 한쪽이 다른 쪽의 지배를 받아야 하는 것은 운명이다. 고통의 양이 영원히 줄어들 수 없는 것도 운명이다. 운명은 철학적으로는 '자연법'이나 '인간의 숙명'으로 합리화될 수 있고, 종교적으로는 '신의 섭리'로 합리화될 수 있고, 윤리적으로는 '의무'로 합리화될 수 있다. 권위주의적 성격자에게 운명은 언제나 개인 밖에 있는 더 우월한, 개인은 복종할 수밖에 없는 힘이다. 권위주의적 성격자는 과거를 숭배한다. 과거의 상태는 앞으로도 영원히 지속될 것이다. 일찍이 없던 것을 바라거나 그것을 얻으려고 애쓰는 것은 죄악이거나 광기다. 창조의 기적—창조는 항상 기적이지만—은 그의 감정적 경험의 범위를 벗어난 곳에 있다.

슐라이어마허는 종교적 경험을 절대적 의존의 경험이라고 규정한 바 있는데, 이것은 피학적 경험 전반에 대한 정의다. 이 의존하려는 감정에서는 죄가 특별한 역할을 맡는다. 모든 미래 세대를 짓누르는 원죄 개념은 권위주의적 경험의 특징이다. 도덕적 잘못은 인간의 다른 모든 잘못과 마찬가지로 인간이 결코 벗어날 수 없는 숙명이 된다. 누구든 한 번 죄를 지으면 영원히 거기에 족쇄로 묶인다. 자신의 행동이 자기를 지배하는 힘이 되고, 그는 절대로 거기에서 벗어날 수 없다. 죄의 결과는 속죄로써 완화시킬 수 있지만, 속죄로써 죄를 완전히 없애버릴 수는 없다.[7] "네 죄가 주홍빛이라 해도 눈처럼 하얘질 것이다"라는 이사야의 말은 권위주의 철학과는 정반대의 사상을 표현하고 있다.

모든 권위주의 사상의 공통된 특징은 삶이 인간의 자아와 관심과 소망과는 무관한 외부의 힘으로 결정된다는 확신이다. 인간이 누릴수 있는 유일한 행복은 그 힘에 복종하는 데 있다. 인간의 무력함은 피학증 학설에 반복적으로 나타나는 주제다. 나치즘의 이념적 조상들 가운데 하나인 묄러 판 덴 브루크는 이 생각을 아주 분명히 표현

제5장 도피의 메커니즘

했다. 그는 저서에서 이렇게 기술하고 있다. "보수적인 사람은 오히려 재앙을 믿고, 재앙을 피하지 못하는 인간의 무력함과 재앙의 필연성을 믿고, 유혹당한 낙천주의자의 지독한 실망을 믿는다."[8] 우리는 히틀러의 글에서 이 같은 정신을 보여주는 실례를 더 많이 볼 수 있을 것이다.

권위주의적 성격자는 활기나 용기나 신념이 모자라지 않다. 하지만 그에게 이런 자질들이 갖는 의미는 복종을 바라지 않는 사람에게 그것들이 갖는 의미와는 전혀 다르다. 권위주의적 성격자에게 활기는 기본적인 무력감에 뿌리를 두고 있다. 활기는 이 무력감을 극복하는 데 도움이 된다. 이런 의미에서 활기는 자신의 자아보다 높은 무언가의 이름으로 행동하는 것을 의미한다. 신이나 과거, 자연이나 의무의 이름으로 행동할 수는 있지만, 미래나 아직 태어나지 않은 사람, 힘없는 존재나 인생 자체의 이름으로 행동할 수는 없다. 권위주의적 성격자는 우월한 힘에 의존함으로써 행동할 힘을 얻는다. 이 우월한 힘은 공격할 수도 없고 바꿀 수도 없다. 힘이 부족한 것은 그에게는 항상 죄와 열등감의 확실한 표시이고, 그가 믿는 권위가 허약해진 징후를 보이면 그의 사랑과 존경은 경멸과 증오로 바뀐다. 그는 우선 더 강한 다른 힘에 종속된 기분을 느끼지 않는 한 이미 기반을 확립한 다른 힘을 공격할 수 있는 '공격력'은 결여되어 있다.

권위주의적 성격자의 용기는 본질적으로 운명이나 그 대리인이나 '지도자'가 그의 운명으로 정해놓은 것을 감수하는 용기다. 고통을 끝내거나 적어도 줄이려고 애쓰는 용기가 아니라 고통을 참고 견디는 용기다. 운명을 바꾸는 것이 아니라 운명에 복종하는 것이 권위주의적 성격자의 영웅적 용기다.

그는 권위가 강하고 우세한 한, 권위를 믿는다. 그의 신념은 궁극적으로 그의 회의에 뿌리를 두고 있으며, 그 회의를 보상하려는 시도가 바로 신념이다. 하지만 지금은 단지 잠재적 가능성으로만 존재하는 것이 틀림없이 실현되리라고 확신하는 것이 신념의 뜻이라면, 그는 신념을 전혀 갖고 있지 않다. 권위주의 철학은 상대주의를 정복했다고 그토록 격렬하게 주장할 때가 많고 활기를 과시하지만, 그것은 본질적으로 상대주의적이고 허무주의적이다. 그것은 극단적인 절망과 완전한 신념의 결핍에 뿌리를 두고, 허무주의와 삶에 대한 부정으로 이어진다.[9]

권위주의 철학에는 평등이라는 개념이 존재하지 않는다. 권위주의적 성격자는 이따금 '평등'이라는 낱말을 습관적으로, 또는 그것이 자신의 목적에 적합하기 때문에 사용할 때가 있다. 하지만 그것은 그의 감정적 경험이 미치는 범위 밖에 있기 때문에, 그에게는 진정한 의미나 무게를 전혀 갖지 않는다. 그가 보기에 세계는 힘을 가진 사람과 힘이 없는 사람, 우월한 사람과 열등한 사람으로 이루어져 있다. 그는 자신의 가학-피학적 충동을 바탕으로 오로지 지배나 복종만 경험할 뿐, 연대 의식은 절대로 경험하지 못한다. 성적 차별이나 인종 차별은 그에게는 필연적으로 우월함이나 열등함의 표시다. 이런 암시적 의미가 없는 차별은 그에게는 생각할 수도 없는 일이다.

가학-피학적 충동과 권위주의적 성격에 대한 설명은 더 극단적인

제5장 도피의 메커니즘

형태의 무력함에 적용되고, 따라서 숭배나 지배의 대상과 공생 관계를 맺는 방법으로 무력함에서 벗어나는 더 극단적인 형태의 도피에도 적용된다.

이런 가학-피학적 충동은 흔하지만, 전형적으로 가학-피학적이라고 생각할 수 있는 개인이나 사회 집단은 일부에 지나지 않는다. 하지만 더 가벼운 형태의 의존은 우리 문화에서 너무나 일반적이어서, 의존성이 결여된 것이 오히려 예외적인 경우로 보인다. 이 의존성은 가학-피학증의 위험하고 열정적인 성질은 갖고 있지 않지만, 지금 우리의 논의에서 빼놓을 수 없을 만큼 중요하다.

내가 여기서 말하는 것은 생활 전체가 자신 밖에 있는 어떤 힘과 미묘하게 관련되어 있는 그런 부류의 사람들이다.[10] 그들이 행하고 느끼고 생각하는 것들 가운데 이 힘과 어떻게든 관련되지 않은 것은 하나도 없다. 그들은 '그'의 보호를 기대하고, '그'에게 보살핌을 받고 싶어 하고, 그들 자신의 행동이 어떤 결과를 낳든지 간에 그 결과에 '그'도 함께 책임져주기를 바란다. 그는 자기가 의존하고 있다는 사실을 전혀 깨닫지 못하는 경우도 많다. 어떤 의존성을 어렴풋이 의식하고 있다 해도, 그가 의존하는 사람이나 힘은 대개 모호한 상태로 남아 있다. 그 힘과 연결된 뚜렷한 이미지는 전혀 없다. 그것의 본질적 성질은 어떤 기능을 나타내는 것이다. 즉 개인을 보호하고 도와주고 발전시키는 기능, 그와 함께 있고 절대로 그를 혼자 내버려두지 않는 기능이다. 이런 성질을 갖는 'X'는 '마법적 조력자(magic helper)'라고 부를 수 있다. 물론 마법적 조력자는 흔히 인격화된다. 그는 신이나 어떤 원리로 여겨지기도 하고, 부모나 남편, 아내 또는 윗사람 같은 실제 인물로 여겨지기도 한다. 여기서 알아둬야 할 것은, 실제 인물이 마법적 조력자의 역할을 맡을 때는 그에게 마법적 자질이 부여된다는 사실, 그리고 그들의 중요성은 그들이 마법적 조력자로 인격화된 결과라는 사실이다. 마법적 조력자의 이 같은 인격화 과정은 이른바 '사랑에 빠지는' 현상에서 자주 관찰할 수 있다. 마법적 조력자와 그런 관계를 맺은 사람은 살과 피로 이루어진 그를 찾으려고 애쓴다. 이런저런 이유로―대개는 성욕의 지원을 받아―어떤 다른 사람이 그런 마법적 자질들을 갖게 되고, 그는 자신의 삶 전체를 그 사람과 관련시키고 그에게 의존한다. 그 다른 사람도 첫 번째 사람과 똑같은 일을 할 때가 많지만, 그 사실이 상황을 바꾸지는 못한다. 오히려 이 관계가 '진정한 사랑'이라는 느낌을 강화하는 데 이바지할 뿐이다.

이 마법적 조력자를 찾는 욕구는 실험과 비슷한 조건에서 정신분석적인 방법으로 연구할 수 있다. 분석되는 사람은 대개 정신분석자에게 깊은 애착을 느끼고, 자신의 삶 전체와 자신의 모든 행동과 생각과 느낌을 분석자와 관련시킨다. 정신분석 대상자는 의식적으로나 무의식적으로 자문한다. 그(정신분석자)는 이것에 만족할까? 저것은 불쾌하게 생각할까? 이것에 동의할까? 저것 때문에 나를 나무라지는 않을까? 연애 관계에서는 한쪽이 누구를 파트너로 고른다는 사실 자체가 그 특정한 사람이 단지 '그'이기 때문에 사랑을 받는다는 증거다. 하지만 정신분석 상황에서는 이 환상을 인정받을 수 없다. 지극히 다양한 부류의 사람들이 지극히 다양한 부류의 정신분석자에게 똑같은 감정을 품는다. 이 관계는 사랑처럼 보인다. 성욕이 수반되는 경우도 많다. 하지만 그것은 본질적으로 인격화한 마법적 조력자에 대한 관계다. 어떤 권위를 가진 다른 사람들(의사, 목사, 교사)과 마찬가지로 정신분석자가 인격화된 마법적 조력자를 찾는 사람에게 그 역할을 만족스럽게 해낼 수 있는 것은 명백하다.

한 사람이 마법적 조력자에게 속박을 당하는 이유는 원칙적으로 공생 관계를 맺으려는 충동의 근저에서 찾아낸 이유와 같다. 그것은 홀로 서지 못하고 개인의 잠재력을 충분히 표현하지 못하기 때문이다. 가학-피학적 충동에서는 이 무능력이 마법적 조력자에게 의존함으로써 개인의 자아에서 벗어나는 경향으로 이어진다. 내가 지금 논하는 가벼운 형태의 의존에서는, 그 무능력은 지도받고 보호받고 싶은 마음으로 이어질 뿐이다. 마법적 조력자와 관계를 맺으려는 욕망의 정도는 자신의 지적·감정적·감각적 잠재력을 자발적으로 표현할 수 있는 능력과 반비례한다. 다시 말하면 사람은 자기가 인생에서 기대하는 모든 것을 자신의 행동이 아니라 마법적 조력자를 통해서 얻고 싶어 한다. 그럴수록 삶의 중심은 자기 자신으로부터 마법적 조력자나 그의 인격화된 존재로 옮아간다. 그렇게 되면 문제는 이제 더 이상 어떻게 살 것인가가 아니라 '그'를 잃지 않으려면 어떻게 '그'를 조종할 것인가, 어떻게 하면 내가 원하는 일을 그에게 시킬 수 있는가, 어떻게 하면 내가 책임져야 할 일을 그의 책임으로 돌릴 수 있는가 하는 것이다.

좀 더 극단적인 경우에는 한 사람의 인생 전체가 거의 전적으로 '그'를 조종하려는 노력으로 이루어지기도 한다. 그들이 사용하는 수단은 사람마다 다르다. 어떤 사람에게는 '복종'이, 어떤 사람에게는 '선량함'이, 또 어떤 사람에게는 '고통'이 그를 조종하는 주요 수단이다. '그'를 조종하고 싶은 욕구에 조금이라도 물들지 않은 감각이나 생각이나 감정은 존재하지 않는다는 것을 우리는 알게 된다. 다시 말하면, 어떤 정신 활동도 정말로 자발적이거나 자유롭지 않다는 것이다. 자발성이 방해받은 결과로 생겨난 동시에 자발성을 방해하는 원인인 이 의존성은 상당한 안전감을 줄 뿐만 아니라 자신이 나약하고 속박되어 있다는 느낌도 낳는다. 이것이 사실인 한 마법적 조력자에게 의존하는 사람 자신도 '그'의 노예가 되었다고 대개는 무의식적으로 느낀다. 그리고 정도의 차이는 있지만 어쨌든 '그'에게 반항한다. 그에게서 안전과 행복을 얻을 수 있으리라고 기대한 바로 그 사람에게 이처럼 반항하는 것은 새로운 갈등을 만들어낸다. '그'를 잃지 않으려면 반항을 억눌러야 하지만, 근본적인 적대감은 이 관계에서 그가 추구하는 안전을 끊임없이 위협한다.

마법적 조력자가 현실 속의 인간으로 인격화되어 있을 경우, 그 사람이 기대에 미치지 못하면 실망이 따르게 마련이다. 그런데 기대는 환상적인 것이기 때문에 어떤 사람도 실망할 수밖에 없다. 그리고 이 실망에는 그 사람의 노예가 된 데 대한 반감이 더해져서 갈등이 계속된다. 이 갈등은 때로는 단순하게 분리로 끝날 수도 있고, 그 사람과 헤어진 뒤에는 대개 마법적 조력자와 결부된 소망을 모두 충족시켜주리라 기대되는 다른 대상을 고르게 된다. 이 관계도 실패라는 것이 밝혀지면 또다시 관계가 끝날 수도 있지만, '인생'이란 이런 것이라고 단정하고 그냥 체념할 수도 있다. 하지만 그가 인식하지 못하는 것은, 그의 실패가 본질적으로는 올바른 마법적 조력자를 선택하지 않았기 때문에 초래된 결과가 아니라는 사실이다. 그의 실패는 개인이 자발적인 활동으로만 얻을 수 있는 것을 마법적 힘을 조종하여 얻으려 한 데 따른 직접적인 결과이다.

자기 밖에 있는 대상에게 평생 의존하는 현상은 프로이트에 의해 관찰되었다. 그는 이 현상을 본질적으로 부모와의 성적인 유대가 어렸을 때부터 평생 동안 지속되는 것으로 해석했다. 사실 이 현상은 그에게 아주 강한 인상을 주었기 때문에 그는 오이디푸스 콤플렉스가 모든 신경증의 핵심이라고 주장했고, 이 콤플렉스를 성공적으로 극복하는 것이 정상적인 성장 발달의 주요 과제라고 생각했다.

프로이트가 오이디푸스 콤플렉스를 심리학의 가장 중요한 현상으로 본 것은 심리학에서 가장 중요한 발견의 하나였다. 하지만 그는 이 현상을 적절하게 해석하지 못했다. 부모와 자녀가 성적으로 끌리는 현상은 실제로 존재하며, 거기에서 생겨나는 갈등이 때로는 신경증을 일으키는 원인이 되기도 하지만, 성적 애착이나 거기서 초래되는 갈등은 부모에 대한 자녀의 집착에서 본질적인 요소가 아니기 때문이다. 자녀가 어릴 때는 부모에게 의존하는 것이 지극히 당연하지만, 부모에게 의존한다고 해서 반드시 자녀의 자발성이 제한을 받는다는 뜻은 아니다. 하지만 사회의 대리인 역할을 하는 부모가 자녀의 자발성과 독립성을 억누르기 시작하면, 성장하는 자녀는 점점 더 제 발로 설 수 없다는 불안을 느낀다. 그래서 자녀는 마법적 조력자를 찾게 되고, 대개는 부모를 '그'의 인격체로 만들어버리는 것이다. 나중에 개인은 이 감정을 다른 사람, 예를 들면 교사나 남편 또는 정신분석자에게 옮긴다. 이런 권위의 상징과 관계를 맺고자 하는 욕구는 이번에도 역시 부모 중 한쪽에 대한 최초의 성적 애착이 지속된 결과가 아니라, 자녀의 발전성과 자발성이 방해를 받고 그 결과 자녀가 불안을 느낀 결과다.

정상적인 성장 발달만이 아니라 모든 신경증의 핵심에서도 우리는 자유와 독립을 얻기 위한 투쟁을 관찰할 수 있다. 대부분의 정상적인 사람들에게 이 투쟁은 자신의 개별적 자아를 완전히 포기하는 것으로 끝나고, 그리하여 그들은 잘 적응하고 남에게도 정상적인 사람으로 여겨진다. 신경증적인 사람은 완전한 굴복에 맞서 싸우기를 포기하지 않으면서도 동시에 마법적 조력자가 어떤 형태나 모양을 갖든 '그'에게 여전히 묶여 있는 사람이다. 그의 신경증은 언제나 기초적인 의존과 자유에 대한 추구 사이에 일어난 충돌을 해결하려는 시도, 그리고 본질적으로 성공할 수 없는 시도로 이해할 수 있다.

2. 파괴성

가학-피학적 충동과 파괴성은 대부분 서로 뒤섞여 있지만 두 가지를 구별해야 한다는 것은 앞에서 이미 언급했다. 파괴성이 다른 것은 적극적이건 소극적이건 공생을 목표로 삼는 것이 아니라 그 대상을 제거하는 것을 목표로 삼기 때문이다. 하지만 파괴성도 역시 참을 수 없는 개인의 무력감과 외로움에 뿌리를 두고 있다. 내 밖에 있는 세계를 파괴하면, 그 세계와 비교하여 내가 무력하다는 느낌에서 벗어날 수 있다. 물론 내가 바깥 세계를 없애는 데 성공하면 나는 혼자 고립된 상태로 남겠지만, 그때의 고독은 화려한 고독으로, 그 안에 있으면 내 밖에 있는 사물들의 압도적인 힘도 나를 분쇄할 수 없다. 세계를 파괴하는 것은 그 압도적인 힘에 으스러지는 것을 피하려는 마지막 시도, 거의 필사적인 시도다. 가학증은 대상과 결합하는 것을 목표로 하고, 파괴성은 대상을 제거하는 것을 목표로 한다. 가학증은 타인을 지배함으로써 원자화된 개인을 강화하려 하지만, 파괴성은 외부로부터의 위협을 없애는 방법으로 개인을 강화하려고 한다.

우리 사회의 인간관계를 관찰해본 사람은 누구나 파괴성이 도처에 많이 존재하는 것을 보고 강한 인상을 받는다. 그 대부분은 파괴성으로 의식되지 않고 다양한 방법으로 합리화된다. 사실 파괴성을 합리화하는 수단은 하도 많아서, 그 수단으로 이용되지 않는 것이 거의 없을 정도다. 사랑, 의무, 양심, 애국심 등이 타인이나 자기 자신을 파괴하는 구실로 이용되어왔고, 현재도 이용되고 있다. 하지만 우리는 두 종류의 파괴적 경향을 구별해야 한다. 구체적인 상황에서 비롯된 파괴적 경향은 자신이나 타인의 생명과 본모습이 공격당하거나 자신과 동일시하는 사상이 공격당한 데 대한 반작용으로 나타난다. 이런 종류의 파괴성은 자신의 삶을 확인하려 할 때 자연히 그리고 필연적으로 따르는 것이다.

하지만 여기서 논하는 파괴성은 이런 합리적인 또는 '반작용적'이라고 부를 수도 있는 적개심이 아니라, 표출될 기회만 기다리면서 마음속에 계속 머물러 있는 경향이다. 파괴성을 표출할 만한 객관적 '이유'가 없으면, 우리는 그 사람이 정신적으로나 정서적으로 병들었다고 말한다(그 사람 자신은 물론 그것을 합리화하는 핑계를 궁리해낼 것이다). 하지만 대부분의 경우 파괴적 충동은 적어도 소수의 사람들이나 또는 어떤 사회 집단 전체가 참여하는 방식으로 합리화가 이루어지고, 그래서 그런 사회 집단의 구성원들에게는 합리화가 '현실적'인 것처럼 보인다. 하지만 비합리적인 파괴성의 대상이 누구이고, 또 그들이 대상으로 선택된 특별한 이유는 무엇인지는 2차적인 중요성을 가질 뿐이다. 파괴적 충동은 사람의 마음속에 있는 열정이고, 그것은 반드시 대상을 찾아낸다. 어떤 이유로든 타인을 파괴 대상으로 삼지 못하면 자기 자신이 쉽게 그 대상이 된다. 이런 일이 현저할 정도로 일어나면 정말로 질병에 걸리는 경우가 많고, 심지어는 자살을 꾀하기도 한다.

우리는 파괴성이 참을 수 없는 무력감으로부터의 도피라고 생각해왔는데, 그것은 개인이 자신과 비교해야 할 대상을 모조리 제거하는 것을 목표로 삼기 때문이다. 하지만 파괴적 경향이 인간 행동에서 맡은 엄청난 역할을 보면, 이 해석은 충분한 설명이라고 할 수 없을 것 같다. 고독하고 무력한 상태 자체가 파괴성의 또 다른 두 원인―불안과 생의 좌절―을 초래하기 때문이다. 불안의 역할에 대해서는 많은 말을 할 필요가 없다. 물질적 및 감정적으로 중대한 이해관계에 위협이 가해지면 불안이 생기고,[11] 그런 불안에 대한 반작용으로 가장 흔한 것이 바로 파괴적 경향이다. 위협은 때로는 특정한 상황 속에서 특정한 사람들에 의해 제한될 수 있다. 그런 경우 파괴성은 그 특정한 사람들을 향한다. 그것은 또한 바깥세상으로부터 끊임없이 위협당하고 있다는 느낌에서 생겨나는 끊임없는 불안―반드시 의식되는 것은 아니지만―일 수도 있다. 이런 종류의 끊임없는 불안은 고독하고 무력한 개인의 처지에서 생겨나는 결과이고, 이것은 그의 마음속에 파괴성을 축적시키는 또 하나의 원인이 된다.

이와 동일한 기본적 상황에서 생겨나는 또 하나의 중요한 결과는 내가 방금 생의 좌절이라고 부른 것이다. 고독하고 무력한 개인은 감각적·감정적·지적 잠재력의 실현에서 방해를 받는다. 그에게는 이런 잠재력을 실현하기 위한 조건인 내적인 안전성과 자발성이 결여되어 있다. 이 내적 장애는 종교개혁 시대 이후 중산층의 종교와 관습에 빠르게 퍼진, 쾌락과 행복에 대한 문화적 금기에 의해 증대된다. 오늘날 외적 금기는 거의 사라졌지만, 감각적 쾌락을 의식적으로는 인정하는데도 불구하고 내적 장애는 여전히 강하게 남아 있다.

생의 좌절과 파괴성의 관계라는 이 문제는 프로이트가 다루었고, 우리는 그의 이론을 논하면서 우리 자신의 의견도 약간 표현할 수 있을 것이다.

프로이트는 성적 충동과 자기보존 충동이 인간 행동의 두 가지 기본적인 동기라고 여긴 초기의 가정에서 파괴적 충동의 비중과 중요성을 무시했다는 사실을 깨달았다. 훗날 그는 파괴적 경향이 성적 경향만큼 중요하다고 믿고, 인간 속에서는 두 가지 기본적인 충동을 발견할 수 있다고 가정했는데, 그 하나는 생을 향해 치닫는 성적 리비도와 거의 같은 충동이고 또 하나는 생명을 파괴하는 것 자체가 목적인 죽음의 본능이다. 프로이트는 후자가 성적 에너지와 혼합될 수 있으며, 그런 다음에는 자기 자신이나 바깥의 대상에게 향할 수도 있다고 가정했다. 그는 또 죽음의 본능이 모든 생물체에 내재하는 생물학적 자질에 뿌리를 두고 있으며, 따라서 생명을 유지하는 데 꼭 필요한 불변의 요소라고 가정했다.

죽음의 본능에 대한 이 가정은 프로이트가 초기 이론에서는 무시했던 파괴적 경향의 비중을 충분히 고려했다는 점에서는 만족스럽다. 하지만 파괴성의 양이 개인에 따라 그리고 사회 집단에 따라 매우 다양하다는 사실을 충분히 고려하지 않고, 오직 생물학적 설명에만 의지하고 있다는 점에서는 만족스럽지 않다. 프로이트의 가정이 옳다면, 우리는 타인이나 자신에 대한 파괴성의 양이 거의 일정하다고 가정해야 할 것이다. 하지만 우리가 관찰한 바로는 그 반대다. 우리 문화에서 파괴성의 비중은 개인에 따라 매우 다양할 뿐 아니라 사회 집단에 따라서도 같지 않다. 예를 들어 유럽에서 하류 중산층의 성격 속에 들어 있는 파괴성의 비중은 노동자계급이나 상류계급보다 훨씬 크다. 인류학적 연구에 따르면, 타인에 대한 적개심이든 자기 자신에 대한 적개심이든 파괴성의 양이 유난히 많은 게 특징인 민족이 있는 반면, 현저하게 적은 파괴성을 보이는 민족도 있다는 것을 알 수 있다.

파괴성의 근원을 이해하려면 우선 이 차이를 관찰하고 나서, 다른 차별화 요소들을 관찰할 수 있느냐 없느냐, 그리고 그 요소들이 파괴성의 양적 차이를 설명할 수 있느냐 없느냐 하는 문제로 넘어가야 할 것 같다.

이 문제는 너무나 많은 어려움을 제기하기 때문에 자세히 다룰 필요가 있고, 따라서 여기서는 시도할 수 없다. 하지만 해답이 어느 방향에 있는지는 암시해두고 싶다. 개인 안에서 발견되는 파괴성의 양은 삶의 확장성이 축소되는 양에 비례하는 것 같다. 확장성의 축소라는 말은 이런저런 본능적 욕망을 충족시키지 못하는 개인의 좌절을 의미하는 것이 아니라, 삶 전체의 좌절—인간의 감각적·감정적·지적 능력의 성장과 표현의 자발성이 방해를 받는 것—을 의미한다. 삶은 그 자체의 내적 활력을 지니고 있다. 그것은 성장과 표현과 생존을 추구한다. 이 경향이 방해를 받으면 삶을 향한 에너지는 분해 과정을 거쳐 파괴를 향한 에너지로 바뀐다. 다시 말하면 삶에 대한 충동과 파괴에 대한 충동은 서로 독립된 요소가 아니라 반비례적 상호의존 관계에 있다. 삶에 대한 충동이 방해를 받을수록 파괴를 향한 충동은 강해지고, 삶이 더 많이 실현될수록 파괴성의 정도는 줄어든다. '파괴성은 실현되지 않은 삶의 소산이다.' 삶을 억압하는 개인적·사회적 조건은 파괴에 대한 열정을 만들어내고, 그것이 축적되어 특별한 적대적 경향—타인에 대해서든 자기 자신에 대해서든—을 키우는 원천을 이룬다.

사회 과정에서 파괴성이 맡은 역동적 역할을 인식하는 것만이 아니라 그 역할을 강화하는 구체적 조건이 무엇인지를 이해하는 것이 얼마나 중요한지는 말할 필요도 없다. 종교개혁 시대에는 중산층에 적개심이 널리 퍼져 있었고 프로테스탄티즘의 종교적 개념, 특히 그 금욕적 정신과 칼뱅이 묘사한 무자비한 신—인류의 일부에게 그들의 잘못도 아닌 죄로 영원한 저주를 내리고 흡족해하는 신—의 모습에 그 적개심이 표현되어 있었다는 것은 앞에서 이미 이야기했다. 그 후에도 마찬가지지만 그 당시 중산층은 자신의 적개심을 주로 도덕적 분노로 가장하여 표현했고, 그것은 인생을 즐길 수 있는 수단을 가진 사람들에 대한 중산층의 격렬한 시기심을 합리화했다. 오늘날은 하류 중산층의 파괴성이 나치즘의 대두에 중요한 요인이 되었다. 나치즘은 바로 그 파괴적 충동에 호소했고, 적에 대한 싸움에 그 충동을 이용했다. 하류 중산층이 가진 파괴성의 뿌리는 쉽게 이해할 수 있다. 그것은 지금까지 논해온 바와 같이 개인의 고독과 확장성의 억압이다. 이 두 가지는 그보다 상층계급이나 하층계급보다 하류 중산층에 훨씬 들어맞았다.

3. 자동인형적 순응

우리가 지금까지 논해온 메커니즘에서 개인은 외부 세계의 압도적인 힘에 비해 자신이 무력하다는 느낌을 극복하기 위해 자신의 본래 모습을 포기하든가 또는 외부 세계가 더 이상 위협적이지 않도록 타인을 파괴하든가 하였다.

또 다른 도피의 메커니즘으로는, 외부 세계가 자신을 위협하지 못하도록 세계에서 완전히 물러나는 방법(일부 정신병적 상태에서 관찰할 수 있는[12])과 자신을 심리적으로 확대해서 외부 세계를 상대적으로 축소하는 방법이 있다. 이런 도피의 메커니즘은 개인의 심리에는 중요하지만 문화적으로는 사소한 관련성만 가질 뿐이다. 따라서 여기서는 그 문제를 더 이상 논하지 않고, 사회적으로 가장 중요한 의미를 지닌 또 하나의 메커니즘으로 넘어가겠다.

이 유별난 메커니즘은 근대 사회에서 정상인 대다수가 발견하는 해결책이다. 간단히 말하면, 개인은 자기 자신이기를 그만둔다. 그리고 문화적 유형이 그에게 제시한 성격을 그대로 수용한다. 따라서 그는 모든 타인과 똑같아지고, 타인들이 그에게 기대하는 모습과 똑같아진다. '나'와 외부 세계의 차이는 사라지고, 그와 더불어 외로움과 무력함을 두려워하는 의식도 사라진다. 이 메커니즘은 일부 동물에게서 볼 수 있는 보호색에 견줄 수 있다. 이런 동물들은 주위 환경과 너무 비슷해 보여서 거의 구별할 수가 없다. 자신의 개별적 자아를 포기하고 자동인형이 되는 사람은 주위에 있는 수백만 명의 다른 자동인형과 똑같기 때문에, 더 이상 고독과 불안을 느낄 필요가 없다. 하지만 그가 치르는 대가는 비싸다. 그것은 자아의 상실이다.

고독을 극복하는 '정상적인' 방법이 자동인형이 되는 것이라는 가정은 우리 문화 속에 가장 널리 퍼져 있는 인간관과 상충된다. 우리들 대다수는 자기 마음대로 자유롭게 생각하고 느끼고 행동하는 개인으로 여겨진다. 확실히 이것은 근대 개인주의에 관한 일반적인 의견일 뿐만 아니라, 각 개인도 자기는 '자기'이고 자기 생각과 느낌과 소망은 '자기 것'이라고 진심으로 믿는다. 물론 우리들 중에는 진정한 개인도 있지만 대부분의 경우에 이 신념은 하나의 환상이며, 게다가 이 같은 사태의 원인인 여러 조건을 없애는 것을 방해하기 때문에 위험한 환상이다.

우리는 여기서 심리학의 가장 근본적인 문제 중의 하나를 다루는데, 그것을 가장 빨리 시작할 수 있는 방법은 다음과 같은 일련의 질문을 던지는 것이다. 자아는 무엇인가? 단지 자신의 행동이라는 환상만 주는 그 행동은 어떤 성질의 것인가? 자발성이란 무엇인가? 독창적인 정신적 행동이란 무엇인가? 끝으로 이 모든 것은 자유와 어떤 관계가 있는가? 이 제5장에서 우리는 어떻게 외부에서 개인의 감정과 생각들을 유발할 수 있는지, 그럼에도 그것을 주관적으로는 개인 자신의 독자적인 감정과 생각으로 경험할 수 있는지, 또 개인 자신의 독자적인 감정과 생각을 어떻게 억눌러서 그것이 자기 것이 되는 것을 막을 수 있는지를 해명할 작정이다. 여기서 제기된 문제들에 대해서는 '자유와 민주주의'를 다룬 장에서도 계속 논하기로 하겠다.

우선 '나는 느낀다'든가 '나는 생각한다'든가 '나는 하겠다'라는 말로 표현할 수 있는 경험의 의미를 분석하는 것으로 논의를 시작하자. '나는 생각한다'라고 할 때, 이 말은 전혀 모호하지 않은 명쾌한 진술로 생각된다. 문제가 되는 것은 내 생각이 옳은가 그른가 하는 것이고, 내가 그것을 생각하는지 아닌지는 문제가 되지 않는 듯하다. 하지만 구체적인 실험을 해보면, 이 문제에 대한 대답이 반드시 우리가 생각하는 것과 같지는 않다는 것을 당장 알 수 있다. 최면술 실험을 관찰해보자.[13] 여기에 피실험자 A가 있다. 최면술사 B가 그를 최면술로 잠들게 하고는 온갖 암시를 준다. 가령 A는 잠에서 깨어난 뒤, 그가 이곳으로 올 때 가지고 왔다고 생각하는 원고를 읽고 싶어질 것이고, 그래서 그 원고를 찾겠지만 찾지 못할 것이고, 그러면 C라는 사람이 훔쳐갔다고 생각할 것이고, 그래서 C에게 몹시 화를 낼 것이라는 암시를 주었다고 하자. 그리고 A는 이 모든 암시가 최면술로 잠든 사이에 주입되었다는 것을 잊어버릴 것이라는 말을 듣는다. 여기에 덧붙여야 할 것은, A는 C에게 어떤 분노도 느껴본 적이 없고, A는 C에게 분노를 느낄 하등의 이유도 없으며, 게다가 A는 어떤 원고도 가져온 적이 없다는 사실이다.

그런데 어떤 일이 벌어질까? A는 잠에서 깨어나 어떤 화제에 대해 잠깐 대화를 나눈 뒤 이렇게 말한다. "아 참, 이야기를 듣다 보니까 내가 원고에 쓴 글이 생각나는군. 그걸 읽어주지." 그러고는 주위를 둘러보지만 원고가 보이지 않자, C를 돌아보며 당신이 원고를 가져간 게 아니냐는 투의 말을 한다. C가 부인하자, A는 결국 분노를 폭발시켜 C가 원고를 훔쳤다고 노골적으로 비난한다. 여기서 그치지 않고, C가 도둑이라는 주장에다 그럴듯한 이유까지 제시한다. C가 그 원고를 몹시 탐냈다느니, 원고를 가져갈 절호의 기회가 있었다느니 하는 말을 다른 사람에게 들었다고 말한다. 그는 단순히 C를 비난할 뿐만 아니라, 그 비난이 그럴듯하게 들리도록 수많은 '합리화'까지 만들어낸다(물론 이것은 모두 진실이 아니며, A는 이제까지 한 번도 그런 생각을 해본 적도 없었을 것이다).

바로 이때 또 한 사람이 방에 들어왔다고 하자. 그는 A가 자신의 생각과 느낌을 털어놓는다는 것을 조금도 의심하지 않을 것이다. 다만 그의 생각에 문제가 되는 것은 A의 비난이 옳으냐 그르냐, 즉 A가 생각하는 내용이 실제 사실과 일치하는가의 여부일 뿐이다. 하지만 모든 과정을 처음부터 목격한 우리는 그 비난이 사실인지 아닌지를 굳이 따질 것도 없다. 그것은 문제가 되지 않는다는 것을 우리는 이미 알고 있다. 지금 A가 느끼고 생각하는 것은 '그 자신'의 생각과 느낌이 아니라 타인에 의해 그의 머릿속에 심어진 이질적인 요소라는 것을 알고 있기 때문이다.

실험 도중에 들어온 사람이 도달한 결론은 다음과 같은 것일지 모른다. "여기 있는 A는 자기가 이런 생각을 갖고 있다는 것을 분명히 보여주었다. 그가 무슨 생각을 하고 있는지를 가장 잘 아는 사람은 그이고, 그의 진술만큼 그의 느낌을 잘 보여주는 것도 없다. 그런데 저기 있는 다른 사람들은 그의 생각이 그에게 덧붙여진 것이고 외부에서 주입된 이질적인 요소라고 말한다. 공정하게 말하자면, 나는 누가 옳은지 판단할 수가 없다. 누구든 잘못할 수 있다. 하지만 2대 1이니까, 다수 쪽이 옳을 가능성이 더 많을 것이다." 하지만 실험 과정을 모두 목격한 우리로서는 의심할 여지도 없는 사실이다. 또한 새로 들어온 사람도 다른 최면술 실험을 본다면 의심하지 않을 것이다. 그때 그는 이런 유형의 실험이 다양한 사람과 다양한 내용으로 수없이 되풀이될 수 있다는 것을 알게 될 것이다. 최면술사는 날감자가 맛있는 파인애플이라고 암시할 수 있다. 그러면 피실험자는 파인애플을 먹는 것처럼 맛있게 날감자를 먹을 것이다. 또한 피실험자에게 아무것도 볼 수 없을 거라는 암시를 주면, 그는 정말로 눈이 멀 것이다. 피실험자에게 지구는 둥글지 않고 평평하다는 암시를 주면, 그는 지구가 평평하다고 우길 것이다.

최면술, 특히 암시가 최면 후에 효과를 나타내는 최면술 실험에서는 무엇이 증명될 것인가? 우리는 생각과 감정과 소망 그리고 관능적 감각까지도 우리가 '우리 자신의 것'이라고 주관적으로 느끼는 대로 가질 수 있다는 것, 하지만 우리가 경험하는 생각과 느낌들은 외부로부터 우리에게 주입된 것이고, 근본적으로는 이질적인 것이며, 우리의 생각과 느낌이 아닐 수도 있다는 것이다.

우리가 앞에서 예로 든 그 특정한 최면술 실험은 무엇을 보여주는가? (1) 피실험자는 무언가를 '하려고' 한다. 즉 원고를 읽고 싶어 한다. (2) 피실험자는 무언가를 '생각'한다. 즉 C가 원고를 가져갔다고 생각한다. (3) 피실험자는 무언가를 '느낀다'. 즉 C에 대해 분노를 느낀다. 우리는 이 세 가지 정신적 행위—그의 의지, 그의 생각, 그의 감정—가 그 자신의 정신 활동에 따른 결과가 아니라는 것, 그것은 그의 내면에서 생겨난 것이 아니라 외부에서 주입되었다는 것, 그런데 주관적으로만 자신의 것'처럼' 느낄 뿐이라는 것을 알았다. 그는 최면술에 걸려 있는 동안 그에게 주입되지 않은 수많은 생각도 표출한다. 즉 C가 원고를 훔쳤다는 그의 주장을 '설명'하기 위한 '합리화'다. 그럼에도 불구하고 이 생각들은 형식적인 의미에서만 그의 것이다. 이 생각들은 의혹을 설명하는 것처럼 보이지만 사실은 의혹이 먼저 있었고, 그것을 합리화하는 생각들은 그 의혹을 그럴듯하게 하기 위해 만들어졌을 뿐이라는 것, 그러니까 그 생각들은 참된 설명이 아니라 사후 조작에 지나지 않는다는 것을 우리는 알고 있다.

우리가 최면술 실험으로 시작한 데에는 그럴 만한 이유가 있다. 인간은 자신의 정신적 행위가 자발적이라고 확신할지 모르지만, 실제로는 어떤 특수한 상황 아래서 누군가 다른 사람의 영향을 받은 결과라는 것을 그 실험이 분명하게 보여주기 때문이다. 하지만 이와 같은 현상이 최면술 상황에서만 발견되는 것은 아니다. 우리의 생각과 느낌과 의지의 내용이 외부로부터 주입되었으며 참된 것이 아니라는 사실은 너무 흔하게 존재하기 때문에, 이 거짓 행위가 규칙이고, 진실하거나 고유한 정신적 행위는 오히려 예외라는 인상을 준다.

'생각'에서 나타날 수 있는 허위성은 의지나 감정의 영역에서 일어나는 똑같은 현상보다 잘 알려져 있다. 따라서 진짜 생각과 가짜 생각의 차이를 논하는 것으로 이야기를 시작하는 편이 좋을 것이다. 지금 우리가 어떤 섬에 있다고 가정하자. 그 섬에는 어부들이 있고 도시에서 온 피서객들도 있다. 그곳 날씨가 어떨지 궁금해서 어부 한 사람과 피서객 두 명에게 물어본다. 우리는 그들이 모두 라디오로 일기예보를 들은 것을 알고 있다. 날씨에 대해 경험과 관심이 많은 어부는 우리가 질문하기 전까지 자신의 의견을 정하지 않았다면, 그제야 생각하기 시작할 것이다. 어부는 풍향과 기온, 습도 따위가 일기예보에 어떤 의미를 갖는지 알기 때문에, 그 여러 요인을 각각의 중요성에 따라 저울질하여 거의 확실한 판단에 도달할 것이다. 그는 아마 라디오의 일기예보를 기억하고, 그것을 자신의 의견을 뒷받침하거나 반박하는 자료로 인용할 것이다. 그의 의견이 일기예보와 다르다면, 그는 자기가 그런 의견을 갖는 이유를 특별히 주의 깊게 따져볼지도 모른다. 그리고 여기가 중요한 점인데, 그가 우리에게 말하는 것은 '그 자신'의 의견이고 '그 자신'이 생각한 결과라는 사실이다.

도시에서 온 두 피서객 가운데 첫 번째 사람에게 의견을 물었을 때, 그는 자기가 날씨에 대해 잘 모르고 또한 날씨에 대해 뭔가 알

제5장 도피의 메커니즘

아야 한다는 강박감도 전혀 느끼지 않는다는 것을 알고 있다. 그래서 그냥 이렇게 대답한다. "나는 판단할 수 없군요. 어쨌거나 라디오에서는 이렇게 저렇게 말하더군요." 두 번째 사람은 첫 번째 사람과는 다른 유형이다. 그는 날씨에 대해 실제로는 거의 모르면서도 아주 많이 안다고 생각한다. 그는 어떤 질문에도 대답할 수 있어야 한다고 생각하는 부류의 사람이다. 그는 잠시 생각한 다음 '그 자신'의 의견을 말하지만, 사실 그 의견은 라디오의 일기예보와 똑같다. 우리가 그 이유를 묻자 그는 풍향과 기온 따위 때문에 그런 결론에 도달했다고 대답한다.

이 사람의 행동은 겉으로만 보면 어부의 행동과 똑같다. 하지만 좀 더 깊이 분석해보면, 그가 일기예보를 듣고 받아들였다는 게 분명해진다. 하지만 날씨에 대해 '그 자신'의 의견을 가져야 한다는 강박감을 느낀 나머지, 자기가 다른 권위자의 의견을 그저 되풀이할 뿐이라는 사실을 잊은 채 자신의 생각을 통해 그 의견에 도달했다고 여긴다. 그는 우리에게 제시한 이유가 그의 의견보다 먼저 존재했다고 상상하고 있지만, 그가 제시한 이유들을 검토해보면 그가 미리 어떤 의견을 가지고 있지 않았다면 그런 이유로 날씨에 대해 어떤 결론에 도달할 수는 없었으리라는 것을 알 수 있다. 사실 그 이유들은 그가 스스로 생각해서 그런 의견에 도달한 것처럼 보이게 하는 기능을 가진 가짜 이유에 불과하다. 그는 스스로 의견에 도달했다는 환상에 빠져 있지만, 실제로는 권위자의 의견을 채택했을 뿐이면서도 이 과정을 스스로 깨닫지 못하고 있는 상태다. 날씨에 대해서는 그가 옳고 어부가 틀릴 가능성도 많지만, 그럴 경우에도 옳은 것은 '그 자신'의 의견이 아니다. 반면에 어부는 '그 자신'의 의견에서 실수한 것일 뿐이다.

어떤 주제, 가령 정치에 대한 사람들의 의견을 살펴보면, 여기에서도 똑같은 현상을 관찰할 수 있다. 일반 신문 독자에게 어떤 정치 문제에 대한 의견을 물어보라. 그는 신문에서 읽은 것을 거의 정확하게 '그 자신'의 의견으로 대답할 것이다. 더욱이―이것이 가장 중요한 점이다―자기가 말하고 있는 것이 스스로 생각한 결과라고 믿는다. 만약 그가 작은 공동체에서 살고, 그 공동체에서는 정치적 의견이 아버지로부터 아들에게 대물림된다고 하면, '그 자신'의 의견은 엄격한 부모의 지속적인 권위에 그가 생각하는 것보다 훨씬 더 지배를 받을지 모른다. 또 다른 독자의 의견은 세상물정에 어두운 사람으로 보일지 모른다는 두려움 때문에 잠시 당황한 결과일 수도 있다. 따라서 그의 '생각'은 본질적으로 위장이고, 경험과 욕망과 지식이 자연스럽게 결합한 결과는 아니다. 심미적 판단에서도 같은 현상을 찾아볼 수 있다. 보통 사람은 박물관에 가서 렘브란트 같은 유명한 화가의 작품을 보면 그림이 아름답고 인상적이라고 판단한다. 그러나 그의 판단을 분석해보면, 그는 그림에 대해 어떤 특별한 내적 반응을 느끼는 것이 아니라, 단지 그림이 아름답다고 생각해야 한다는 것을 알기 때문에 아름답다고 생각할 뿐이라는 것을 알수 있다. 음악에 대한 사람들의 평가나 지각 작용에도 같은 현상이 뚜렷이 나타난다. 유명한 풍경을 바라볼 때에도, 많은 사람들이 실제로는 그림엽서 같은 데서 수없이 본 그림들을 떠올린다. '그들 자신'은 풍경을 보고 있다고 생각하지만, 그들의 눈앞에 있는 것은 실제 풍경이 아니라 그림엽서의 그림들이다. 눈앞에서 직접 겪은 사건에서도 사람들은 그들이 예상하는 신문 기사의 관점에서 그 상황을 보거나 듣는다. 사실 많은 사람들에게 그들이 겪은 체험, 그들이 참석한 예술 공연이나 정치 집회는 신문에서 관련 기사를 읽은 뒤에야 비로소 현실이 된다.

비판적 사고에 대한 억압은 대개 어린 시절에 시작된다. 예를 들면 다섯 살짜리 소녀는 어머니가 입으로는 늘 사랑과 친절을 말하면서도 실제로는 차갑고 이기적이라는 것을 날카롭게 알아차리거나, 더 심하게는 어머니가 걸핏하면 자신의 높은 도덕 수준을 강조하면서도 다른 남자와 관계하고 있다는 것을 알아차림으로써 어머니의 위선을 깨달을 수 있다. 아이는 어머니의 언행에서 불일치의 모순을 느낀다. 정의와 진실에 대한 아이의 의식은 상처를 입지만 아이는 어떤 비판도 용납하지 않는 어머니에게 의존할 수밖에 없고, 아버지가 너무 허약해서 아이가 믿고 의지할 수 없다면 아이는 자신의 비판적인 눈을 억누를 수밖에 없다. 그렇게 되면 아이는 오래지 않아 어머니의 위선이나 부정을 보지 못할 것이다. 비판적 사고력을 계속 살려두는 것은 가능성도 없고 위험해 보이기 때문에 아이는 그런 능력을 잃어버리고 말 것이다. 한편 아이의 마음속에는 어머니는 진실하고 정숙한 사람이고, 부모의 결혼 생활은 행복하다고 믿어야 한다는 모범 답안이 깊이 새겨진다. 더욱이 아이는 이 생각이 마치 자신의 생각인 것처럼 기꺼이 받아들일 것이다.

가짜 생각의 실례를 이렇게 몇 가지 들었지만, 어느 경우에나 문제는 그 생각이 자기가 스스로 생각한 결과인지 아닌지, 즉 자신의 사고 활동이 낳은 결과냐 아니냐 하는 것이다. 생각의 내용이 옳고 그름은 문제가 되지 않는다. 일기예보를 말하는 어부의 경우에 이미 암시되었듯이 그의 생각은 틀릴 수도 있고, 외부에서 주입된 생각을 되풀이할 뿐인 남자의 생각이 옳을 수도 있다. 가짜 생각이 완벽하게 논리적이고 합리적일 수도 있다. 그것의 허위성이 반드시 비논리적인 요소로 나타나는 것은 아니다. 어떤 행동이나 감정을 실제로 결정하는 것은 비합리적이고 주관적인 요소들이지만, 그것을 합리적이고 현실적인 근거에서 설명하려는 합리화에서 이것을 고찰할 수 있다. 합리화는 사실이나 논리적 사고의 법칙과 모순될 수도 있다. 하지만 합리화 그 자체는 논리적이고 합리적인 경우가 많을 것이다. 그렇다면 그것의 비합리성은 어떤 행동을 유발한 것처럼 위장한 동기가 실은 진짜 동기가 아니라는 사실에 있을 뿐이다.

비합리적인 합리화의 예는 잘 알려진 농담에서도 찾아볼 수 있다. 이웃 사람에게 유리병을 빌려간 사람이 그 병을 깨뜨리고 말았다. 유리병을 돌려 달라고 하자 그는 이렇게 대답했다. "첫째, 나는 이미 돌려주었소. 둘째, 나는 빌린 적이 없소. 셋째, 빌렸을 때 이미 깨져 있었소." '합리적'인 합리화의 예는 다음과 같은 경우에서 볼 수 있다. A라는 사람이 경제적 곤경에 빠지자 친척인 B에게 돈을 빌려 달라고 부탁한다. B는 부탁을 거절하면서 돈을 빌려주는 것은 A의 무책임한 의타심만 조장할 뿐이라고 말한다. 지금 이 변명은 더없이 건전해 보인다. 하지만 그럼에도 불구하고 하나의 합리화에 불과하다. 왜냐하면 B는 어떤 경우에도 A에게 돈을 빌려주지 않았을 테니까. 그리고 B 자신은 A의 복지를 염려해서 부탁을 거절했다고 생각하지만, 실제로는 그의 인색함이 그렇게 하도록 그를 유도한 것이다.

 따라서 어떤 사람의 진술의 논리성을 판단하는 것만으로는 그것이 합리화인지 아닌지 알 수 없고, 그 사람의 내면에서 작동하는 심리적 동기도 고려해야 한다. 결정적으로 중요한 점은 '무엇'을 생각하느냐가 아니라 '어떻게' 생각하느냐 하는 것이다. 적극적 생각의 결과인 사고는 항상 새롭고 독창적이다. 독창적이라는 말은 다른 사람이 이제껏 생각해본 적이 없다는 의미에서가 아니라, 생각하는 사람이 자신의 외부 세계에서나 내부 세계에서 뭔가 새로운 것을 발견하는 수단으로 사고를 이용했다는 의미에서 독창적인 것이다. 합리화에는 본질적으로 이 같은 발견과 폭로의 자질이 결여되어 있다. 합리화는 단지 자신 속에 존재하는 감정적 편견을 확인해줄 뿐이다. 합리화는 현실을 통찰하는 수단이 아니라, 자신의 소망을 기존의 현실과 조화시키려는 사후의 시도다.

 생각의 경우와 마찬가지로 감정에서도 진짜 감정과 가짜 감정을 구별해야 한다. 진짜 감정은 자기 자신 속에서 생겨나지만, 가짜 감정은 우리가 아무리 자신의 감정이라고 믿더라도 사실은 우리 자신의 것이 아니다. 일상생활에서 타인과 접촉할 때 우리 감정의 허위성을 전형적으로 보여주는 사례를 하나 찾아보자. 어떤 파티에 참석한 한 남자를 유심히 관찰해보자. 그는 쾌활하게 웃으며 상냥하게 대화를 나누고 있다. 대체로 아주 행복하고 만족스러워 보인다. 작별인사를 할 때 그는 미소를 지으며 즐거운 저녁을 보냈다고 말한다. 등 뒤에서 문이 닫히면─그를 유심히 관찰해야 하는 것은 바로 이때다—그의 얼굴에 갑작스러운 변화가 일어난다. 미소는 어디론가 사라져버렸다. 물론 그것은 충분히 예상할 수 있는 일이다. 그는 이제 혼자여서, 웃음을 자아내는 사물도 사람도 옆에 없기 때문이다. 하지만 내가 문제 삼는 변화는 단순히 미소가 사라진 것만이 아니다. 그의 얼굴에는 깊은 슬픔의 표정, 거의 절망적인 표정이 떠올라 있다. 이 표정은 아마 잠시밖에 머물러 있지 않을 것이다. 몇 초가 지나면 그의 얼굴은 다시 평소의 가면 같은 표정을 띤다. 그는 차에 올라타고, 그날 저녁의 파티를 생각하고, 자기가 오늘 좋은 인상을 주었는지 아닌지 궁금해하고, 좋은 인상을 주었을 거라고 느낀다. 하지만 '그 자신'은 파티에서 행복하고 즐거웠을까? 우리가 그의 얼굴에서 잠깐 관찰한 그 슬프고 절망적인 표정은 전혀 중요하지 않은 순간적인 반작용에 불과했을까? 이 질문에 대답하려면 그 사람에 대해 좀 더 알아야 한다. 그런데 그의 유쾌함이 무엇을 의미했는지를 이해하는 단서가 될 만한 일이 일어난다.

그날 밤에 그는 다시 군대에 끌려가서 전장에 투입되는 꿈을 꾼다. 그는 대치중인 적군의 방어선을 뚫고 적의 사령부에 침투하라는 명령을 받는다. 그는 독일군 장교복을 입고 있었고, 어느 순간 갑자기 독일 장교들 속에 서 있다. 그는 독일군 사령부가 환경이 쾌적하고 사람들도 모두 친절하게 대해주는 데 놀라지만, 그가 첩자라는 것을 그들이 알아내지나 않을까 하는 두려움이 점점 커진다. 그가 특별히 호감을 느끼고 있는 젊은 장교가 그에게 다가와서 말한다. "나는 당신이 누군지 알고 있소. 당신이 달아날 길은 하나밖에 없소. 농담을 시작해요. 큰 소리로 웃으며 장교들을 웃기시오. 재미난 농담으로 주의를 끌어서, 그들이 당신에게 관심을 기울이지 않도록 하시오." 그는 이 충고에 깊이 감사하고 농담을 하면서 웃기 시작한다. 결국 그의 농담은 정도가 지나쳐서 다른 장교들이 의심을 품게 된다. 그들의 의심이 커질수록 그의 농담은 엉망이 된다. 마침내 그는 공포감에 가득 차서, 그 자리에 더 이상 머물러 있을 수 없게 된다. 그는 갑자기 의자에서 벌떡 일어선다. 그러자 그들이 모두 그를 뒤쫓는다. 그때 장면이 바뀌고, 그는 전차에 앉아 있다. 전차가 그의 집 앞에 멈춰 선다. 신사복 차림의 그는 전쟁이 끝났다는 생각에 안도감을 느낀다.

우리가 이튿날 그에게 그 꿈의 개인적 요소들과 관련하여 그에게 일어났던 일을 물어볼 수 있다고 가정하자. 이 자리에서는 우리가 관심을 갖고 있는 주요한 점을 이해하는 데 특히 중요한 몇 가지 연상만 기록하겠다. 독일군 제복은 전날 밤 파티에 참석한 손님들 가운데 심한 독일식 억양으로 이야기하는 남자가 있었다는 것을 그에게 상기시킨다. 그는 그 남자에게 좋은 인상을 주려고 애를 썼지만 상대가 시큰둥한 반응을 보였기 때문에 짜증이 났던 게 기억에 남아 있다. 그는 이런 생각들을 두서없이 이야기하는 동안, 파티에서 독일식 억양의 남자가 실제로 그를 비웃고 그의 말에 무례하게 히죽거린 듯한 느낌을 받은 순간을 떠올린다. 독일군 사령부의 그 쾌적한 방을 생각하는 동안, 그 방이 전날 밤 파티에서 그가 앉아 있던 방과 비슷해 보였지만 창문은 그가 언젠가 낙방한 시험을 치렀던 방의 창문과 비슷해 보였다는 생각이 떠오른다. 이런 연상에 놀라서 기억을 더욱 더듬자, 파티에 가기 전에 남들에게 어떤 인상을 줄 것인가 하고 걱정했던 일도 기억난다. 그가 관심을 얻으려는 여자의 오빠가 파티에 참석하기 때문이기도 하고, 파티의 주인이 그의 출세를 좌우할 수 있는 직장 상사에게 영향력을 갖고 있기 때문이기도 했다. 그는 이 상사를 몹시 싫어하고 있었다. 그리고 그 상사의 면전에서 친절하게 굴어야 하는 것을 몹시 굴욕적으로 생각하고 있었고, 또한 그 집 주인은 전혀 눈치채지 못했지만 그 주인에 대해서도 약간의 혐오감을 느꼈다고 말한다. 또 하나의 연상은, 어느 대머리 사내에 대해 우스운 사건을 이야기한 뒤 공교롭게도 그 집 주인 역시 대머리였기 때문에 그의 기분을 상하게 하지나 않았을까 하고 좀 걱정했다는 것이다. 전차는 이상스럽게 생각되었다. 궤도가 없었기 때문이다. 거기에 대해 이야기하는 동안 어릴 적에 학교 가는 길에 전차를 탔던 기억이 나고, 그러자 더욱 세세한 기억이 떠오른다. 그는 전차 운전석에 앉아 있었고, 전차를 운전하는 것은 자동차를 운전하는 것과 놀랄 만큼 비슷하다고 생각했다는 것이다. 전차는 그가 집까지 몰고 간 자동차를 나타내고, 집으로 돌아간 것은 학교에서 귀가한 것을 상기시킨 게 분명했다.

여기에 언급된 것은 그의 연상들 가운데 일부에 지나지 않으며, 그의 성격 구조나 그의 과거 및 현재의 상황에 대해서는 거의 아무것도 언급되지 않았지만, 꿈의 의미를 이해하는 데 익숙해진 사람이라면 그가 꾼 꿈과 거기에 따르는 연상의 의미를 분명히 알 수 있을 것이다. 그 꿈은 전날 밤 파티에서 그가 느낀 진짜 감정이 무엇인지를 드러낸다. 그는 불안했고, 그가 주고 싶은 인상을 주지 못할까 두려웠고, 그를 비웃고 별로 좋아하지 않는다는 느낌을 준 몇 사람에게 화가 났던 것이다. 꿈은 그의 쾌활함이 불안과 분노를 숨기기 위한 수단인 동시에 그를 화나게 한 사람들을 진정시키기 위한 수단이었다는 것을 보여준다. 그의 쾌활함은 순전히 가면이었다. 그 것은 그의 자아 속에서 생겨난 것이 아니라, 그의 진짜 감정인 두려움과 분노를 감추어주었다. 이 때문에 그의 처지는 온통 불안전해 졌다. 그래서 그는 적진에 침투하여 언제 정체가 탄로날지 몰라서 불안에 떠는 첩자 같은 기분을 느꼈던 것이다. 그가 파티장을 떠날 때 그의 얼굴을 스치고 지나간 슬픔과 절망의 표정은 이제야 그 실체가 확인되고 이유가 설명된다. 그때 그의 얼굴은 '그 자신'이 실제로 느낀 감정을 표현했던 것이다. 그 감정이 어떤 것인지는 그도 사실 알지 못했지만. 꿈속에서는 그의 감정이 치닫는 사람들에 관해 노골적으로 언급되지 않지만, 어쨌든 그 감정은 극적으로 명쾌하게 나타난다.

이 남자는 신경증 환자도 아니고, 최면술에 걸린 상태도 아니었다. 그는 근대인이 습관적으로 느끼는 불안과 인정받고 싶은 욕구를 가진 상당히 정상적인 개인이다. 그는 특정한 상황에서 자기가 느껴야 하는 감정을 느끼는 데 익숙해져서, 뭔가 '이상하다'는 것을 알아차리게 만드는 것은 규칙이 아니라 오히려 예외일 것이다. 그래서 그는 자신의 쾌활함이 '그 자신'의 진짜 감정이 아니라는 사실을 알아차리지 못했다.

생각과 감정에 적용되는 것은 의지에도 적용된다. 대다수 사람들은 외부의 힘이 무언가를 하도록 공공연히 강요하지 않는 한 그들이 내린 결정은 그들의 결정이라고 확신하고, 그들이 무언가를 원하면 그것을 원하는 것은 그들 자신이라고 확신한다. 하지만 이것은 우리가 우리 자신에 대해 갖고 있는 중대한 환상의 하나다. 우리가 내리는 결정의 대부분은 사실 우리 자신의 결정이 아니라 외부에서 우리에게 제시된 것이다. 우리는 결정을 내린 사람이 우리라고 자신을 설득하는 데 성공했지만, 실제로는 고독의 두려움에 사로잡히고 우리의 생명과 자유와 안락에 대한 더 직접적인 위협에 쫓겨서 타인들의 기대에 따랐을 뿐이다.

아이들에게 날마다 학교에 가고 싶으냐고 물었을 때 "물론이죠"라고 대답한다면, 그 대답은 진실일까? 대부분의 경우 그것은 결코 진실이 아니다. 아이는 학교에 자주 가고 싶을지는 모르지만, 그보다는 놀거나 다른 일을 하고 싶을 때가 더 많을 것이다. 아이가 '나는 날마다 학교에 가고 싶다'고 느낀다 하더라도, 그는 학교 공부의 규칙성에 대한 염증을 억누르고 있을지 모른다. 아이는 날마다 학교에 가고 싶어 하는 게 당연한 것이라고, 그렇게 하는 것이 기대에 따르는 것이라고 느낀다. 이런 억압이 너무 강하기 때문에 아이는 자신의 진짜 감정, 즉 학교에 자주 가는 것은 어쩔 수 없기 때문에 그럴 뿐이라는 감정을 깊이 감추어버린다. 학교에 가고 싶을 때도 있고 가야 하기 때문에 어쩔 수 없이 갈 때도 있다는 사실을 깨달을 수 있다면, 아이는 훨씬 더 행복한 기분을 느낄 것이다. 하지만 의무감의 압박이 너무 크기 때문에, 아이는 남들이 그에게 기대하는 바를 '그 자신'이 원한다고 느끼는 것이다.

대다수 사람은 자발적으로 결혼한다는 것이 일반적인 생각이다. 그러나 분명히 말하건대, 의리나 의무감 때문에 의식적으로 결혼하는 사람들도 있다. '그 자신'이 정말로 원해서 결혼하는 경우도 있다. 하지만 남자(또는 여자)가 실제로는 결혼으로 이어지는 일련의 사건에 붙잡혀 모든 탈출구가 봉쇄된 것처럼 보이는데도 어떤 사람과 결혼하고 '싶다'고 의식적으로 믿는 경우도 적지 않다. 그는 결혼을 앞둔 몇 달 동안 '그 자신'이 결혼을 원한다고 굳게 믿고 있다. 그런데 이게 그렇지 않을 수도 있다는 것을 처음으로, 오히려 뒤늦게 알려주는 것은 결혼식 날 갑자기 공황 상태에 빠져 달아나고 싶은 충동을 느낀다는 사실이다. 그가 분별력 있는 사람이라면 이 감정은 몇 분밖에 지속되지 않을 것이고, 결혼하는 것이 당신의 뜻이냐는 질문에 그는 흔들리지 않는 확신을 가지고 그렇다고 대답할 것이다.

사람들이 결단을 내리거나 무언가를 원할 때, 실제로는 그들이 앞으로 하게 될 일을 '원해야 한다'는 내적·외적 압박에 따르고 있을 뿐이라는 것을 보여주는 사례를 우리는 일상생활에서 얼마든지 인용할 수 있을 것이다. 사실 인간이 결단을 내리는 현상을 관찰해보면, 실제로는 관습이나 의무나 단순한 압박에 굴복하는 것인데도 '그들 자신'의 결단인 것처럼 잘못 생각하는 경우가 너무 많다는 느낌을 받는다. 개인적 결단을 사회적 존재의 초석으로 삼는 사회에서는 '독창적인' 결단이 비교적 드문 현상으로 보이기까지 한다.

나는 가짜 의지의 경우에 대한 사례를 하나 덧붙이려고 한다. 그것은 신경증적 증상이 전혀 없는 사람들을 분석할 때 자주 관찰할 수 있는 것이다. 내가 이런 사례를 다시 보태는 까닭은, 우리가 이 책에서 주로 다루는 광범위한 문화적 문제와 이 개별적인 사례는 별로 관계가 없지만, 무의식적인 힘의 작용이라는 것을 잘 모르는 독자에게는 그 현상을 이해할 수 있는 또 하나의 기회가 되겠기 때문이다. 게다가 이런 사례는 막연하게는 이미 암시되어 있지만 좀 더 명확하게 제시되지 않으면 안 될 한 가지 점을 강조하고 있다. 그것은 가짜 행동의 문제와 억압의 관계다. 우리는 주로 신경증적 행동이나 꿈 같은 것에서 억압된 힘이 어떻게 작용하는가 하는 관점에서 억압을 바라보지만, 억압은 모두 진정한 자아의 일부를 제거하고 억압되어 있는 감정을 가짜 감정으로 바꾼다는 사실을 강조하는 것이 중요할 것 같다.

내가 지금 제시하려는 사례는 스물두 살의 의대생의 경우다. 그는 공부에 관심이 많고 남들과도 정상적으로 잘 지낸다. 가끔 피곤을 느낄 때가 있고, 인생에 대해 특별한 열정은 없지만 그렇다고 특별히 불행한 것도 아니다. 그가 정신분석을 받고 싶어 하는 이유는 이론적인 것이다. 그는 정신과 의사가 되고 싶어 하기 때문이다. 그의 유일한 불만은 의학 공부를 방해하는 어떤 장애다. 그는 읽은 것을 기억하지 못할 때가 많고, 강의 시간에 몹시 피곤해지고, 시험에서는 성적이 별로 좋지 않다. 다른 과목에서는 뛰어난 기억력을 발휘하고 있기 때문에, 그는 여기에 더욱 고민하고 있다. 의학을 공부하고 싶다는 점에 대해 그는 조금도 의문을 품고 있지 않다. 하지만 자신에게 그럴 능력이 있는지에 대해서는 아주 강한 의문을 품을 때가 많다.

정신분석을 시작한 지 몇 주 뒤에 그는 꿈 이야기를 했다. 꿈에서 그는 자기가 지은 고층 빌딩 꼭대기에 올라가 약간 우쭐한 기분으

제5장 도피의 메커니즘

로 다른 건물들을 내려다본다. 그때 갑자기 고층 빌딩이 무너지고, 그는 건물 잔해에 묻힌다. 그는 자기를 구조하기 위해 잔해를 제거하려는 노력이 이루어지고 있다는 것을 알고 있다. 그가 중상을 입었으며, 의사가 곧 올 거라고 누군가가 말하는 소리가 들린다. 하지만 의사가 올 때까지는 끝없이 길게 느껴지는 시간을 기다려야 한다. 마침내 의사가 도착하지만 의사는 의료 기구를 깜빡 잊고 왔기 때문에 그를 도와줄 수 없다. 그의 마음속에서는 의사에 대한 격렬한 분노가 솟아오른다. 그는 갑자기 자기가 벌떡 일어나고 있음을 알아차리고, 몸이 전혀 다치지 않은 것을 깨닫는다. 그는 의사를 비웃는다. 그때 잠에서 깨어난다.

그가 이 꿈과 관련하여 연상하는 것은 별로 없지만, 이 문제와 좀 더 밀접한 관계가 있는 연상을 몇 가지 들면 다음과 같다. 그는 자기가 지은 고층 빌딩을 생각하면서 평소 건축에 관심이 많았던 것을 무심히 언급한다. 어렸을 때 그가 좋아한 놀이는 블록 쌓기였고, 열일곱 살 때는 건축가가 되는 게 꿈이었다. 아버지에게 그 말을 했더니, 아버지는 호의적인 반응을 보이면서 이렇게 말했다. "그래, 장래 직업을 선택하는 것은 물론 너의 자유다. 하지만 건축가가 되고 싶다는 생각은 어린 시절에 가졌던 소망의 잔재인 것 같으니, 나는 네가 의학을 공부하는 게 더 좋지 않을까 싶다." 젊은이는 아버지의 말이 맞다고 생각했고, 그 후로는 두 번 다시 아버지한테 그 문제를 꺼내지 않았다. 그리고 당연히 의학을 공부하기 시작했다. 의사가 늦게 도착했고 게다가 의료 기구를 잊고 온 것에 대한 그의 연상은 좀 애매하고 불충분했다. 하지만 꿈의 이 대목을 이야기하는 동안 한 가지 기억이 떠올랐는데, 언젠가 정신분석을 받는 시간이 원래 정기적으로 받던 시간에서 다른 시간으로 변경되었고, 이 시간 변경에 그는 순순히 동의했지만 사실은 몹시 화가 났었다는 것이다. 그는 이야기를 하는 동안 그때의 분노가 치밀어 오르는 것을 느낀다. 그는 분석자가 제멋대로라고 비난하더니, 끝내는 이렇게 말한다. "그래요. 어쨌든 나는 내가 원하는 일을 할 수 없으니까요." 그는 자신의 분노와 이 말에 깜짝 놀란다. 지금까지 그는 정신분석자나 정신분석 작업 자체에 어떤 적개심도 느껴본 적이 없었기 때문이다.

얼마 후 그는 또 다른 꿈을 꾸는데, 그 꿈에 대해서는 단편적인 것만 기억하고 있었다. 그의 아버지가 교통사고로 다친다. 그는 이제 의사이고, 당연히 아버지를 돌봐야 한다. 그는 아버지를 진찰하려고 하지만 몸이 완전히 마비된 느낌이어서 아무것도 할 수 없다. 그는 공포에 질려서 잠에서 깨어난다.

이 꿈에 대한 연상에서 그는 지난 몇 년 동안 아버지가 갑자기 죽을지도 모른다는 생각을 했고, 이런 생각 때문에 겁을 먹곤 했다고 마지못해 털어놓는다. 때로는 그에게 남겨질 유산이 얼마나 될지, 심지어는 그 돈으로 무엇을 할지도 생각했다고 한다. 이 환상은 멀리까지 나아가지 않았다. 그런 망상이 떠오르기 시작하면 당장 억눌렀기 때문이다. 이 꿈을 앞에서 언급한 꿈과 비교하자, 두 경우 모두 의사가 효율적인 도움을 주지 못한다는 생각이 갑자기 그의 머리에 떠오른다. 그는 자기가 의사로서 전혀 쓸모가 없을 거라고 생각한다는 것을 과거 어느 때보다 분명하게 깨닫는다. 첫 번째 꿈에는 의사의 무능에 대한 분노와 조소의 감정이 존재한다고 지적했더니, 그는 의사가 환자를 도와주지 못한 사례를 듣거나 읽으면 그때는 미처 알아차리지 못했지만 어떤 승리감을 느낀다는 것을 기억해 냈다.

분석을 좀 더 진행하자 이제까지 억압되어온 또 다른 문제가 나타났다. 그는 아버지에게 강한 분노를 느끼고 있다는 것, 게다가 의사로서의 무력감은 그의 삶 전체에 퍼져 있는 좀 더 일반적인 무력감의 일부라는 것을 깨닫고는 깜짝 놀란다. 그가 겉으로는 자신의 계획에 따라 삶을 조정해왔다고 생각했지만, 깊은 마음속은 체념의 감정으로 가득 차 있었다는 것을 이제는 느낄 수 있다. 그는 자기가 원하는 일을 할 수 없고, 남들의 기대에 따를 수밖에 없다고 생각했다는 것을 깨닫는다. 그가 실제로는 의사가 되고 싶었던 적이 없다는 것, 또한 그에게 무능력한 인상을 준 것들은 수동적인 저항의 표현에 불과했다는 것을 그는 점점 더 분명히 깨닫는다.

이것은 자신의 진정한 소망을 억누르고 타인들의 기대를 마치 자신의 소망인 것처럼 수용한 전형적인 사례다. 이런 경우에는 본래의 소망이 가짜 소망으로 바뀌었다고 말할 수 있다.

생각과 감정과 의지에 대한 본래의 행동이 가짜 행동으로 바뀌는 것은 결국 본래의 자아가 가짜 자아로 바뀌는 결과를 낳는다. 본래의 자아란 정신 활동을 일으키는 자아다. 바꿔 말하면 정신 활동은 본래의 자아에서 비롯된다. 가짜 자아는 어떤 사람이 맡아야 할 역할을 실제로 대신하는 대리인이지만, 자아라는 이름으로 그렇게 한다. 한 사람이 많은 역할을 할 수 있고, 어떤 역할을 하든 주관적으로는 그것을 '자기'라고 확신할 수 있는 것은 사실이다. 하지만 실제로 그는 이 모든 역할에서 본래의 자아가 아니라 남들이 그에게 기대하는 모습이라고 스스로 믿는 모습을 띤다. 본래의 자아가 가짜 자아에 완전히 질식당한 사람이 대다수는 아니라 해도 아주 많은 것은 사실이다. 때로는 꿈이나 환상 속에서, 또는 술에 취했을 때 본래의 자아가 드러나, 그 사람이 오랫동안 경험해보지 않았던 감정과 생각이 나타날 수도 있다. 그런 감정과 생각은 그가 그것을 두려워하거나 부끄러워해서 억눌렀던 나쁜 감정이나 생각인 경우가 많다. 하지만 때로는 그의 감정과 생각 중에서 가장 좋은 것인데도, 그런 감정을 가진 것 때문에 비웃음이나 공격을 당할까 두려워서 억누른 경우도 있다.[14]

자아를 상실하거나 가짜 자아로 바뀌는 일은 개인을 몹시 불안한 상태에 빠뜨린다. 그는 회의에 사로잡혀 있다. 그가 본질적으로는 타인의 기대를 반영하는 존재로서, 어느 정도 자신의 정체성을 상실했기 때문이다. 이런 정체성 상실이 초래한 극심한 공포를 극복하기 위해서는 순응해야 하고, 타인들에게 계속 승인과 인정을 받아서 자신의 정체성을 찾아야 한다. 그는 자기가 누군지 모르지만, 적어도 그들은 알 것이다. 그가 타인들의 기대에 맞춰서 행동한다면. 그들이 알면, 그도 알 수 있을 것이다. 그가 그들의 말을 받아들이기만 한다면.

근대 사회에서 개인이 자동인형화한 것은 보통 사람의 무력감과 불안감을 증대시켰다. 그래서 그는 안전을 보장해주고 회의에서 그를 구해주겠다고 제의하고 나서는 새로운 권위에 기꺼이 복종할 준

제5장 도피의 메커니즘

비가 되어 있다. 다음 제6장에서는 독일에서 이 제의가 받아들여지는 데 필요했던 특별한 조건들을 논할 예정인데, 나치 운동의 핵심 세력—하류 중산층—의 특징을 가장 잘 나타내는 것이 권위주의적 메커니즘이라는 사실을 보게 될 것이다. 또한 이 책의 마지막 장에서는 우리의 민주주의의 문화 현장과 관련하여 자동인형화 문제를 계속 논할 예정이다.

제6장

나치즘의 심리

앞 장에서 우리는 두 가지 심리 유형, 즉 권위주의적 성격과 자동 인형적 유형을 집중적으로 다루었다. 이 두 유형을 상세히 논한 것이 이 장과 다음 장에서 제기될 문제, 즉 한편으로는 나치즘의 심리를, 또 한편으로는 근대 민주주의를 이해하는 데 도움이 되기를 기대한다.

나치즘의 심리를 논할 때 우리는 먼저 하나의 예비적인 문제, 즉 나치즘을 이해함에 있어서 심리학적 요소의 관련성을 고찰해야 한다. 나치즘을 학술적으로 논할 때는 물론이고 대중적으로 논할 때에도 서로 대립하는 두 견해가 자주 제기되는데, 첫째는 심리학이 파시즘과 같은 경제적·정치적 현상을 전혀 설명해주지 않는다는 것이고, 둘째는 파시즘이 전적으로 심리적인 문제라는 것이다.

첫 번째 견해는 나치즘을 오로지 경제적인 동력—독일 제국주의의 팽창적 경향—의 소산으로 보거나, 아니면 본질적으로 정치적인 현상—기업가와 융커•들의 후원을 받는 한 정당에 의한 국가 권력의 장악—으로 본다. 요컨대 나치즘의 승리는 다수에 대한 소수의 책략과 강압의 결과로 간주되는 것이다.

반면에 두 번째 견해는 오로지 심리적인 관점에서만, 아니 그보다는 오히려 정신병리적 관점에서만 나치즘을 설명할 수 있다고 주장한다. 히틀러는 미치광이나 '신경증 환자'로 간주되며, 그의 추종자들도 히틀러와 마찬가지로 미쳤거나 정신적 균형을 상실한 자들로 간주된다. 이 견해에 따르면, 루이스 멈퍼드가 설명했듯이 파시즘의 진정한 근원은 "경제가 아니라 인간의 영혼 속에서" 찾을 수 있다. 그는 이렇게 말을 잇고 있다. "엄청난 자존심, 잔인함을 즐기는 성격, 신경증적인 분열, 바로 여기에 파시즘이 등장한 이유가 있는 것이지, 베르사유 조약이나 독일 공화국의 무능에서 그 이유를 찾을 수는 없다."[1]

우리의 생각으로는 심리적 요인을 배제하고 정치적·경제적 요인만 강조한 설명이나 또는 그 반대의 설명도 모두 옳지 않다. 나치즘은 심리적인 문제지만, 심리적 요인 자체는 사회경제적 요인에 의해서 형성된 것으로 이해되어야 한다. 또한 나치즘은 경제적·정치

• **융커** 근대 독일, 특히 동(東)프로이센의 보수적인 지주 귀족층을 이르던 말. 본디 귀족의 젊은 아들, 특히 차남 이하를 뜻했으나, 지주 귀족층을 통틀어 이르는 말이 되었다.

적인 문제지만, 그것이 전체 국민에게 행사하는 지배력은 심리적 근거에서 이해되어야 한다. 이 장에서 우리가 관심을 갖는 것은 나치즘의 이 심리적인 측면, 즉 나치즘의 인간적 바탕이다. 이것은 두 가지 문제를 제기한다. 하나는 나치즘에 매료된 사람들의 성격 구조, 또 하나는 그들에게 나치즘을 그렇게 효율적인 도구로 만든 이념의 심리적 특성이다.

나치즘이 성공한 심리적 이유를 생각할 때는 처음부터 다음 두 부류를 구별해야 한다. 국민의 일부는 별로 강하게 저항도 하지 않고 나치 정권에 굴복했지만, 나치의 이념과 정치적 실행의 찬미자가 되지도 않았다. 이에 반해 다른 일부는 새로운 이념에 깊이 매료되어, 그 이념을 주장한 자들을 열광적으로 추종했다. 첫 번째 부류는 주로 노동자 계급과 자유주의적 중산층과 가톨릭 부르주아지로 이루어져 있었다. 특히 노동자 계급은 뛰어난 조직력을 가지고 있었는데도, 나치즘이 처음 등장했을 때부터 1933년까지 줄곧 적대적이긴 했지만 그들의 정치적 신념의 결과로 당연히 예상할 수 있었던 내적 저항을 전혀 보이지 않았다. 그들의 저항 의지는 금세 무너졌고, 그 후 그들은 나치 정권을 곤경에 빠뜨릴 만한 문제를 거의 일으키지 않았다(물론 그 시기에 줄곧 나치즘에 맞서서 영웅적으로 싸운 소수는 제외하고). 그들이 이처럼 쉽게 나치 정권에 굴복한 것은, 심리적으로 보면 주로 그들이 내적으로 피곤하고 체념한 상태였기 때문으로 보인다. 이런 상태는, 다음 장에서 설명하겠지만 오늘날의 민주주의 국가에서도 흔히 볼 수 있는 개인의 특징이다. 독일에서는 노동자 계급에 관한 한 또 하나의 상황이 추가로 존재하고 있었다. 그것은 1918년 혁명● 때 노동자 계급이 초반에는 승리하다가 결국은 패배를 맛보았다는 사실이다. 노동자 계급은 사회주의가 실현되거나 적어도 노동자의 정치적·경제적·사회적 지위가 뚜렷하게 향상될 것이라는 강한 기대를 품은 채 전후 시대를 맞이했다. 하지만 이유가 무엇이든 노동자 계급의 패배는 끊임없이 이어졌고, 모든 희망은 완전히 꺾이고 말았다. 1930년이 시작될 무렵에는 노동자 계급이 초반의 승리로 얻은 성과는 거의 다 파괴되었고, 그 결과는 깊은 체념과 지도자들에 대한 불신, 모든 종류의 정치 조직과 정치 활동의 가치에 대한 회의였다. 그들은 여전히 각자의 정당에 당원으로 남아 있었고, 그 정당의 정치적 강령을 의식적으로 계속 믿었다. 하지만 마음속 깊은 곳에서는 정치 활동의 효율성에 대해 기대를 버린 사람이 많았다.

히틀러가 권력을 장악한 뒤에는 국민 대다수로 하여금 나치 정부에 충성을 바치게끔 하는 또 하나의 유인책이 효과를 발휘했다. 수백만 국민에게 히틀러 정부는 '독일'과 동의어가 되었다. 히틀러가 일단 정권을 잡고 나자 그와 맞서는 것은 독일인 공동체에서 스스로 쫓겨나는 것을 의미했다. 다른 정당들이 폐지되고 나치당이 독일 '그 자체'가 되자, 나치당에 대한 반대는 독일에 대한 반대를 의미하게 되었다. 일반 사람들 입장에서는 자기 개인이 더 큰 집단과 하나가 아니라는 느낌만큼 견디기 어려운 것은 없을 것이다. 독일

● **1918년 혁명** 독일에서 1918년 11월 7일에 발생한 민주주의 혁명. 이 혁명으로 제정이 붕괴하고 의회민주주의적인 공화국이 탄생했다.

시민이 나치즘의 강령에 아무리 반대해도, 외톨이가 되는 것과 독일에 소속감을 느끼는 것 가운데 하나를 택해야 한다면 대다수 사람은 후자를 택할 것이다. 나치가 아닌데도 나치에 대한 공격을 독일에 대한 공격으로 느끼기 때문에 외국인들의 비난에 맞서서 나치즘을 옹호하는 경우도 많이 관찰할 수 있다. 고립되는 것이 두렵고 도덕적 원칙이 상대적으로 약하기 때문에, 어떤 정당이든 일단 국가 권력을 장악하면 국민 대다수의 충성을 얻을 수 있다.

이러한 고찰은 정치적 선전 문제에 중요한 하나의 공리를 낳는다. 즉 독일 자체에 대한 공격, '독일인'에 대한 비방적 선전(예컨대 제1차 세계대전 당시의 '훈족'의 상징 같은 것)은 나치 체제와 자신을 동일시하지 않는 사람들의 충성심까지 강화할 뿐이라는 점이다. 하지만 이 문제는 교묘한 선전으로는 근본적으로 해결될 수 없고, 모든 나라에서 한 가지 근본적인 진리가 승리를 거두었을 때 비로소 해결될 수 있다. 그 진리란 윤리적 원칙이 국가의 존재보다 위에 있으며, 개인은 이 원칙을 지킴으로써 과거·현재·미래를 통하여 이 신념을 공유하는 사람들의 공동체에 속할 수 있다는 것이다.

노동자 계급과 자유주의적 중산층과 가톨릭 부르주아지의 소극적 또는 체념적인 태도와는 대조적으로, 소상인과 장인과 화이트칼라로 이루어진 하류 중산층은 나치의 이념을 열렬히 환영했다.[2]

이 계층에서도 나이가 많은 세대는 좀 더 소극적인 대중적 기반을 형성했고, 그들의 아들딸들이 한층 더 적극적인 투사였다. 그들에게 나치 이념—지도자에 대한 맹목적인 복종, 인종적·정치적 소수파에 대한 증오, 정복과 지배에 대한 열망, 게르만족과 '북유럽 인종'에 대한 예찬—은 엄청난 감정적 호소력을 가지고 있었다. 그들의 마음을 사로잡아 나치 운동의 열렬한 신봉자 겸 투사로 만든 것은 바로 이 호소력이었다. 나치 이념이 왜 하류 중산층에게 그토록 매력적이었는가 하는 의문에 대한 해답은 이 계급의 사회적 성격에서 찾아야 한다. 그들의 사회적 성격은 노동자 계급이나 상류 중산층, 귀족계급과 상류층의 사회적 성격과는 현저하게 달랐다. 사실일부 특징, 이를테면 강자에 대한 사랑과 약자에 대한 증오, 편협함, 적개심, 돈만이 아니라 감정에 대해서도 인색한 태도, 그리고 본질적으로는 엄격한 금욕주의는 하류 중산층이 처음 형성된 이후 줄곧 그 계급의 고유한 특징이었다. 그들의 인생관은 아주 편협했고, 낯선 사람을 의심하고 미워한 반면, 아는 사람에 대해서는 호기심과 질투심을 불태우면서 자신의 질투심을 도덕적 분노로 합리화하고 있었다. 그들의 삶은 경제적으로나 심리적으로나 결핍의 원리에 바탕을 두고 있었다.

하류 중산층의 사회적 성격이 노동자 계급의 사회적 성격과 달랐다고 해서 이 성격 구조가 노동자 계급에 존재하지 않았다는 뜻은 아니다. 그것은 하류 중산층의 '전형적'인 특징이었던 반면, 노동자 계급에서 명백히 나타난 것은 소수에 지나지 않았다. 하지만 권위나 절약에 대한 존경심 같은 한두 가지 특징은 하류 중산층보다 정도는 좀 덜하지만 노동자 계급에서도 대부분 찾아볼 수 있었다. 한편 화이트칼라의 상당 부분, 아마도 대다수는 독점 자본주의의 발생에는 참여하지 않았지만 본질적으로 거기에 위협을 받았던 '옛 중산층'의 성격 구조보다는 육체노동자(특히 대규모 공장 노동자)의

성격 구조와 더 비슷했던 것 같다.[3)]

하류 중산층이 제1차 세계대전 이전에도 오랫동안 같은 사회적 성격을 갖고 있었던 것은 사실이지만, 나치 이념이 강한 호소력을 발휘한 바로 그 특성—복종심과 권력욕—이 전후의 사건들을 통해 더욱 강화한 것도 사실이다.

1918년의 독일 혁명 이전에 옛 중산층에서도 하류에 속하는 계급—독립한 소규모 상인과 장인들—의 경제적 지위는 이미 쇠퇴하고 있었다. 하지만 절망적인 상태는 아니었고, 아직은 안정에 도움이 되는 요인들이 많았다.

군주제의 권위는 논란의 여지가 없었고, 하류 중산층은 그 권위에 기대고 그것과 자신을 동일시함으로써 안정감과 자기만족적 자부심을 얻었다. 또한 종교와 전통적 도덕의 권위도 아직은 굳건하게 뿌리를 내리고 있었다. 가족은 적대적인 세계에서 여전히 변함없는 안전한 피난처였다. 개인은 자신이 안정된 사회적·문화적 체제에 속해 있고, 그 체제 속에 확고한 자리를 가지고 있다고 느꼈다. 그가 기존 권위에 복종하고 충성한 것은 그의 피학적 충동을 해소해주는 만족스러운 해결책이었다. 하지만 그는 극단적인 자기 포기까지는 가지 않았고, 자신의 개성이 중요하다는 인식을 유지했다. 그는 개인으로서 부족한 안정성과 공격성을 그가 복종하는 권위 덕분에 보충할 수 있었다. 요컨대 그의 경제적 지위는 그에게 자부심과 상대적 안정감을 줄 수 있을 만큼 아직도 확고했고, 그가 기대고 있는 권위는 그 자신의 개인적 지위가 제공할 수 없는 안정성을 그에게 추가로 제공해줄 수 있을 만큼 강했다.

제6장 나치즘의 심리

전쟁이 끝난 뒤에는 이런 상황이 상당히 바뀌었다. 우선 옛 중산층의 경제적 쇠퇴가 한결 빠르게 진행되었다. 1923년에 절정에 이른 인플레이션이 이 몰락을 가속화했다. 인플레이션은 오랫동안 일해서 모은 재산을 거의 다 날려버리고 말았다.

1924년부터 1928년까지는 경제 사정이 나아졌고 하류 중산층에게도 새로운 희망이 싹텄지만, 이때 얻은 수확은 1929년 이후의 불경기가 다 쓸어가버렸다. 인플레이션 때와 마찬가지로 불황이 닥쳤을 때도 노동자와 상류계급 사이에 낀 중산층은 가장 무방비 상태인 집단이었고, 따라서 타격도 가장 심하게 받았다.[4]

하지만 이러한 경제적 요인들 외에 상황을 악화시킨 심리적 요인들이 있었다. 전쟁에서 패하고 군주제가 붕괴된 것도 그중 하나였다. 군주제와 국가는 심리적으로 말하면 프티부르주아가 존재의 토대로 삼은 반석이었지만, 그들의 몰락과 패배는 그들 자신의 생활 기반을 죄다 부숴버리고 말았다. 황제가 공공연하게 조롱당할 수 있고 장교들이 공격당할 수 있다면, 국가가 형태를 바꾸어 '빨갱이 선동자'를 각료로 받아들이고 말안장이나 만들던 사람을 대통령•으로 인정해야 한다면, 힘없는 소시민은 도대체 무엇을 믿을 수 있단 말인가? 그는 이 모든 제도와 자신을 비굴한 태도로 동일시했는데, 그 제도들이 사라져버렸으니 이제 그는 어디로 가야 한단 말인가?

• **대통령** 제1차 세계대전 이후 독일에 세워진 바이마르공화국의 초대 대통령인 프리드리히 에베르트(1871~1925)를 말한다.

인플레이션도 경제적 역할과 심리적 역할을 둘 다 해냈다. 그것은 국가의 권위만이 아니라 절약의 원칙에도 치명적인 타격이었다. 오랫동안 소소한 즐거움을 수없이 희생해가며 모은 재산을 자기 잘못도 아닌데 잃을 수 있다면, 도대체 절약의 의미가 무엇이란 말인가? 국가가 지폐와 공채에 인쇄된 약속을 파기할 수 있다면, 도대체 누구의 약속을 믿을 수 있단 말인가?

전쟁 이후 급속히 쇠퇴한 것은 하류 중산층의 경제적 지위만이 아니었다. 이 계급의 사회적 위신도 급속히 떨어졌다. 전쟁 전에는 자신들이 노동자보다 우월하다고 느낄 수 있었지만 혁명 이후에는 노동자 계급의 사회적 지위가 현저하게 향상되어, 그 결과 하류 중산층의 위신은 상대적으로 떨어지고 말았다. 그리하여 이제는 그들이 얕볼 상대가 아무도 없었다. 노동자를 멸시하는 특권은 작은 상점주나 비슷한 부류의 삶에서 가장 큰 자산의 하나였는데, 이제는 그것마저 상실하고 만 것이다.

이런 요인들 외에 중산층 안정의 마지막 보루였던 가족도 흔들렸다. 전쟁 후의 발전은 아마 다른 어느 나라보다도 독일에서 아버지의 권위와 중산층의 도덕성을 무너뜨렸다. 젊은 세대는 제멋대로 행동했고, 부모가 그들의 행동을 어떻게 생각하든 더 이상 개의치 않았다.

사태가 이렇게 전개된 원인은 하도 다양하고 복잡해서 여기서 상세히 논할 수는 없고, 몇 가지만 언급하겠다. 군주제나 국가와 같은 권위의 사회적 상징이 쇠퇴한 것은 개인적 권위인 부모의 역할에도 영향을 미쳤다. 젊은 세대는 부모한테 그런 권위를 존중하도록 배웠지만, 그 권위가 허약하다는 게 드러나자 부모 자신도 위신과 권위를 잃고 만 것이다. 또 다른 요인은 달라진 상황 아래에서, 특히 인플레이션이 닥쳤을 때 구세대는 그저 어리둥절해하고 당황해할 뿐 약삭빠른 젊은 세대만큼 새로운 상황에 잘 적응하지 못했다는 사실이다. 그래서 젊은 세대는 낡은 세대에게 우월감을 느꼈고, 선배들과 그들의 가르침을 더 이상 진지하게 받아들일 수 없었다. 게다가 중산층의 경제적 몰락 때문에 부모는 자녀의 경제적 장래를 뒤받쳐주는 보호자 역할을 박탈당하고 말았다.

하류 중산층의 구세대는 더욱 원한과 분노에 사로잡혔지만, 그 방식은 소극적이었다. 반면에 젊은 세대는 행동으로 내달리고 있었다. 부모 세대는 그나마 독립된 경제생활의 토대를 가지고 있었지만, 젊은 세대는 그 토대를 상실했기 때문에 경제적 지위가 악화된 상태였다. 취업 시장은 포화 상태가 되어 의사나 변호사로 생계를 꾸릴 가능성은 희박했다. 전쟁에 참전했던 사람들은 실제로 받는 것보다 더 나은 대우를 요구할 권리가 있다고 생각했다. 특히 수년 동안 명령을 내리고 권한을 행사하는 데에만 익숙해져 있던 수많은 젊은 장교들은 사무원이나 외판원이 되는 것을 도저히 감수할 수가 없었다.

점점 심해지는 사회적 좌절감은 밖으로 투사되었고, 이것이 국가사회주의의 중요한 원천이 되었다. 그들은 옛 중산층의 경제적·사회적 운명을 알아차리는 대신, 자신의 운명을 의식적으로 국가와 관련하여 생각했다. 국가의 패전과 베르사유 조약은 현실적인 좌절, 즉 사회적인 좌절을 가져온 상징이 되었다.

1918년에 전승국들이 독일을 너무 가혹하게 대한 것이 나치즘이 대두한 주요 원인의 하나라고 말하는 사람들이 많았다. 그러나 이 주장에는 단서가 필요하다. 독일인 대다수가 강화조약이 부당하다고 느꼈지만, 중산층은 몹시 분통하다는 반응을 보인 반면에 노동자 계급은 별로 억울해하지 않았다. 그들은 구체제에 반대해왔으며, 그런 그들에게 패전은 구체제의 패배를 뜻했다. 그들은 전쟁 때 용감하게 싸웠던 만큼 부끄러워할 이유는 전혀 없다고 느꼈다. 한편 군주제의 패배 덕분에 가능했던 혁명의 승리는 그들에게 경제적·정치적·인간적 이익을 가져다주었다. 베르사유 조약에 대한 분노는 하류 중산층에 토대를 두고 있었는데, 그 국가주의적 분노는 사회적 열등감을 국가적 열등감에 투영한 하나의 합리화였다.

이런 투영은 히틀러 개인의 성장 과정에도 분명하게 드러나 있다. 그는 전형적인 하류 중산층의 대표자였고, 성공할 기회나 미래가 전혀 없는 보잘것없는 존재였다. 그는 낙오자의 신세를 아주 뼈저리게 느끼고 있었다. 《나의 투쟁》에서 그는 젊은 시절 자기가 '보잘것없는 인간', '이름도 없는 인간'이었다고 자주 말하고 있다. 이것은 본질적으로 그 자신의 사회적 지위 때문이었지만, 그는 그것을 국가의 상징 속에서 합리화시킬 수 있었다. 그는 제국 밖●에서 태어났기 때문에 사회적이기보다는 오히려 국가적으로 배제된 기분을

• **제국 밖** 아돌프 히틀러는 오스트리아 북부, 독일과 국경을 이루는 인 강 남쪽 연안의 소도시 브라우나우에서 태어났으며, 세 살 때(1892년) 북동쪽으로 50킬로미터 떨어진 독일 남부의 파사우로 이주하여 어린 시절을 보냈다.

느꼈다. 그런데 제국의 아들들이 모두 조국으로 돌아갈 수 있게 되자, 이 위대한 독일 제국은 그에게 사회적 위신과 안전의 상징이 되었다.[5]

옛 중산층의 무력감과 불안감, 사회 전체에서 고립된 느낌, 이런 상황에서 생겨나는 그들의 파괴성이 나치즘을 낳은 유일한 심리적 원천은 아니었다. 농부들은 그들에게 돈을 빌려준 도시의 채권자에게 분노했고, 노동자들은 1918년에 처음 승리를 거둔 이후 전략적 주도권을 잃어버린 지도부가 계속 정치적 후퇴를 하는 데 낙심하여 깊은 절망에 빠져 있었다. 국민 대다수는 우리가 앞에서 일반적인 독점 자본주의의 전형적 특징으로 설명한 개인적 허무감과 무력감에 사로잡혀 있었다.

이런 심리적 조건들이 나치즘의 '원인'은 아니었다. 물론 그것이 나치즘의 인간적 바탕을 이룬 것은 사실이고, 그 토대가 없었다면 나치즘은 성장하지 못했을 것이다. 하지만 나치즘의 등장과 승리에 따른 현상 전체를 분석하려면, 심리적 조건만이 아니라 엄밀한 의미의 경제적·정치적 조건도 다루어야 한다. 이 측면을 다루는 문헌이 존재한다는 점과 이 책의 특정한 목적을 아울러 고려하면, 여기서 이 경제적·정치적 문제를 논의할 필요는 전혀 없다. 하지만 독자들은 대기업의 대표자들과 거의 파산한 융커들이 나치즘 확립에 어떤 역할을 했는지를 상기할 수 있을 것이다. 그들의 지지가 없었다면 히틀러는 결코 승리할 수 없었을 것이고, 그들의 지지는 심리적 요인보다도 자신들의 경제적 이익에 대한 인식에 뿌리를 두고 있었다.

이 유산계급은 기존의 사회 체제에 불만을 품은 집단을 대표하는 사회주의자와 공산주의자가 의원의 40퍼센트를 차지하고 있고, 또한 독일 자본주의의 가장 강력한 대표자에게 격렬히 반대하는 계급을 대표하는 나치당 소속 의원의 수가 점점 늘어나고 있는 의회와 직면하게 되었다. 이렇게 의원 대다수가 유산계급의 경제적 이익에 반하는 경향을 대표했던 만큼, 의회는 그들에게 위험한 존재로 생각되었다. 그들은 민주주의가 제대로 작동하지 않는다고 말했다. 사실은 민주주의가 지나치게 작동하고 있었다고 말할 수 있을지도 모른다. 의회는 독일 인구를 구성하는 다양한 계층 각각의 이익을 충분히 대표하고 있었고, 바로 이런 이유 때문에 의회제도는 대기업과 반(半)봉건적 토지 소유자들의 특권을 유지하려는 욕구와는 더 이상 조화를 이룰 수 없었다. 이 특권층의 대표자들은 그들을 위협하고 있는 감정적 분노를 나치즘이 다른 방향으로 돌려주기를 기대했고, 동시에 그들 자신의 경제적 이익을 위해 국가를 이용해줄 것으로 기대했다. 대체로 그들은 실망하지 않았다. 물론 사소하고 세부적인 점에서는 그들의 판단이 빗나갔다. 히틀러와 그의 관료들은 티센이나 크루프● 같은 기업가들이 이래라저래라 할 수 있는 도구가 아니었다. 그래서 그들은 권력을 나치 관료들과 나누어 가져야 했고, 때로는 그들에게 굴복해야만 했다. 하지만 경제적으로 보면 나치즘은 다른 모든 계급에는 해로웠던 반면, 독일 산업계의 가

───────────

● **티센, 크루프** 독일의 중공업 재벌. 티센은 1891년에, 크루프는 1810년에 창업했으며, 1999년에 '티센크루프'로 합병하여 유럽 제2의 철강회사가 되었다.

장 유력한 집단에는 이로웠다. 나치 체제는 전쟁 이전의 독일 제국 주의를 '능률적으로 간소화한' 것이고, 군주제가 실패한 지점에서 시작되어 계속 이어졌다. (하지만 공화국은 독일의 독점 자본주의의 발달을 방해하기는커녕 자기가 쓸 수 있는 수단 방법을 다하여 그것을 더욱 발전시켰다.)

여기서 독자들 마음에 한 가지 의문이 떠오를 것이다. 나치즘의 심리적 기반이 옛 중산층이라는 진술과 나치즘이 독일 제국주의에 이롭게 작용한다는 진술을 어떻게 조화시킬 수 있는가 하는 의문이다. 이 의문에 대한 대답은 원칙적으로 자본주의가 등장한 시기에 도시 중산층의 역할에 관한 의문에 주어졌던 대답과 같다. 제1차 세계대전이 끝난 뒤 독점 자본주의의 위협을 받은 것은 중산층, 그중에서도 특히 하류 중산층이었다. 그 위협은 하류 중산층의 불안과 그로 인한 증오심을 불러일으켰다. 하류 중산층은 공황 상태에 빠졌고, 무력한 자들을 지배하고 싶은 갈망과 더불어 그들에게 예속되고 싶은 갈망으로 가득 찼다. 그런데 이 감정은 전혀 다른 계급이 자신들의 이익을 위해 활동해줄 체제를 수립하는 데 이용되었다. 히틀러는 원한과 증오에 사로잡힌 프티부르주아(이들은 하류 중산층을 감정적으로 사회적으로 자신과 동일시할 수 있었다)의 특징과 독일 기업가와 융커의 이익을 위해 기꺼이 봉사할 준비가 되어 있는 기회주의자의 특징을 아울러 가지고 있었기 때문에 매우 효율적인 도구였다. 처음에 그는 옛 중산층의 구세주를 자처하면서, 백화점을 파괴하고 금융자본의 지배를 타파하겠다고 약속했다. 그것은 기록에 분명히 남아 있다. 이 약속은 끝내 이행되지 않았다. 하지만 문제는 그게 아니었다. 나치즘은 진정한 정치적·경제적 강령을 전혀 갖고 있지 않았다. 나치즘의 강령 자체가 철저한 기회주의라는 사실을 이해하는 게 중요하다. 문제가 되는 것은 정상적인 발전 과정에서는 돈이나 권력을 얻을 기회가 거의 없는 수십만 명의 프티부르주아가 이제는 나치 관료 체제의 일원으로서 부와 특권을 자신에게도 나누어 달라고 상류계급을 압박하여 상당히 큰 몫을 얻어냈다는 사실이다. 나치 조직의 구성원이 아닌 다른 사람들에게는 유대인과 정적(政敵)으로부터 빼앗은 일자리가 주어졌고, 나머지 사람들은 더 많은 빵을 얻지는 못했지만 '구경거리'를 얻었다. 이런 가학적인 구경거리, 그리고 나머지 인류에 대한 우월감을 주는 이념은 그들에게 감정적 만족감을 안겨주었고, 이 만족감은 그들의 삶이 경제적으로 문화적으로 빈곤해졌다는 사실을 적어도 당분간은 벌충해줄 수 있었다.

그런데 우리는 어떤 사회경제적 변화, 특히 중산층의 몰락과 점점 막강해지는 독점 자본의 힘이 심대한 심리적 효과를 갖는 것을 보아왔다. 이 효과는 16세기에 종교적 이념이 그랬던 것처럼 정치적 이념을 통해 더욱 강해지거나 체계화되었고, 그렇게 생겨난 정신적 힘은 그 계급이 원래 누렸던 경제적 이익과는 반대되는 방향으로 작용했다. 나치즘은 하류 중산층이 전에 누렸던 사회경제적 지위를 파괴하는 데 참여하면서 이 계급을 심리적으로 부활시켰다. 나치즘은 독일 제국주의의 경제적·정치적 목표를 이루기 위한 투쟁에서 중요한 세력이 되기 위해 자신의 감정적 에너지를 동원했다.

이제 우리는 히틀러의 인격과 가르침 및 나치 체제가 바로 우리가 '권위주의적'이라고 부른 성격 구조의 극단적 형태의 하나를 표현하고 있다는 것, 또한 바로 이런 사실 때문에 그는 독일 국민 중에서 대체로 그와 같은 성격 구조를 가진 사람들에게 강한 호소력을 발휘할 수 있었다는 것을 보여주려고 한다.

히틀러의 자서전은 권위주의적 성격을 보여주는 가장 좋은 실례다. 게다가 나치의 문헌 자료 중에서도 가장 대표적인 것이기 때문에, 나는 그것을 나치즘의 심리를 분석하기 위한 주요 자료로 활용할 작정이다.

권위주의적 성격의 본질은 가학적 충동과 피학적 충동이 동시에 존재하는 것으로 설명되었다. 가학증은 타인에 대해 파괴성이 다소 섞인 무제한의 지배력을 지향하는 것으로 이해되었고, 피학증은 압도적으로 강한 힘 속에 자신을 용해시켜 그 힘의 영향력과 영광에 참여하기를 지향하는 것으로 이해되었다. 가학적 경향과 피학적 경향은 둘 다 고립된 개인이 고독을 참지 못하고 그 고독을 극복하기 위해 공생 관계를 필요로 하는 데에서 생겨난다.

'가학적 권력욕'은 《나의 투쟁》에 다양하게 표현되어 있다. 그것은 히틀러와 정적의 관계를 특징지을 뿐만 아니라 히틀러와 독일 대중의 관계를 특징짓는 것이기도 하다. 그는 독일 대중을 전형적인 가학적 태도로 경멸하고 '사랑'하는 한편, 정적에 대해서는 그의 가학증을 이루는 중요한 요소인 파괴적 경향을 보여준다. 그는 대중이 지배에서 느끼는 만족에 대해 이렇게 말하고 있다. "대중이 원하는 것은 더 강한 자가 승리하고 더 약한 자는 전멸하거나 무조건 항복하는 것이다."[6] "약한 남자를 지배하기보다 강한 남자에게 복종하기를 바라는 여자처럼 대중은 탄원자보다 지배자를 사랑하고, 속으로는 무엇에도 얽매이지 않는 자유를 얻는 것보다 어떤 경쟁자도 용납하지 않는 신념에 훨씬 만족감을 느낀다. 그들은 자유를 어떻게 처리해야 할지 몰라서 당황할 때가 많고, 걸핏하면 버림받은 기분을 느끼기까지 한다. 대중은 이 신념이 망상이라는 것을 결코 깨닫지 못하기 때문에 그들을 정신적으로 위협하는 무례함도 알아차리지 못하고, 그들의 인간적 자유가 터무니없이 축소되는 것도 알아차리지 못한다."[7]

히틀러는 연설자의 우월한 힘이 청중의 의지를 꺾는 것을 정치적 선전의 본질적인 요소라고 설명하고 있다. 청중이 육체적으로 피로를 느끼는 것은 그들이 암시에 걸리기에 가장 좋은 조건이라는 것을 그는 주저 없이 인정한다. 하루 중 어느 시간이 정치적 대중 집회에 가장 적합한가 하는 문제를 논하면서 그는 이렇게 말하고 있다. "아침에는, 심지어는 낮에도 사람들의 의지력은 타인의 의지와 타인의 의견에 억지로 굴복시키려는 시도에 강력하게 저항하는 것 같다. 하지만 밤에는 강한 의지의 지배력에 더 쉽게 굴복한다. 사실 그런 집회는 모두 서로 대립하는 두 힘의 레슬링 시합과 같기 때문이다. 이제 지배적이고 사도적인 성격을 가진 탁월한 웅변술은 자기 정신과 의지력의 에너지를 아직도 완전히 지배하고 있는 사람들보다 결국 가장 자연스럽게 자신의 저항력을 약화시킨 사람들의 마음을 새로운 의지력으로 사로잡는 데 더 쉽게 성공할 것이다."[8]

히틀러 자신도 복종심을 자아내는 상황을 아주 잘 알고 있으며, 대중 집회에 참석하는 개인의 상태를 훌륭하게 서술하고 있다. "새로운 운동의 지지자가 되어가는 개인은 외로움을 느끼고 고독에 대한 두려움에 사로잡히기 쉽지만, 대다수 사람들은 대중 집회에서 처음으로 더 큰 공동체를 보고 힘과 용기를 얻는다. 이런 이유만으로도 대중 집회는 필요하다……. 자신의 작은 일터나 자신을 아주 보잘것없는 존재로 느끼게 하는 대기업에서 처음으로 빠져나와 대중 집회에 발을 들여놓고 자신과 같은 신념을 가진 수천 명이나 되는 사람들에게 둘러싸이면……, 우리가 집단 암시라고 부르는 것의 마법적 영향력에 굴복하게 된다."[9]

괴벨스도 소설 《미하엘》에서 같은 식으로 대중을 묘사하고 있다. "사람들은 관대하게 지배당하는 것 외에는 아무것도 바라지 않는다."[10] 그에게 대중은 "조각가에게 돌이 갖는 의미밖에는 갖고 있지 않다. 지도자와 대중이라는 문제도 화가와 그림물감의 문제만큼 하찮은 것이다."[11]

괴벨스는 또 다른 저서에서 가학적인 사람이 자신의 대상들에게 의존하는 양상을 정확히 묘사하고 있다. 즉 가학적인 사람이 다른 누군가에게 지배력을 갖지 못하면 얼마나 무력하고 허무한 기분을 느끼는지, 그리고 그 지배력이 어떻게 그에게 새로운 힘을 주는지를 묘사하고 있는 것이다. 괴벨스는 자기 내면에서 일어나는 일을 다음과 같이 묘사하고 있다. "사람은 이따금 깊은 우울에 사로잡힌다. 다시 대중 앞에 서야만 그것을 극복할 수 있다. 대중은 우리의 힘의 원천이다."[12]

독일노동전선의 지도자인 로베르트 라이는 나치가 통솔력이라고 부르는 이 특별한 대중 지배력을 효과적으로 설명했다. 라이는 나치 지도자에게 요구되는 자질과 지도자를 교육시키는 목적을 논하면서 이렇게 말하고 있다. "이 사람들이 남을 이끌겠다는 의지, 남의 지배자가 되려는 의지, 한마디로 말해서 남을 다스리겠다는 의지를 갖고 있는지 알고 싶다……. 우리는 다스리고 싶고, 그것을 즐기고 싶다……. 우리는 이 사람들에게 승마를 가르칠 것이다……. 생물을 절대적으로 지배하는 느낌이 어떤 것인지를 알려주기 위하여."[13]

지배력을 강조한 표현은 교육의 목적에 대한 히틀러의 공식적인 발언에도 나타나 있다. 그는 학생의 "모든 교육과 발달은 자기가 남들보다 절대적으로 우월하다는 확신을 학생에게 주는 것을 목표로 삼아야 한다"[14]고 말했다.

히틀러가 다른 곳에서는 소년은 부당한 처사에도 반항하지 말고 견디도록 가르쳐야 한다고 선언한 사실이 독자에게는 이상하게 생각되지 않을 것이다. 아니, 나는 그러기를 바란다. 이 모순은 권력욕과 복종심 사이에 존재하는 가학-피학적 양가감정의 전형적인 것이다.

엘리트인 나치 지도자들을 몰아대는 추동력은 대중에 대한 지배력을 얻고 싶다는 소망이다. 앞의 인용문들이 보여주듯, 이 권력욕이 때로는 놀랄 만큼 솔직하게 드러난다. 때로는 지배를 받는 것이야말로 대중의 소망이라고 강조함으로써 보다 온건한 형태로 표현되기도 한다. 또 때로는 대중에게 아부함으로써 그들에 대한 냉소적 경멸을 숨겨야 할 필요성 때문에 다음과 같은 속임수를 쓰기도 한다. 히틀러는 자기보존 본능—이것은 나중에 다시 살펴보겠지만, 그에게는 권력욕과 거의 같은 것이다—에 대해 이야기하면서 이렇게 말하고 있다. "아리아인은 공동체의 생명을 위해 자신의 자아를 기꺼이 종속시키고, 시대가 요구하면 자아를 희생시키기도 하기 때문에"15) 자기보존 본능은 아리아인에게서 가장 고귀한 형태에 도달했다는 것이다.

'지도자들'이란 첫째로 권력을 누리는 사람들이지만, 대중도 결코 가학적 만족을 박탈당하는 것은 아니다. 독일 내의 인종적·정치적 소수파, 그리고 결국에는 약소하거나 몰락해간다고 묘사되는 다른 나라들이 가학증의 대상으로 대중을 만족시킨다. 히틀러와 그의 관료들은 독일 대중에 대한 지배력을 누리고, 대중 자신은 타민족에 대한 지배력을 누리며 또한 세계 지배의 야망을 불태우도록 교육된다.

히틀러는 세계 지배의 야망을 자신과 나치당의 목표라고 표명하는 데 조금도 주저하지 않는다. 그는 평화주의를 비웃으면서 이렇게 말하고 있다. "최고 수준의 사람이 이 지구의 유일한 주인이 될 수 있도록 세계를 정복하고 복속시켰을 때에는 평화주의적이고 인도적인 사상도 아주 괜찮다."16)

그는 또 이렇게 말하고 있다. "인종 오염이 심각한 시대에 최선의 인종적 요소를 보존하는 데 헌신하는 국가는 언젠가는 반드시 세계의 주인이 될 것이다."17)

히틀러는 항상 자신의 권력욕을 합리화하고 정당화하려고 애쓴다. 그 정당화의 골자는 이런 것이다. 즉 그가 타민족을 지배하는 것은 게르만족과 세계 문화의 번영을 위해서이고, 권력욕은 영원한 자연법에 입각한 것이므로 자기로서는 이 자연법을 인정하고 거기에 따를 뿐이며, 자기는 보다 더 높은 힘—신, 운명, 역사, 자연—의 명령에 따라 행동하고 있으며, 그가 타민족을 지배하려고 애쓰는 것은 그와 게르만족을 지배하려는 다른 사람들의 기도에 대한 방어일 뿐이라는 것이다. 그가 원하는 것은 오직 평화와 자유뿐이라고 한다.

첫 번째 합리화의 실례는 《나의 투쟁》에 나오는 다음 대목이다.

"게르만족이 역사적 발달 과정에서 타민족이 누렸던 것과 같은 집단적 통일을 이룩했다면, 독일 제국은 아마 오늘날 이 지구의 주인이 되었을 것이다." 독일의 세계 지배는 "눈물에 젖은 평화주의적이고 직업적인 곡(哭)쟁이 여자들의 종려나무 가지로 유지되는 평화가 아니라, 세계가 한층 더 높은 문화에 이바지할 수 있게 하는 지배 민족의 승리의 칼에 기반을 둔 평화"[18]로 이끌어갈 것이라고 히틀러는 억지를 부리고 있다.

자신의 목표는 독일의 번영에만 있지 않으며, 자신의 행동은 문명 전반에 최선의 이익을 가져오는 데에도 이바지하고 있다고 히틀러가 최근에 주장한 바는 모든 신문 독자들에게 잘 알려진 일이다.

자신의 권력욕은 자연법에 뿌리를 두고 있다는 두 번째 합리화는 단순한 합리화를 넘어선다. 즉 그것은 히틀러가 다윈의 진화론을 조잡하게 대중화한 데 특히 잘 표현되었듯이, 자기 외부에 있는 힘에 복종하려는 욕망에서도 생겨난다. 히틀러는 "종족보존 본능"에서 "인간 공동체 형성의 제1원인"[19]을 보고 있다.

자기보존 본능은 약육강식의 투쟁으로 이어지고, 경제적으로는 결국 적자생존으로 이어진다. 자기보존 본능과 타인에 대한 지배력

제6장 나치즘의 심리

의 동일시는 "인류 최초의 문화는 길든 동물보다도 열등한 민족을 부리는 데 의존했을 것"[20]이라는 히틀러의 억측에 특히 인상적으로 표현되어 있다. 그는 "모든 지혜를 가진 잔인한 여왕"[21]인 자연에 자신의 가학증을 투사한다. 자연의 보존법칙은 "이 세계에서 가장 우수하고 가장 강한 존재가 승리할 권리와 그 필연성의 철칙에 묶여 있다."[22]

이 조잡한 진화론과 관련하여 '사회주의자' 히틀러가 무한 경쟁이라는 자유주의적 원칙을 옹호하는 것을 보면 흥미롭다. 다른 국가주의 단체들 간의 협력에 격렬히 반대하면서 그는 이렇게 말하고 있다. "그런 결합에 의해 에너지의 자유로운 작용은 제약을 받고, 최상의 것을 선택하려는 투쟁은 정지되고, 따라서 더 건강하고 강한 자가 필연적이고 궁극적인 승리를 얻을 길은 영원히 막혀버린다."[23] 히틀러는 다른 곳에서는 에너지의 자유로운 작용이 삶의 지혜라고 말하고 있다.

물론 진화론 자체는 가학-피학적 성격의 감정을 표현한 것이 아니었다. 그와는 반대로 많은 지지자들에게 진화론은 인류가 더 높은 문화적 단계로 진화할 수 있다는 희망에 호소한 것이다. 하지만 히틀러에게 진화론은 자신의 가학증의 표현인 동시에 그것을 정당화해주는 근거였다. 히틀러는 진화론이 자신에게 갖는 심리적 의미를 지극히 순진하게 드러낸다. 그는 무명 시절 뮌헨에 살 때 아침 5시에 일어나곤 했다. 그는 "그 작은 방에서 시간을 보내는 작은 생쥐들에게 빵조각이나 딱딱한 부스러기를 던져주고는 그 우스꽝스러운 작은 동물들이 신나게 달려와서 얼마 되지도 않는 이 별미를

먹으려고 서로 싸우는 것을 지켜보는 버릇이 생겼다."[24] 이 '경기'
야말로 다윈의 '생존경쟁'의 축소판이었다. 히틀러에게 그것은 로마
황제들의 서커스를 대신하는 프티부르주아의 대용물이었고, 그가
훗날 연출할 역사적 서커스의 준비 단계였다.

　그의 가학증에 대한 마지막 합리화, 즉 가학증을 남의 공격에 대
한 방어로 정당화한 것은 히틀러의 저서 속에 다양하게 표현되어
있다. 히틀러와 게르만족은 항상 무고하고, 적은 항상 가학적인 짐
승들이다. 이런 선전은 대부분 고의적이고 의식적인 거짓말로 이루
어져 있다. 하지만 부분적으로는 편집증적 비난에 담긴 감정적 '진
지함'도 가지고 있다. 이 비난은 항상 자신의 가학증이나 파괴성이
드러나는 것을 방어하는 기능을 갖고 있다. 그 비난은 정해진 공식,
즉 가학적 의도를 가진 것은 당신이며 따라서 나는 결백하다는 공
식에 따라 진행된다. 히틀러에게 이 방어적 메커니즘은 매우 비합
리적이다. 그는 자신의 목표라고 솔직히 인정하는 바로 그것을 이
유로 적을 비난하기 때문이다. 이와 같이 그는 자기 행동의 지극히
정당한 목표라고 스스로 말하는 바로 그것 때문에 유대인과 공산주
의자와 프랑스인을 비난하고 있다. 그는 이 모순을 은폐하기 위해
그것을 합리화하는 수고도 거의 하지 않는다. 그는 유대인들이 프
랑스령 아프리카 군대를 라인 강으로 데려온 것을 비난했는데, 여
기에는 유대인들의 의도가 숨어 있다는 것이다. 즉 외국 군대가 들
어오면 필연적으로 사생아가 태어날 수밖에 없는데, 그런 식으로
백인종을 말살하고 그리하여 결국은 자신들이 백인종 대신 "지배자
의 지위에 오르는"[25] 것이 유대인들의 속셈이라는 것이다. 게르만

족의 가장 고귀한 목표라고 주장한 것을 타민족이 하면 안 된다고
비난하는 것이 모순이라는 사실은 히틀러도 알아차린 게 분명하다.
그는 아리아인의 지배욕에서 발견되는 이상주의적 성격이 유대인
의 자기보존 본능에는 결여되어 있다는 말로 이 모순을 합리화하려
애쓰고 있다.[26]

그는 프랑스인에게도 같은 비난을 퍼부었다. 그는 프랑스인들
이 독일의 목을 조여 그 힘을 빼앗으려 한다고 비난했다. 이 비난은
"유럽의 패권을 차지하려는 프랑스의 야욕"[27]을 분쇄할 필요가 있
다는 논거로 사용되지만, 히틀러는 자기가 클레망소*였다 해도 그
렇게 행동했을 것이라고 고백하고 있다.[28]

공산주의자들은 잔인성 때문에 비난을 받았고, 마르크스주의가
성공을 거둔 것은 그 사상의 정치적 의지와 활동가들의 잔인함 덕
분이라는 비난을 받았다. 하지만 히틀러는 동시에 이렇게 선언했다.
"우리 독일에 없는 것은 잔인한 힘과 교묘한 정치적 의도의 긴밀한
협력이었다."[29]

1938년의 체코 위기*와 현재의 전쟁을 통해 같은 종류의 예가 많

- **조르주 클레망소** 1841~1929. 프랑스의 정치가. 1906년에 수상에 취임했고, 제1차
세계대전 중에 다시 수상이 되어 전쟁을 승리로 이끌었다. 베르사유 강화회의를 주재
하면서 대독(對獨) 강경책을 펴서 조약을 강행했다.
- **체코 위기** 1938년 3월 '게르만 민족주의'를 앞세운 나치 독일이 오스트리아를 점령
한 뒤, 그해 9월 체코슬로바키아에 대하여 독일계 주민이 많은 수데텐란트를 할양할
것을 요구하면서 유럽에 전운이 감돌기 시작했다. 그러자 영국·프랑스·이탈리아·
독일이 뮌헨에서 협정을 맺고 독일의 요구를 들어주기로 합의함으로써 위기를 넘겼
으나, 이것은 약소국을 제물로 삼은 미봉책에 불과했다.

이 생겨났다. 나치의 억압 행위는 하나같이 타국의 압박에 대한 방어 행위라고 설명되었다. 이런 비난은 단순한 속임수일 뿐이고, 유대인과 프랑스인에 대한 비난을 윤색했던 편집증적 '진지함' 따위는 전혀 없다고 생각할 수 있다. 그 비난은 아직도 확실한 선전 가치를 지니고 있었고, 일부 국민, 특히 자신의 성격 구조 때문에 그 편집증적 비난을 쉽게 받아들이는 하류 중산층은 그 비난을 믿고 있었다.

히틀러가 힘없는 자들을 경멸한 것은 그가 스스로 공언한 것과 비슷한 정치적 목표―즉 민족적 자유를 위한 투쟁―를 가진 사람들에 대해 이야기할 때 특히 분명해진다. 민족적 자유에 대한 히틀러의 관심이 위선이라는 것은 아마 무력한 혁명가들에 대한 그의 경멸에 가장 노골적으로 드러나 있을 것이다. 그는 자신이 뮌헨에서 처음 가입했던 작은 규모의 국가사회주의자 단체를 경멸과 야유에 찬 어조로 말하고 있다. "끔찍하다, 끔찍해. 이 단체의 구성은 종류도 최악, 형식도 최악이었다. 이게 내가 가입하려고 한 단체였던가? 그 후 신입 회원의 자격이 논의되었는데, 그건 내가 발목이 잡혔다는 뜻이다."30) 이것이 그가 집회에 처음 참석했을 때 받은 인상이었다.

그는 이 단체를 "터무니없이 작은 단체"라고 부르고, 그것의 유일한 이점은 "진정한 개인 활동의 기회"31)를 제공하는 일이라고 말했다. 히틀러는 기존의 큰 정당에는 절대 가입하려고 하지 않았다고 말하고 있는데, 이런 태도는 매우 히틀러다운 것이다. 그는 열등하고 허약하게 느껴지는 단체에서 출발해야 했다. 그가 뛰어난 사람들 속에서 기존의 권력과 싸우거나 동료들과 경쟁해야 했다면, 그의 독창성과 용기는 결코 자극받지 못했을 것이다.

그는 인도의 혁명가들에 관해 쓸 때도 무력한 자들을 역시 경멸하는 태도를 보이고 있다. 그는 자신의 목적을 위해 민족적 자유라는 구호를 누구보다도 많이 이용한 사람인데도, 힘이 없어서 강력한 대영제국을 감히 공격할 엄두도 내지 못하는 혁명가들에 대해서는 경멸감밖에 보이지 않고 있다. 히틀러는 이렇게 말하고 있다. "나는 아시아의 탁발승인지 뭔지, 몇몇 인도의 '자유의 투사'를 기억하는데, 그들은 유럽 전역을 돌아다니며 인도에 쐐기돌을 박고 있는 대영제국이 바야흐로 붕괴하기 직전이라는 고정관념을, 꽤나 지적인 사람들에게 심어주려고 애쓰고 있다……. 하지만 인도의 반란은 결코 성공하지 못할 것이다……. 절름발이들이 아무리 연합해봤자 강대국을 덮친다는 것은 불가능한 일이다……. 나는 그들의 민족적 열등성을 알기 때문에 우리 민족의 운명을 이른바 '피압박 민족들'의 운명과 결부시킬 수 없다."[32]

강자에 대한 사랑과 무력한 약자에 대한 증오는 가학-피학적 성격의 전형적인 특징이고, 이것은 히틀러와 그 추종자들의 정치적 행동을 대부분 설명해준다. 바이마르공화국 정부는 나치를 관대하게 다루면 그들을 '달랠' 수 있을 거라고 생각했지만, 정부는 나치를 달래는 데 실패했을 뿐만 아니라 힘과 굳은 의지가 없다는 것을 보여주는 바람에 나치의 증오마저 불러일으켰다. 히틀러는 공화국이 허약했기 때문에 싫어했고, 재계와 군부의 지도자들은 힘을 가지고 있었기 때문에 존경했다. 히틀러는 이미 기틀을 잡은 강한 힘과는 절대로 맞서지 않고, 그가 보기에 본질적으로 무력한 집단하고만 싸웠다. 히틀러의—그리고 이 점에서는 무솔리니의—'혁명'은 기존 세력의 보호 아래서 일어났으며, 그들이 즐겨 공격한 대상은 자신을 방어할 수 없는 약자들이었다. 영국에 대한 히틀러의 태도를 결정지은 요인은 여러 가지지만, 그중에서도 특히 이 심리적 열등감이 가장 중요한 요인이었다고 감히 추정할 수 있을 것이다. 영국이 강하다고 느낀 동안은 히틀러도 영국을 사랑하고 찬미했다. 그의 저서는 영국에 대한 이 사랑을 표현하고 있다. 하지만 뮌헨 협정을 전후하여 히틀러는 영국의 지위가 약해진 것을 알아차렸고, 그러자 그의 사랑은 증오와 파괴욕으로 바뀌었다. 이런 관점에서 보면 '유화책'은 히틀러 같은 성격을 가진 사람에게는 우정이 아니라 증오를 불러일으킬 수밖에 없는 정책이었다.

지금까지 우리는 히틀러의 이념에 있는 '가학적인' 측면에 대해 이야기했다. 하지만 앞에서 권위주의적 성격에 대해 논할 때 보았듯이, 그 이념 속에는 가학적인 측면만 있는 게 아니라 '피학적인' 측면도 있다. 무력한 존재를 지배하고 싶은 욕망만이 아니라 압도적으로 강한 힘에 복종하여 자아를 없애버리고 싶은 욕망도 존재한다. 나치의 이념과 실제의 이 피학적인 측면은 대중과 관련하여 가장 명백하게 드러난다. 대중은 되풀이해서 듣는다. 개인은 무의미하고 무가치한 존재라고. 따라서 개인은 자신의 무의미함을 인정하고 더 높은 힘 속에 자신을 용해시켜야 한다고. 그런 다음 이 높은 힘의 기운과 영광에 참여하는 것에 자부심을 느껴야 한다고. 히틀러는 자신의 이상주의를 정의할 때 이 개념을 명백히 표명하고 있다. "오직 이상주의만이 사람들로 하여금 힘의 특권을 자발적으로 인정하게 하고, 그리하여 그들로 하여금 우주를 이루는 그 질서 속의 한

제6장 나치즘의 심리

점 티끌이 되게 한다."[33]

괴벨스도 그가 사회주의라고 부르는 것을 비슷하게 정의하고 있다. "사회주의자라는 것은 나를 너에게 복종시키는 것이다. 사회주의는 전체를 위해 개인을 희생시키는 것이다."[34]

개인을 희생시키고 한 점의 티끌이나 한 개의 원자가 되는 것은 히틀러에 따르면 자신의 개인적인 의견과 이익과 행복을 주장할 권리를 포기하는 것을 뜻한다. 이 포기는 개인이 "자신의 개인적 의견과 이익을 대변하는 것을 포기하는"[35] 정치 조직의 본질이다. 히틀러는 '비이기적인 것'을 칭찬하고, "사람은 자신의 행복을 추구하면 오히려 천국에서 지옥으로 떨어진다"[36]고 가르치고 있다. 개인에게 자기를 주장하지 않도록 가르치는 것이 교육의 목표다. 학교에 다니는 아이들은 이미 "잘못했을 때 잠자코 꾸중을 듣는 것을 배워야 할 뿐만 아니라, 필요하다면 부당한 처사까지도 말없이 참고 견디는 법을 배워야 한다."[37] 히틀러는 자신의 궁극적인 목표에 대해 이렇게 쓰고 있다. "민족 국가에서 민족적 인생관은 사람을 개나 말이나 고양이보다 잘 키우는 데 신경 쓰지 않고 오히려 인류 자체를 향상시키는 데 신경 쓰는 보다 고귀한 시대, 즉 어떤 사람들은 다 알면서도 잠자코 포기하고 또 다른 사람들은 기꺼이 자신을 내주어 희생하는 시대를 가져오는 데 마침내 성공해야 한다."[38]

이 문장은 조금 놀랍다. '다 알면서도 잠자코 포기하는' 유형의 사람을 서술한 뒤에는 당연히 그와는 반대되는 유형, 어쩌면 앞장서서 남을 이끌거나 책임을 지거나 그와 비슷한 일을 하는 사람이 언급될 것이라고 독자들은 기대했을 것이다. 그런데 히틀러는 그 '다른' 유형도 역시 자신을 희생하는 능력으로 규정했다. '잠자코 포기하는' 것과 '기꺼이 자신을 희생하는' 것의 차이를 이해하기는 어렵다. 군이 추측한다면, 체념해야 할 대중과 그들을 다스려야 할 지배자를 구별하는 것이 히틀러의 진짜 의도였을 거라고 믿는다. 하지만 그는 때로는 자신과 '엘리트'의 권력욕을 아주 노골적으로 인정하면서도 때로는 그것을 부인하고 있다. 앞의 문장에서 그는 별로 솔직하고 싶지 않았던 게 분명하다. 그래서 지배하고 싶은 욕망 대신에 '기꺼이 자신을 희생하고' 싶은 욕망이라는 말을 넣었을 것이다.

히틀러는 그의 자기 부정과 희생의 철학이 경제적 상황 때문에 행복을 전혀 누릴 수 없는 사람들을 겨냥하고 있다는 것을 분명히 인식하고 있다. 그는 모든 사람에게 개인적 행복을 누릴 수 있게 해주는 사회 체제를 바라지 않는다. 히틀러는 대중이 자기말살에 대한 그의 복음을 믿도록 하기 위해 대중의 빈곤 자체를 이용하려고 했다. 그는 아주 솔직하게 선언하고 있다. "우리는 너무 가난해서 자신의 개인 생활이 세계 최고의 행운이 될 수 없는 사람들의 대군(大軍)에 의지하고 있다……."[39]

자기희생에 관한 이 모든 설교는 한 가지 명백한 목적을 가지고 있다. 지도자와 '엘리트'의 권력욕이 실현되려면 대중은 체념하고 복종해야 한다는 것이다. 하지만 이 피학적 갈망은 히틀러 자신에게서도 볼 수 있다. 그가 복종하는 우월한 힘은 신, 운명, 필연, 역사, 자연이다. 실제로 이 단어들은 그에게 거의 같은 의미를 지니고 있다. 모두가 압도적으로 강한 힘의 상징이다. 그는 "'운명'이 나의 출생지로 인 강 연안의 브라우나우를 지정해준 것은 나에게 행운이었다"⁴⁰⁾라는 서술로 자서전을 시작하고 있다. 이어서 그는 게르만족 전체가 하나의 국가로 통합되어야 한다고 말하고, 그래야만 이 나라가 게르만족 전체를 수용하기에는 너무 작아질 때 '필연'이 그들에게 "토지와 영토를 획득할 도덕적 권리"⁴¹⁾를 줄 것이기 때문이라고 말하고 있다.

제1차 세계대전에서 독일이 패한 것은 그에게는 "'영원한 응보'에 따른 당연한 천벌"⁴²⁾이다. 타민족과 피를 섞는 민족은 "영원한 '섭리'의 뜻을 어기는 죄"⁴³⁾를 짓거나, 그의 또 다른 표현을 빌리면 "'영원한 창조자'의 뜻을 어기는 죄"⁴⁴⁾를 짓는 것이다. 독일인의 사명은 "우주의 창조자"⁴⁵⁾가 정해준다. '하늘'은 사람보다 우월하다. 운이 좋으면 사람을 속일 수는 있지만 "하늘을 매수할 수는 없기"⁴⁶⁾ 때문이다.

히틀러에게 신과 섭리와 운명보다 더 깊은 감명을 주는 힘은 아마 '자연'일 것이다. 자연에 대한 지배가 인간에 대한 지배를 대신하는 것이 지난 400년 동안 지속된 역사 발전의 추세였지만, 히틀러는 사람은 인간을 지배할 수 있고 마땅히 지배해야 하지만 자연을 지배할 수는 없다고 주장한다. 나는 앞에서 인류 역사는 동물을 길들이는 것으로 시작된 것이 아니라 열등한 민족을 지배하는 것으로 시작되었을 거라는 히틀러의 말을 인용했다. 히틀러는 인간이 자연을 정복할 수 있다는 생각을 비웃고, "'관념' 외에는 마음대로 쓸 수 있는 무기가 없는 주제에" 자연의 정복자가 될 수 있다고 믿는 자들을 비웃는다. 인간은 "자연을 지배하는 것이 아니라 몇 가지 자연의 법칙과 비밀에 대한 지식을 바탕으로, 이 지식조차 없는 다른 생물들의 주인이라는 지위에 올라섰을 뿐"[47])이라고 히틀러는 말했다. 여기서도 우리는 같은 생각을 발견한다. 자연은 우리가 복종해야 할 위대한 힘이지만, 생물은 우리가 지배해야 할 존재라는 것이다.

지금까지 나는 우리가 앞에서 권위주의적 성격의 기본적인 경향으로 설명한 두 가지 경향, 즉 인간을 지배하고 싶어 하는 욕망과 압도적으로 강한 외부의 힘에 복종하고 싶어 하는 갈망을 히틀러의 저서에서 보여주려고 애썼다. 히틀러의 생각은 나치당의 이념과 거의 같다. 그의 저서에 표명된 개념들은 그가 대중을 나치당의 추종자로 만든 수많은 연설에서 밝힌 생각들이다. 이런 이념은 그의 인격에서 생겨났으며, 그의 인격은 열등감, 생명에 대한 증오, 금욕주의, 인생을 즐기는 자들에 대한 부러움 등과 더불어 가학-피학적 충동을 키우는 토양이었다. 나치 이념은 성격 구조가 비슷하기 때문에 이런 설교에 매력과 자극을 느낀 사람들에게 호소했고, 여기에 매료된 사람들은 자신들이 느낀 바를 표현해준 사람의 열렬한 추종자가 되었다. 하지만 하류 중산층을 만족시킨 것은 나치 이념만이 아니었다. 이념이 약속한 것을 정치적 실행이 실현해주었다. 하나의 계급 체계가 창설되어 모든 사람이 복종해야 할 윗사람과 자신의 지배력을 느낄 수 있는 아랫사람을 갖게 되었다. 이 계급 체계의 꼭대기에 있는 지도자는 자신보다 위에 운명과 역사와 자연을 가지며, 이 힘에는 그도 따라야 한다. 이렇게 나치의 이념과 실천은 일부 국민의 성격 구조에서 생겨나는 욕망을 만족시키고, 지배와 복종을 즐기지는 않지만 인생과 자신의 결단과 그 밖의 모든 일에 대한 믿음을 포기하고 체념한 사람들에게는 방향과 위치를 알려준다.

이런 고찰이 장차 나치즘의 안정성을 예측할 수 있는 단서를 줄까? 내가 어떤 예측을 할 자격이 있다고는 생각하지 않는다. 하지만 몇 가지 점, 우리가 지금까지 논한 심리적 전제에서 나오는 결론들은 제기할 가치가 있을 것 같다. 심리적 조건이 주어지면 나치즘은 국민의 감정적 욕구를 충족시키지 않을까? 그리고 이 심리적 기능은 나치즘의 안정성을 강화하는 데 도움이 되는 하나의 요인이 아닐까?

지금까지 말한 것들을 종합해보면, 이 질문에 대한 대답이 부정적인 것임은 분명하다. 인간이 개체화하고 모든 '원초적 유대'가 파괴되었다는 사실은 역전될 수 없다. 중세 세계가 파괴되는 과정은 400년이 걸렸고, 우리 시대에 와서 마무리되고 있다. 산업 체계 전반, 생산 방식 전반이 파괴되어 산업화 이전 수준으로 바뀌지 않는 한, 인간은 여전히 주위 세계에서 완전히 해방된 개인으로 남을 것이다. 우리는 인간이 이 소극적인 자유를 견디지 못한다는 것, 인간은 자신이 포기한 원초적 유대를 대신할 수 있는 새로운 유대 속으로 도피하려고 애쓴다는 것을 살펴보았다. 하지만 이 새로운 유대는 세계와의 진정한 연합을 이루지 않는다. 인간은 새로운 안정을 얻기 위해 자아의 본래 모습을 포기하는 것으로 대가를 치른다. 인간과 이들 권위의 사실상의 분열은 소멸하지 않는다. 인간이 의식적으로 권위에 자진해서 복종한다 해도, 권위는 그의 삶을 방해하여 제대로 기능하지 못하게 만든다. 그와 동시에 인간이 살고 있는 세계는 그를 하나의 '원자'로 만들어버렸을 뿐만 아니라, 하나의 개인이 될 수 있는 잠재력도 그에게 제공하고 있다. 근대 산업 체계는 사실상 모든 사람에게 경제적으로 안정된 삶을 위한 수단을 만들어 내는 능력뿐만 아니라 노동 시간을 상당히 줄이면서 인간의 지적·감각적·감정적 잠재력을 충분히 표현하기 위한 물질적 토대를 만들어내는 능력도 가지고 있다.

　권위주의적 이념과 실천의 기능은 신경증의 기능과 비교할 수 있다. 그런 증상은 참을 수 없는 심리 상태에서 비롯되고, 동시에 삶을 살아갈 수 있게 해주는 해결책을 제공해주기도 한다. 하지만 이런 해결책은 행복이나 인간성의 성장으로 이어지는 해결책은 아니다. 그래도 신경증적 해결을 필요로 하는 상황은 전혀 달라지지 않은 채 남아 있다. 인간의 본성이 지닌 역동성은 좀 더 만족스러운 해결책을 얻을 가능성이 조금이라도 있으면 그런 해결책을 추구하려는 경향을 보이는 중요한 요소다. 개인의 고독과 무력감, 내면에서 발달한 잠재력을 실현하려고 애쓰는 태도, 근대 산업의 생산력이 점점 높아지고 있다는 객관적인 사실 따위는 자유와 행복을 추구하는 데 필요한 토대를 이루는 동적 요소들이다. 공생 관계로 도피하는 것은 잠시 고통을 누그러뜨릴 수 있지만, 고통을 완전히 없애주지는 못한다. 인류의 역사는 개체화가 진행되는 역사지만, 한편으로는 자유가 증대하는 역사이기도 하다. 자유에 대한 추구는 형이상학적 힘이 아니므로 자연법으로 설명할 수도 없다. 그것은 개체화 과정과 문화 발달의 필연적인 결과다. 권위주의적 체제는 자유를 추구하게 만드는 기본적 상황을 제대로 처리하지 못하고, 이런 상황에서 생겨나는 자유에 대한 추구를 근절시킬 수도 없다.

제7장

자유와 민주주의

1. 개성의 환상

앞에서 나는 근대 산업 체계 전반에, 특히 그 독점화 단계에서 몇 몇 요인이 무력감과 고독감, 불안과 불안전을 느끼는 성격 발달에 이바지한다는 것을 보여주려고 애썼다. 나는 일부 독일인이 이른바 권위주의적 성격에 특히 강한 호소력을 지닌 이념과 정치적 실천의 온상이 되는 특수한 상황을 논했다.

하지만 우리 자신은 어떤가? 우리 자신의 민주주의를 위협하는 것은 대서양 저편의 파시즘이나 우리 자신의 대열에 끼어 있는 '제5 열'•뿐일까? 그렇다면 상황은 비록 중대해도 아직 위태롭지는 않다 고 할 수 있을 것이다. 국내외에서 우리의 민주주의를 공격하는 파시즘의 위협은 심각하게 받아들여야 하지만, 우리가 우리 사회 안에서 파시즘 등장의 온상이 될 만한 현상, 즉 개인의 무의미함과 무력함에 직면해 있다는 것을 보지 못한다면 이보다 더 큰 과오와 더 중대한 위험은 없을 것이다.

이 말은 근대 민주주의가 모든 외적 제약으로부터 개인을 해방시켜 진정한 개인주의를 달성했다는 통념에 도전한다. 우리는 어떤 외적 권위에도 종속되지 않는다는 것, 우리의 사상과 감정을 자유롭게 표현할 수 있다는 것을 자랑스럽게 여긴다. 그리고 우리는 이 자유가 거의 자동적으로 우리의 개성을 보장해주는 것을 당연하게 받아들인다. 하지만 '사상을 표현할 권리는 우리가 자신의 사상을 가질 수 있을 경우에만 의미가 있다.' 외적 권위로부터 부여받은 자유는 우리의 내적 심리가 자신의 개성을 확립할 수 있는 상태인 경우에만 지속적인 성과가 된다. 우리는 그 목적을 달성했는가? 아니면 적어도 그 목적에 가까이 다가가고 있는가? 이 책은 인간적인 요인을 다루고 있다. 따라서 이 책의 과업은 바로 이 문제를 비판적으로 분석하는 일이다. 그러면서 우리는 앞 장에서 빼먹은 이야기를 계속할 것이다. 근대인에게 자유가 보여주는 두 가지 측면을 논하면서 우리는 오늘날 개인의 외로움과 무력함을 더욱 증대시키는 경제적 조건들을 지적했다. 또한 심리적 결과를 논하면서는 이 무력

• **제5열** 적국 내부에 있으면서 외부세력에 호응하며 각종 모략활동을 하는 조직적인 무력집단. 스페인 내전 당시 파시스트 장군이었던 에밀리오 몰라 비달이 마드리드 내부에 있던 자신의 지지자들을 제5열이라 부른 데서 유래되었다. 단순하게 간첩을 의미하기도 한다.

함이 권위주의적 성격에서 볼 수 있는 그런 종류의 도피로 이어지거나 혹은 강박적인 순응으로 이어져, 그 과정에서 고립된 개인은 자동인형이 되어 자아를 잃지만, 동시에 의식적으로는 자신을 자신에게만 종속된 자유로운 존재로 생각한다는 것을 알았다.

몇 가지 두드러진 예를 들 정도의 여유밖에 없지만, 우리의 문화가 이 순응하는 경향을 어떻게 조장하는지를 고찰하는 것은 중요한 일이다. 자발적인 감정을 억압하고 그리하여 진정한 개성의 발달을 억누르는 것은 아주 일찍, 실제로는 아이들에 대한 최초의 훈련과 함께 시작된다.[1] 이 말은 훈련이 필연적으로 자발성의 억압을 초래할 수밖에 없다는 뜻은 아니다. 교육의 진정한 목적이 아이들의 내적 독립성과 개성, 성장과 본래 모습을 발전시키는 것이라면, 훈련이 반드시 자발성을 억압하는 결과로 이어지지는 않는다. 이런 교육이 성장기 아이들에게 부과할 수밖에 없는 제약은 일시적인 조치일 뿐이고, 사실은 그것도 성장과 발전 과정을 뒷받침하는 조치다. 하지만 우리의 문화에서 교육은 자발성 배제를 초래하는 경우가 너무 많고, 독창적인 정신 활동이 그 위에 포개진 감정과 생각과 소망으로 대체되는 경우도 많다. (되풀이 말하지만, 여기서 독창적이라는 것은 어떤 사상이 전에 다른 사람이 한 번도 생각한 적이 없는 것이라는 뜻이 아니라, 그 사상이 개인의 내면에서 비롯된 것이고, 그 자신의 활동의 결과이고, 이런 의미에서 '그 자신'의 사상이라는 뜻이다.) 약간 자의적으로 한 가지 실례를 고른다면, 가장 이른 시기에 이루어지는 '감정'의 억압 가운데 하나는 적개심 및 혐오감과 관련되어 있다. 우선 대부분의 아이들은 주위 세계와의 갈등 때문에 어느 정도의 적개심과 반항심을 갖는다. 주위 세계는 아이들의 발전성을 막으려는 경향이 있고, 상대적으로 약한 아이들은 주위 세계에 굴복할 수밖에 없다. 이 적대적 반작용을 제거하는 것이 교육 과정의 본질적인 목적 가운데 하나다. 그 방법은 다양하다. 위협과 처벌로 겁을 주는 방법도 있고, 아이를 혼란에 빠뜨려 적개심을 버리게 하는 매수나 '설득'이라는 더 교묘한 방법도 있다. 아이는 우선 감정 표현을 포기하고, 결국에는 그 감정 자체를 포기한다. 그와 함께 아이는 타인들의 적개심과 위선을 의식하지 않는 법을 배운다. 때로는 이것이 쉬운 일은 아니다. 왜냐하면 아이들은 다른 사람의 그런 부정적 자질을 알아차리는 능력을 가지고 있어서, 어른들처럼 남의 말에 쉽게 속아넘어가지 않기 때문이다. 그래도 아이들은 '타당한 이유도 없이'—그 사람한테서 발산되는 적개심이나 위선을 아이들이 느낀다는 아주 훌륭한 이유를 제외하고는—누군가를 싫어한다. 이 반응은 곧 좌절당한다. 아이가 보통 어른과 같은 '성숙함'에 도달하여, 악당이 뭔가 명백하게 나쁜 짓을 저지르지 않는 한 훌륭한 사람과 나쁜 사람을 구별하는 감각을 잃기까지는 그리 오랜 시간이 걸리지 않는다.

한편, 교육 초기에 아이들은 전혀 '자기 것'이 아닌 감정을 가지라는 가르침을 받는다. 특히 아이들은 사람들을 좋아하고 사람들에게 무비판적으로 친절하게 대하고 미소를 지으라는 가르침을 받는다. 이때 교육이 해내지 못한 일은 대개 나중에 사회적 압력이 해낸다. 당신이 미소를 짓지 않으면 '상냥한 성격'이 모자란 사람으로 여겨질 것이다. 그런데 당신이 웨이트리스나 세일즈맨이나 의사처럼 사람을 많이 상대하는 서비스업에 종사하고 싶으면 상냥한 성격을 가질 필요가 있다. 사회적 피라미드의 밑바닥에 있어서 자신의 노동력밖에는 팔 것이 없는 사람과 피라미드의 꼭대기에 있는 사람들만이 유별나게 '상냥할' 필요가 없다. 친절함과 명랑함, 그 밖에 미소가 표현할 수 있는 모든 것은 전기 스위치처럼 마음대로 켰다 껐다 할 수 있는 자동적인 반응이 된다.[2]

물론, 대부분의 경우 사람들은 상대가 단순히 형식적인 몸짓을 하고 있을 뿐이라는 것을 알아차린다. 하지만 대개는 그런 인식을 잃어버리고, 그리하여 거짓 감정과 자발적인 친절함을 구별하는 능력도 잃어버린다.

직접 억압되는 것은 적개심만이 아니고, 위에 덧씌워진 가짜 감정 때문에 말살되는 것은 친절함만이 아니다. 광범위한 자발적 감정들이 억압되고 가짜 감정으로 대체된다. 프로이트는 이런 억압들 가운데 하나를 골라서 자신의 사상 체계의 중심으로 삼았다. 그것은 바로 성의 억압이다. 성적 쾌락을 억제하는 것은 자발적인 반응을 억누르는 단 하나의 중요한 억압이 아니라 수많은 억압들 중의 하나라고 나는 생각하지만, 그 중요성이 과소평가되어서는 안 될 것이다. 성적 쾌락을 억압한 결과는 성욕을 억제하는 경우에 명백하게 드러날 뿐 아니라, 성행위가 강제성을 띠거나 특별한 맛도 없는데 자기 자신을 잊게 해주는 술이나 마약처럼 거기에 중독되는 경우에도 분명히 드러난다. 결과가 어느 쪽이든 관계없이, 성적 쾌락의 억압은 성욕의 강렬함 때문에 성적 영역에만 영향을 미치는 것이 아니라, 그 밖의 모든 영역에서도 자발적으로 표현하는 용기를 약화시킨다.

제7장 자유와 민주주의

우리 사회에서 감정은 전반적으로 억압되어 있다. 창의적 사고가—다른 어떤 창조적 활동도 마찬가지지만—감정과 불가분의 관계를 갖는 것은 의심할 여지가 없지만, 감정 없이 생각하고 감정 없이 생활하는 것이 하나의 이상적인 태도가 되어버렸다. '감정적'인 것이 불안정하거나 정신적으로 불균형한 것과 같은 뜻이 되어버렸다. 이 기준을 받아들였기 때문에 개인은 매우 약해졌다. 그의 생각은 빈곤해지고 단조로워졌다. 한편 감정은 완전히 죽일 수 없기 때문에 인격의 지적인 측면과는 완전히 동떨어진 곳에 존재해야 한다. 그 결과는 값싸고 가식적인 감상성인데, 이 감상성을 가지고 영화와 대중가요는 감정에 굶주린 수백만 명의 소비자를 만족시키는 것이다.

내가 특별히 언급하고 싶은 하나의 금지된 감정이 있는데, 그것은 비극의 감정이다. 이것을 특별히 언급하고 싶은 까닭은 이 감정의 억압이 인간성의 뿌리와 깊이 관련되어 있기 때문이다. 앞에서 살펴보았듯이, 죽음에 대한 인식과 삶의 비극적 측면에 대한 인식은 막연한 것이든 명료한 것이든 인간의 기본적 특징의 하나다. 어떤 문화도 저마다 죽음이라는 문제에 대처하는 고유한 방법을 가지고 있다. 개체화 과정이 조금밖에 진행되지 않은 사회에서는 개체적 존재를 경험하는 것 자체가 미숙하기 때문에 개체적 존재가 끝나는 것도 별로 문제가 되지 않는다. 죽음은 아직 삶과 근본적으로 다르게 여겨지지 않는다. 개체화가 더 많이 진전된 문화는 자신의 사회적·심리적 구조에 따라 죽음을 취급해왔다. 그리스인들은 오로지 삶만 강조했으며, 죽음은 삶의 어둡고 음울한 연속에 불과한 것으로 묘사했다. 이집트인들은 인체가 파괴되지 않는다는 믿음, 적어도 살아 있을 때 파괴할 수 없는 권력을 가졌던 사람의 육체는 영원히 파괴되지 않는다는 믿음에 희망을 걸었다. 유대인들은 죽음이라는 사실을 현실적으로 받아들였고, 이 세상에서 인류가 결국 도달하게 될 행복하고 정의로운 나라를 상상함으로써 개체적 생명의 파괴라는 생각을 체념하고 받아들일 수 있었다. 기독교는 죽음을 비현실적인 것으로 만들었고, 죽음 뒤의 삶을 약속함으로써 불행한 개인을 달래려고 애썼다. 우리 시대는 죽음을 부인하고, 그렇게 함으로써 삶의 근본적인 측면 한 가지를 부인하고 있다. 우리 시대는 죽음과 고통에 대한 인식을 가장 강력한 삶의 자극제이자 인류가 서로 단결하는 토대로 삼고, 기쁨과 열정이 강렬함과 깊이를 갖기 위해서는 반드시 겪어야 할 경험으로 삼기는커녕 개인에게 그 인식을 억압하도록 강요하고 있다. 하지만 억압이 항상 그렇듯이, 억압된 요소는 시야에서 사라져도 존재하기를 그만두는 것은 아니다. 따라서 죽음의 공포는 우리 사이에 불법으로 존재한다. 죽음의 공포는 아무리 그것을 부인하려고 애써도 여전히 살아 있지만, 억압되어 있기 때문에 불모 상태로 남아 있다. 그것은 다른 경험들이 단조로워지는 원인이고, 삶에 널리 퍼져 있는 불안감의 원인이기도 하다. 감히 말하건대, 그것은 미국 국민이 장례식에 터무니없이 많은 돈을 쓰는 이유를 설명해준다.

감정을 금지하는 과정에서 근대 정신의학은 이중의 역할을 한다. 한편에서는 정신의학의 가장 위대한 대표자인 프로이트가 인간 정신이 합리적이고 합목적적이라는 허구를 깨고, 인간적 열정의 심연을 들여다볼 수 있는 길을 열어주었다. 다른 한편에서는 프로이트의 바로 이 업적으로 풍요로워진 정신의학이 인간의 성격을 교묘히 조종하는 일반적 경향의 도구가 되었다. 정신분석가를 포함하여 많은 정신의학자들은 결코 지나치게 슬퍼하거나 지나치게 분노하거나 지나치게 흥분하지 않는 '정상적인' 성격을 묘사했는데, 그들은 '정상적인' 개인의 전통적 유형에 들어맞지 않는 특징이나 성격 유형을 비난할 때 '소아적(小兒的)'이라든가 '신경증적'이라는 낱말을 사용한다. 이런 식으로 영향력을 행사하는 것은 어떤 면에서는 더 오래되고 더 솔직한 형태의 비난보다 더 위험하다. 옛날에는 적어도 개인이 자기를 비난하는 사람이나 교리가 있다는 것을 알고 거기에 반격할 수도 있었다. 하지만 누가 '과학'에 반격할 수 있을까?

감각과 감정에 일어나는 것과 똑같은 왜곡이 독창적인 '생각'에도 일어난다. 교육이 처음 시작될 때부터 독창적인 생각은 억압되고, 이미 만들어진 기성품 같은 생각이 사람들의 머리에 주입된다. 이런 일이 어린아이들에게 어떻게 이루어지는지는 쉽게 볼 수 있다. 아이들은 세상에 대한 호기심으로 가득 차서, 지적으로만이 아니라 물리적으로도 세상을 파악하고 싶어 한다. 아이들은 진실을 알고 싶어 한다. 그것이 낯설고 강력한 세계에서 자신의 위치를 똑바로 알 수 있는 가장 안전한 방법이기 때문이다. 하지만 아이들은 진지하게 받아들여지지 않고, 아이들을 무시하는 이런 태도가 공공연하고 무례한 형태를 취하든, 아니면 (어린이나 노인이나 병자 같은) 힘없는 사람들에게 흔히 그러듯 미묘하게 생색내는 태도를 취하든, 그것은 중요하지 않다. 이런 태도로 대하는 것만으로도 독자적인 생각을 방해하기에 충분하지만, 그보다 더 큰 장애가 있다. 그것은 보통 어른이 아이를 대할 때의 전형적 태도인 불성실—물론 고의가 아닌 경우가 많지만—이다. 이 불성실은 어른이 아이에게 보여주는 세계의 모습이 허구적이라는 데에도 존재한다. 그것은 마치 사하라 사막을 탐험하려면 어떤 준비를 해야 하느냐고 묻는 사람에게 북극의 생활을 알려주는 것만큼 쓸모가 없다. 세계를 이렇게 일반적으로 잘못 설명하는 것 외에, 어른들은 여러 개인적인 이유로 아이들에게 알려주고 싶지 않은 사실을 감추기 위해 특수한 거짓말도 많이 한다. 아이의 행동에 대한 정당한 불만으로 합리화되는 언짢은 기분에서부터 부모의 성행위와 말다툼을 감추는 것에 이르기까지 아이는 '알아서 안 되고', 아이의 질문은 매정하게 또는 우아하게 저지당하고 만다.

아이는 이렇게 키워져 학교에 들어가고, 아마 대학에도 갈 것이다. 나는 오늘날 쓰이는 교육 방법 가운데 독창적인 생각을 실제로 방해하는 몇 가지를 잠깐 언급하고 싶다. 하나는 사실에 대한 지식, 아니 그보다는 정보를 강조하는 것이다. 사실을 많이 알수록 현실도 잘 알 수 있다는 한심한 미신이 널리 퍼져 있다. 아무 상관도 없는 산발적인 사실 수백 개를 학생들의 머릿속에 주입한다. 학생들은 점점 더 많은 사실을 배우는 데 시간과 정력을 빼앗기기 때문에 생각할 짬이 거의 없어진다. 물론 사실에 대한 지식이 없는 생각은 공허하고 허구적이다. 하지만 '정보'만으로는 정보가 없는 것만큼이나 생각을 방해할 수 있다.

독창적인 생각을 방해하는 또 하나의 방법은 모든 진실을 상대적인 것으로 보는 것이다.[3] 진실은 형이상학적 개념으로 이해되고, 누군가가 진실을 발견하고 싶다고 말하면 오늘날의 '진보적인' 사상가들은 그를 시대에 뒤떨어졌다고 생각한다. 진실은 전적으로 주관적인 문제, 거의 취향에 따른 문제라고 주장된다. 과학적인 노력은 주관적인 요소에서 분리되어야 하고, 그 노력의 목적은 열정이나 관심을 배제하고 세계를 바라보는 것이다. 과학자는 마치 의사가 환자에게 접근할 때처럼 손을 소독하고 사실에 접근해야 한다. 상대주의는 경험주의나 실증주의라는 이름으로 나타나는 경우가 많고, 단어의 정확한 용법에 관심이 많다고 스스로 자랑하기도 하지만, 이 상대주의의 결과는 생각이 그 본질적인 자극—생각하는 사람의 소망과 관심—을 상실하는 것이다. 그 대신 생각은 '사실'을 기록하는 기계가 된다. 실제로 생각이 일반적으로 물질생활을 지배해야 할 필요성에서 발달해온 것처럼, 진실의 탐구도 개인과 사회 집단의 이해관계와 욕구에 뿌리를 두고 있다. 이런 이해관계가 없다면 진실을 찾기 위한 자극제가 없어질 것이다. 진실에서 더 많은 이익을 얻는 집단은 항상 존재하는데, 그들의 대표는 인류 사상의 선구자였다. 반대로 진실을 감추어야만 더 많은 이익을 얻는 집단도 존재하는데, 이 경우에만 이해관계가 진실을 잡는 데 해가 된다. 따라서 문제는 이해관계가 걸려 있다는 것 자체가 아니라, '어떤 종류'의 이해관계가 걸려 있느냐 하는 것이다. 진실에 대한 갈망이 모든 인간에게 어느 정도 존재하는 것은 모든 인간이 진실에 대한 욕구를 가지고 있기 때문이라고 말할 수 있다.

이것은 우선 바깥세상에서 자신의 위치를 아는 것에 적용되고, 특히 어린아이의 경우에 그렇다. 어렸을 때 사람은 누구나 무력한 상태를 겪는다. 그리고 진실은 힘없는 사람의 가장 강력한 무기의 하나다. 하지만 진실은 바깥세상에서 자신의 위치를 아는 것과 관련하여 개인에게 이로울 뿐만 아니라, 자신에 대해 진실을 아는 것은 그 자신의 힘을 크게 좌우한다. 자신에 대한 환상은 혼자 걸을 수 없는 사람에게는 유익한 지팡이가 될 수 있다. 하지만 지팡이는 사람을 더욱 약하게 만들 뿐이다. 개인의 가장 큰 힘은 자신의 인격을 최대한 완성시키는 데 바탕을 둔다. 그것은 자신에게 최대한 투명성을 유지하는 것을 의미하기도 한다. "너 자신을 알라"는 말은 인간의 힘과 행복을 겨냥한 근본적인 명령의 하나다.

　방금 언급한 요인들 외에 보통 어른들에게 남아 있는 독창적인 사고능력마저 적극적으로 혼란에 빠뜨리는 또 다른 요인들이 있다. 개인 생활과 사회생활의 모든 기본적인 문제와 관련하여, 즉 심리적·경제적·정치적·도덕적 문제와 관련하여 우리 문화의 중요한 한 부문은 단 한 가지 기능을 가지고 있는데, 그것은 쟁점을 모호하게 흐리는 기능이다. 이런 연막전술 가운데 하나는 문제가 너무 복잡해서 보통 사람은 절대 이해할 수 없다고 단언하는 것이다. 하지만 이와는 반대로 개인 생활과 사회생활의 기본적인 문제는 대부분 아주 간단해 보일 것이다. 사실은 문제가 너무 단순해서 누구나 이해하는 게 당연하게 여겨질 정도다. 그렇게 간단한 문제를 오직 '전문가'만 이해할 수 있고, 게다가 그 전문가조차도 자신의 전문 분야에 한정된 것만 이해할 수 있을 만큼 복잡해 보이게 하는 것은 정말 중요한 그 문제들에 대해 생각하는 자신의 사고능력을 사람들이 믿지 못하도록 실제로—대개는 의도적으로—자신감을 떨어뜨리는 경향이 있다. 개인은 엄청나게 많은 자료 속에서 혼란에 빠져 무력감을 느끼고, 전문가들이 어떻게 해야 할지, 어디로 가야 할지를 알아낼 때까지 무기력하게 참을성을 가지고 기다린다.

이런 영향력이 낳는 결과는 두 가지다. 하나는 모든 말이나 글에 대한 회의주의와 냉소주의이고, 또 하나는 권위자의 말이라면 어린애처럼 무조건 믿어버리는 것이다. 냉소주의와 순진함의 이 결합은 근대인의 전형적인 특징이다. 그것의 본질적인 결과는 근대인이 스스로 생각하고 결정하는 것을 억제하고 방해하는 것이다.

비판적인 사고능력을 마비시키는 또 하나의 방법은 세계를 구조화한 그림을 모조리 파괴하는 것이다. 사실들은 구조화된 전체의 한 부분으로서만 가질 수 있는 구체적인 자질을 잃고, 단지 추상적이고 양적인 의미만 간직하고 있다. 각각의 사실은 '또 하나의' 사실일 뿐이고, 중요한 것은 우리가 아는 사실이 많으냐 적으냐 하는 것뿐이다. 라디오와 영화와 신문은 이 점에서 파괴적인 영향을 미친다. 어떤 도시가 폭격을 받아 수백 명이 죽었다는 뉴스 보도가 끝나자마자, 또는 뉴스를 보도하는 도중에 비누나 포도주 광고가 뻔뻔스럽게 끼어든다. 방금 뉴스를 보도한 아나운서가 정치 상황의 심각성을 전할 때 사용한 것과 똑같은 목소리, 암시적이고 매력적이고 권위 있는 목소리로 이제는 뉴스 방송에 돈을 낸 특정 상표의 비누가 품질이 좋다는 것을 청취자에게 설득한다. 뉴스 영화는 어뢰공격을 받은 선박의 사진을 내보낸 다음, 바로 패션쇼 사진을 내보낸다. 신문은 과학적이거나 예술적으로 중요한 사건을 보도한 것과 같은 지면에 그에 못지않게 진지한 투로 사교계에 처음 나가는 상류층 여성의 고리타분한 생각이나 아침식사 습관을 우리에게 알려준다. 이 모든 것 때문에 우리는 우리 귀로 듣는 것과 진정한 관계를 맺지 못한다. 우리는 더 이상 흥분하지 못하고, 우리의 감정과 비판적 판단은 방해를 받고, 결국 세계에서 지금 진행되고 있는 일에 대한 우리의 태도는 단조롭고 무관심한 성질을 띠게 된다. '자유'라는 이름으로 삶은 모든 구조를 잃어버린다. 삶은 수많은 작은 조각들로 이루어져 있고, 각 조각들은 따로따로 분리되어, 하나의 전체로서는 어떤 의미도 갖지 않는다. 개인은 조각그림 맞추기를 하는 어린아이처럼 이 조각들을 끌어안은 채 혼자 남겨진다. 하지만 아이는 집이 무엇인지 알기 때문에 자기가 가지고 노는 조각그림들 속에서 집의 일부나마 찾아낼 수 있는 반면, 어른은 그 조각들을 손에 쥐고 있으면서도 그 '전체'의 의미를 알아내지 못한다. 그는 어리둥절해하고 두려워하며, 손에 쥐고 있는 그 작고 무의미한 조각들을 계속 들여다볼 뿐이다.

감정과 생각에 '독창성'이 결여된 것과 관련하여 지금까지 이야기한 것은 '의지'의 작용에도 적용된다. 이것을 인식하는 것은 특히 어렵다. 근대인은 원하는 것이 너무 많은 것 같고, 자기가 무엇을 원하는지는 알지만 그것을 가질 수 없다는 것이 근대인의 유일한 문제인 듯하다. 우리는 원하는 것을 얻기 위해 모든 정력을 소비하고, 대다수 사람들은 이런 행동의 전제, 즉 자기가 정말로 원하는 것을 알고 있다는 전제에 조금도 의문을 품지 않는다. 사람들은 자기가 추구하는 목표가 정말로 자신이 원하는 것인지 어떤지를 생각지 않는

제7장 자유와 민주주의

다. 학교에 다닐 때는 좋은 성적을 원하고, 어른이 되면 더 많이 출세하고 더 많이 벌고 더 많은 특권을 누리고 더 좋은 차를 사고 여기저기 여행을 다니고 싶어 한다. 하지만 이 모든 활동에 미친 듯이 열중하다가 잠깐 멈춰 서서 생각하면 이런 의문이 떠오를지 모른다. "만약 내가 이 새 일자리를 얻으면, 내가 더 좋은 이 차를 사면, 내가 이 여행을 하면, 그다음엔 무얼 하지? 그게 다 무슨 소용이란 말인가? 그 모든 걸 원하는 게 정말로 나일까? 내가 지금 추구하는 목표는 나를 행복하게 해줄 것으로 생각되지만, 내가 거기에 도달하자마자 나를 피해버리는 것은 아닐까?" 이런 의문은 일단 제기되면 무섭다. 왜냐하면 그것은 인간의 모든 활동을 떠받치는 토대 그 자체, 즉 그가 무엇을 원하는지 알고 있느냐고 그 자신에게 묻기 때문이다. 따라서 사람들은 이런 성가신 생각을 되도록 빨리 없애버리는 경향이 있다. 그들은 피곤하거나 우울해서 이런 의문에 시달렸다고 느끼고, 그들이 자신의 목표라고 믿는 목표를 계속 추구한다.

하지만 이 모든 것은 진실을 어렴풋이나마 깨달았음을 보여준다. 근대인은 자기가 무엇을 원하는지 알고 있다는 환상 속에서 살고 있지만, 사실 그는 '의당' 원할 것을 원할 뿐이다. 이를 받아들이기 위해서는, 자기가 진정으로 원하는 게 무엇인지를 아는 것은 많은 사람들이 생각하는 것처럼 쉬운 일이 아니지만, 누구나 반드시 해결해야 할 가장 어려운 문제의 하나라는 것을 이해하는 것이 필요하다. 우리는 이미 주어진 목표를 자신의 목표처럼 받아들임으로써 그 어려운 과제를 피하려고 애쓴다. 근대인은 '자기 것'으로 여겨지는 목표를 달성하려고 애쓸 때는 큰 위험도 기꺼이 무릅쓴다. 하지만 스스로 목표를 설정하여 자신에게 부과하는 위험과 그에 따른 책임은 몹시 두려워한다. 격렬한 활동은 스스로 결정한 행동이라는 증거로 오해되는 경우가 많지만, 배우나 최면술에 걸린 사람의 행동과 마찬가지로 그것도 자발적인 행동이 아닐 수 있다는 것을 우리는 안다. 연극의 전체 줄거리를 나누어주면 배우들은 저마다 자신에게 주어진 역할을 정력적으로 연기할 수 있고, 자기가 맡은 대사와 동작을 스스로 만들어낼 수도 있다. 하지만 배우는 어디까지나 그에게 할당된 역할을 연기할 뿐이다.

우리의 소망, 그리고 우리의 생각과 감정이 어느 정도까지 우리 자신의 것이 아니라 외부에서 우리에게 주입된 것인지를 알아차리기는 특히 어렵다. 이 어려움은 권위와 자유라는 문제와 밀접하게 결부되어 있다. 근대 역사가 진행되는 과정에 교회의 권위는 국가의 권위로 교체되었고, 국가의 권위는 다시 양심의 권위로 교체되었으며, 오늘날에는 양심의 권위가 다시 순응의 도구인 상식과 여론이라는 익명의 권위로 교체되었다. 우리는 노골적인 형태의 낡은 권위로부터 우리 자신을 해방시켰기 때문에, 우리가 새로운 종류의 권위에 먹이가 된 것을 깨닫지 못하고 있다. 우리는 자기의지를 가진 개인이라는 환상 속에서 살고 있는 자동인형이 되어버렸다. 이 환상 덕분에 개인은 자신의 불안한 상태를 깨닫지 못한 채 살 수 있지만, 그런 환상이 줄 수 있는 도움은 그것뿐이다. 기본적으로 개인의 자아는 약해지기 때문에, 개인은 무력감과 극도의 불안을 느낀다. 그는 자기가 살고 있는 세계와의 진정한 관계를 잃어버렸다. 그 세계에서는 모든 사람과 모든 사물이 도구화되었고, 그는 자기 손으로 만든 기계의 일부가 되어버렸다. 그는 자기가 생각하고 느끼고 원해야 한다고 믿는 것을 생각하고 느끼고 원한다. 바로 이 과정에서 그는 자신의 자아를 상실하지만, 자유로운 개인의 진정한 안정은 모두 그 자아에 바탕을 두어야 한다.

자아의 상실은 자신의 정체성에 대한 깊은 회의를 낳기 때문에, 순응의 필요성을 증가시켜왔다. 만약 내가 남들이 나에게 기대한다고 생각되는 모습에 불과하다면, '나'는 과연 누구일까? 앞에서 우리는 개인이 고착된 질서 속에서 의심할 여지없이 확고한 자리를 차지하던 중세의 질서가 무너지면서 자신의 자아에 대한 회의가 시작되었음을 살펴보았다. 개인의 정체성은 데카르트 이후 근대 철학의 주요한 문제였다. 오늘날 우리는 우리가 우리라는 것을 당연하게 받아들인다. 하지만 우리 자신에 대한 회의는 여전히 존재하거나 오히려 더 커졌다. 피란델로는 자신의 희곡에서 근대인의 이런 감정을 표현했다. 그는 우선 이런 의문을 던진다. 나는 누구인가? 나는 육체적 자아의 연속 외에 나 자신의 정체성을 입증할 어떤 증거를 갖고 있는가? 그의 대답은 데카르트의 대답—개체적 자아의 확인—과는 달리 개체적 자아를 부인하는 것이다. 즉 나는 어떤 정체성도 갖지 않으며, 다른 사람들이 나에게 기대하는 모습의 반사를 빼고는 어떤 자아도 존재하지 않으니, 나는 '당신이 나에게 바라는 그대로의 것'이다.

이 정체성의 상실은 순응을 훨씬 더 긴요한 과제로 만든다. 그것은 타인의 기대에 따라서 살아야만 자신에 대해 확신을 가질 수 있다는 뜻이다. 타인의 기대에 어긋나면 우리는 남들의 비난을 받고 더욱 고립될 위험을 무릅써야 할 뿐만 아니라, 우리 인격의 정체성을 잃어버릴 위험까지 무릅쓰게 된다. 이것은 멀쩡한 정신이 위험에 빠지는 것을 뜻한다.

타인들의 기대에 순응하고 남들과 다르지 않으면 자신의 정체성에 대한 이 회의는 잠잠해지고, 어느 정도의 안정을 얻을 수 있다. 하지만 치르는 대가는 비싸다. 자발성과 개성을 포기한 것은 삶을 방해하는 결과를 낳는다. 심리적인 자동인형은 생물학적으로는 살아 있지만 감정적으로나 정신적으로는 죽은 존재다. 그는 생물처럼 움직이지만 그의 생명은 모래알처럼 손에서 빠져나간다. 근대인은 겉으로는 만족스럽고 낙천적으로 보이지만, 속으로는 몹시 불행하다. 사실 그는 절망의 벼랑 끝에 서 있다. 그는 개성이라는 개념에 필사적으로 매달린다. 그는 남들과 '다르기'를 바란다. 그가 "그것은 다르다"라고 말하는 것보다 더 큰 찬사는 없다. 우리는 우리에게 기차표를 파는 역무원 개개인의 이름까지 안다. 핸드백, 트럼프 카드, 휴대용 라디오는 그 주인이 거기에 이름을 붙임으로써 '인격화' 된다. 이 모든 것은 '다름'에 대한 갈망을 나타내지만, 이것들은 남아 있는 개성의 마지막 흔적이라고 말할 수 있다. 근대인은 삶에 굶주려 있다. 하지만 그는 자동인형이라서 자발적 활동이라는 의미에서는 삶을 경험할 수 없기 때문에, 어떤 흥분과 전율—술과 스포츠, 영화에 등장하는 가공인물의 흥분을 대리 경험하는 전율—도 대용품으로 받아들인다.

그렇다면 근대인에게 자유의 의미는 무엇인가?

근대인은 자신이 좋아 보이는 대로 행동하고 생각하는 것을 방해하는 외적인 속박으로부터 자유로워졌다. 그는 자기가 무엇을 원하고 생각하고 느끼는지를 알았다면, 자신의 의지에 따라 자유롭게 행동했을 것이다. 하지만 그는 그것을 알지 못한다. 그는 익명의 권위에 순응하고, 자신의 자아가 아닌 자아를 받아들인다. 그가 그럴수록 무력감은 더욱 심해지고, 그는 더욱 순응할 수밖에 없다. 근대인은 겉보기에는 낙관적이고 창의적이지만, 실제로는 깊은 무력감에 압도되어 다가오는 재앙을 마비된 것처럼 멍하니 지켜볼 뿐이다.

피상적으로 보면 사람들은 경제생활이나 사회생활에서 기능을 충분히 발휘하는 것 같다. 하지만 위안이 되는 그 겉치장 뒤에 깊이 자리 잡은 불행을 간과하는 것은 위험할 것이다. 삶을 살지 못하기 때문에 삶이 의미를 잃으면, 인간은 절망에 빠진다. 사람은 육체적 굶주림 때문에도 조용히 죽지 않고, 정신적 굶주림 때문에도 조용히 죽지 않는다. 우리가 '정상적인' 사람이 관련된 경제적 욕구만 보고 자동인형이 된 보통 사람의 무의식적인 고통을 보지 않으면, 우리의 문화를 그 인간적 토대부터 위협하는 위험을 볼 수 없다. 지도자가 흥분을 약속하고 개인의 삶에 의미와 질서를 준다는 정치적 기구와 상징을 제시하기만 하면, 어떤 이념이나 지도자도 기꺼이 받아들이는 것, 그것이 바로 우리 문화를 토대부터 위협하는 위험이다. 자동인형 같은 인간의 절망은 파시즘의 정치적 목적을 키우기 좋은 비옥한 토양이다.

2. 자유와 자발성

지금까지 이 책은 자유의 한 측면을 다루었다. 근대 사회에서 한 때 삶에 의미와 안전을 주었던 모든 유대로부터 해방된 개인이 고립된 상태에서 느끼는 무력감과 불안감에 대해서다. 우리는 개인이 이 고독을 참지 못하는 것을 보아왔다. 고립된 존재로서의 개인은 바깥세상에 비해 철저하게 무력하고, 따라서 바깥세상을 몹시 두려워한다. 그는 고립되어 있기 때문에 세계의 통일성은 적어도 그에게는 깨진 상태이고, 그는 자신의 위치를 확인할 기준점을 잃어버렸다. 따라서 그는 자기 자신과 삶의 의미에 대한 회의에 사로잡히고, 결국은 자신의 행동 지침으로 삼을 수 있는 모든 원칙을 의심하게 된다. 무력감과 회의는 둘 다 삶을 마비시키고, 인간은 살기 위해 자유—소극적인 자유—로부터 달아나려고 애쓴다. 그는 새로운 유대 속으로 떠밀려 들어간다. 이 유대는 원초적 유대와는 다르고 권위나 사회 집단의 지배를 받지만, 사람은 그것과 완전히 분리될 수는 없다. 자유에서 도피해도 그가 잃어버린 안전은 되돌아오지 않고, 그가 자신의 자아를 자기와는 별개의 실체로서 잊어버리도록 도와줄 뿐이다. 그는 개체적 자아의 본래 모습을 희생하는 대가를 치르고 허술하지만 새로운 안전을 발견한다. 그는 혼자라는 것을 참을 수 없기 때문에 차라리 자아를 잃는 쪽을 택한다. 그리하여 자유는— '무엇으로부터의 자유'와 마찬가지로—새로운 유대로 이어진다.

우리의 분석은 자유에서 새로운 의존으로 이어지는 불가피한 순환이 존재한다는 결론을 내릴 것인가? 모든 원초적 유대로부터의 자유는 개인을 너무 고독하고 고립된 존재로 만들기 때문에, 어쩔 수 없이 그는 새로운 유대 속으로 도피해야 할 것인가? '독립'은 '고립'과 같고 자유는 두려움과 같은 것일까? 혹은 개인이 독립된 자아로 존재하지만 고립되지는 않고 세상이나 타인이나 자연과 결합한 상태로 남아 있는 적극적인 자유라는 상태가 존재할까?

우리는 긍정적인 대답이 있다고 믿는다. 자유가 성장하는 과정은 악순환을 이루지 않고, 인간은 자유로우면서도 외롭지 않을 수 있고, 비판적이지만 의심으로 가득 차지 않을 수도 있고, 독립적이지만 인류를 구성하는, 없어서는 안 될 일부일 수도 있다고 믿는다. 인간은 자신의 자아를 실현하고 자기 자신이 됨으로써 이 적극적인 자유를 얻을 수 있다. 그러면 자아의 실현이란 무엇인가? 관념론 철학자들은 지적인 통찰을 통해서만 자아를 실현할 수 있다고 믿었다. 그들은 인간의 본성을 이성이 억누르고 감시할 수 있도록 인격을 분할해야 한다고 주장했다. 하지만 이렇게 분할한 결과 인간의 감정생활만이 아니라 지적 능력까지도 제대로 기능을 발휘하지 못하게 되었다. 이성은 자신의 죄수인 본성을 감시하는 간수가 됨으로써 그 자신도 죄수가 되어버렸다. 그리하여 인격의 두 측면인 이성과 감정은 둘 다 절름발이가 되었다. 자아의 실현은 사고 작용만이 아니라 인격 전체의 실현을 통해, 즉 감정적 잠재력과 지적 잠재력을 적극적으로 표현함으로써 이루어진다고 우리는 믿는다. 이 잠재력은 모든 사람에게 존재하지만, 겉으로 표현되는 만큼만 현실이 된다. 다시 말하면 '적극적인 자유는 통합된 인격의 자발적인 활동에 있는 것이다.'

우리는 여기서 심리학의 가장 어려운 문제의 하나인 자발성 문제에 접근한다. 이 문제를 충분히 논하려면 책을 또 한 권 써야 할 테지만, 우리가 지금까지 말한 것을 바탕으로 삼으면 대조라는 수단으로 자발적 활동의 본질적인 성질을 이해할 수 있을 것이다. 자발적 활동은 개인이 자신의 고독이나 무력함에 떠밀려 어쩔 수 없이 하는 강박적인 활동이 아니다. 또한 외부로부터 제시된 유형을 무비판적으로 채택하는 자동인형의 활동도 아니다. 자발적 활동은 자아의 자유로운 활동이고, 심리적으로는 그 낱말의 라틴어 어원인 'sponte'가 문자 그대로 의미하는 것—자신의 자유의지로—을 함축하고 있다. 여기서 활동이라는 말은 '무언가를 한다'는 뜻이 아니라 인간의 감정적·지적·감각적 경험과 인간의 의지 속에서 작동할 수 있는 창조적 활동의 성질을 뜻한다. 이 자발성에 대한 한 가지 전제는 인격을 '이성'과 '본성'으로 나누지 않고 인격 전체를 받아들이는 것이다. 인간은 자아의 본질적인 부분들을 억누르지 않아야만, 자신에게 투명해져야만, 삶의 다양한 영역들이 근본적으로 통합되어야만 자발적 활동이 가능해지기 때문이다.

자발성은 우리 문화에서는 비교적 드문 현상이지만, 그렇다고 전혀 없는 것은 아니다. 이 점을 이해하는 데 도움이 되도록 자발성을 볼 수 있는 몇 가지 예를 살펴보고자 한다.

우선 우리는 자발적인 혹은 전에 자발적이었던 사람들을 알고 있다. 그들의 생각과 감정과 행동은 자동인형의 표현이 아니라 그들 자신의 표현이었다. 그들은 대부분 우리에게 예술가로 알려져 있다. 사실 예술가는 자기 자신을 자발적으로 표현할 수 있는 개인이라고 정의할 수 있다. 이것이 예술가에 대한 정의라면—발자크는 그 자신을 그런 식으로 정의했다—일부 철학자와 과학자도 예술가라고 불러야 하고, 나머지는 구식 사진사가 창조적인 화가와 다르듯이 그들과는 다르다. 예술가처럼 객관적인 수단으로 자신을 표현하는 능력—또는 단순히 말해서 훈련—은 부족하지만, 그들과 같은 자발성을 가진 개인들도 있다. 하지만 예술가의 지위는 취약하다. 왜냐하면 개성과 자발성을 존중받는 것은 실제로 성공한 예술가뿐이기 때문이다. 작품을 파는 데 성공하지 못하면, 예술가는 동시대인에게 괴짜나 '신경증 환자'로 보인다. 이 점에서 예술가는 역사상의 모든 혁명가와 비슷한 처지다. 성공한 혁명가는 정치가가 되고 실패한 혁명가는 범죄자가 된다.

어린아이들은 자발성의 또 다른 예를 제공한다. 그들은 정말로 '자기 것'을 느끼고 생각하는 능력을 가지고 있다. 이 자발성은 아이들의 말과 생각에 드러나고, 아이들의 얼굴에 나타나는 감정에 드러난다. 대다수 사람들의 마음을 사로잡는 어린아이들의 매력이 뭐냐고 묻는다면, 감상적인 이유나 관습적인 이유는 제외하고 나는 자발성이라고 대답할 수밖에 없다고 생각한다. 이 자발성은 그것을 감지할 수 있는 능력을 잃었을 만큼 완전히 죽어버리지는 않은 사람들에게 강한 호소력을 갖는다. 사실 자발성은 어린아이나 예술가에게서 발견되든, 아니면 나이나 직업에 따라 한 묶음으로 분류할 수 없는 개인들에게서 발견되든, 그보다 더 매력적이고 설득적인 것은 존재하지 않는다.

우리는 대부분 자신의 자발성을 적어도 잠깐씩은 관찰할 수 있고, 그것은 우리가 진정한 행복을 느끼는 순간이기도 하다. 어떤 풍경을 새롭게 자발적으로 감지할 때, 우리가 생각한 결과로 어떤 진리를 깨달을 때, 정형화되지 않은 감각적 쾌감을 느낄 때, 또는 다른 사람에 대한 사랑이 솟아날 때—이런 순간에 우리는 누구나 자발적인 행동이 무엇인지를 알게 되고, 이런 경험이 그렇게 드물지 않게 그리고 세련되게 일어나면 인간의 삶이 어떻게 달라질 수 있는지도 어느 정도는 상상할 수 있을 것이다.

자발적인 활동이 어째서 자유라는 문제의 해답이 될 수 있는가? 앞에서 우리는 소극적인 자유가 개인을 고독한 존재로 만들고, 그래서 개인과 세계의 관계는 멀어지고 불신으로 가득 차며, 개인의 자아는 약해지고 끊임없이 위협받는다고 말했다. 자발적인 활동은 인간이 본래 모습을 희생하지 않고 고독의 공포를 극복할 수 있는 한 가지 방법이다. 자아를 자발적으로 실현함으로써 인간은 자신을 다시 세계와—인간과 자연 및 자신과—통합하기 때문이다. 사랑은 그런 자발성을 이루는 가장 중요한 요소다. 이 사랑은 자신을 다른 사람 속에 용해시키는 것으로서의 사랑도 아니고, 다른 사람을 소유하는 것으로서의 사랑도 아니고, 다른 사람을 자발적으로 긍정하는 것으로서의 사랑, 개체적 자아를 보존하는 것을 토대로 하여 그 개인을 다른 사람과 결합시키는 것으로서의 사랑이다. 사랑의 동적인 성질은 바로 이 양극성에 있다. 사랑은 분리를 극복하고 싶은 욕구에서 생겨나 완전한 일체로 이어진다. 하지만 개인이 제거되지는 않는다. 일은 자발성을 이루는 또 하나의 구성요소다. 이 일은 고독에서 벗어나기 위한 강박적 활동으로서의 일도 아니고, 부분적으로

제7장 자유와 민주주의

는 자연을 지배하고 부분적으로는 인간의 손으로 만든 생산품을 숭배하고 그 생산품으로 자연을 노예화하는 관계로서의 일도 아니고, 인간이 창조 행위를 통해 자연과 하나가 되는 창조로서의 일이다. 사랑과 일에 적용되는 것은 모든 자발적 행동에도 적용된다. 감각적 쾌락을 자각하는 것이든 공동체의 정치 활동에 참여하는 것이든 자발적 행동에는 모두 적용된다. 그것은 자아의 개별성을 확인하는 동시에 인간과 자연을 자아와 결합시킨다. 자유에 내재하는 기본적인 양분성, 즉 개성의 탄생과 고독의 고통은 인간의 자발적인 행동으로 더 높은 차원에서 해소된다.

모든 자발적 활동에서 개인은 세계를 끌어안는다. 그의 개체적 자아는 온전한 상태로 남아 있을 뿐만 아니라 더 강해지고 단단해진다. '자아는 활동적인 만큼 강하기 때문이다.' 물질적 재산이든 감정이나 생각 같은 정신적 자질이든 간에 그런 것을 소유하는 것 자체에는 진정한 힘이 존재하지 않는다. 사물을 사용하고 다루는 데에도 진정한 힘은 존재하지 않는다. 우리가 사용하는 물건은 우리가 그것을 사용한다고 해서 우리 것이 되는 것은 아니다. 우리가 창조적 활동을 통해 대상과 진정한 관계를 맺어야만 그것은 사람이건 무생물이건 비로소 우리 것이 된다. 우리의 자발적 활동에서 생겨나는 그 자질들만이 자아에 힘을 주고, 그리하여 자아의 본래 모습의 토대를 이룬다. 자발적으로 행동하지 못하거나, 진정으로 느끼고 생각하는 것을 표현하지 못하거나, 그 결과 타인과 자신에게 가짜 자아를 보여줄 수밖에 없거나 하는 것은 열등감이나 무력감의 근원이다. 우리가 그것을 의식하든 의식하지 않든, 자기 자신이 아닌 것보다 더 부끄러운 일은 없고, 우리 스스로 생각하고 느끼고 말하는 것만큼 큰 자부심과 행복을 주는 것도 없다.

중요한 것은 활동 자체이고, 결과가 아니라 과정이 중요하다는 것이 여기에 함축되어 있는 의미다. 그런데 우리 문화에서는 정반대로 과정이 아니라 결과를 강조한다. 우리는 구체적인 만족을 위해서가 아니라 우리 상품을 판다는 추상적인 목적을 위해서 상품을 생산한다. 우리는 유형의 것이든 무형의 것이든 돈으로 사면 뭐든지 얻을 수 있고, 따라서 사물은 그것과 관련하여 우리가 창조적인 노력을 하든 말든 관계없이 우리 것이 된다고 생각한다. 이와 마찬가지로 우리는 자신의 개인적 자질과 노력의 결과도 돈과 특권과 권력을 얻기 위해 팔 수 있는 상품이라고 생각한다. 따라서 전에는 창조적 활동이 주는 현재의 만족을 강조했지만, 지금은 완성된 생산품의 가치가 강조된다. 그리하여 인간은 그에게 진정한 행복과 만족감을 줄 수 있는 유일한 것—지금 이 순간의 활동을 경험하는 것—을 잃고 환상—성공이라고 불리는 환상적인 행복—을 뒤쫓는다. 하지만 이 환상은 그가 잡았다고 믿는 순간, 그를 실망시킬 뿐이다.

개인이 자발적인 활동으로 자아를 실현하고 그리하여 자신을 세계와 관련시키면, 그는 고립된 원자 상태에서 벗어난다. 그와 세계는 구조화된 전체의 일부가 된다. 그는 자신에게 맞는 자리를 갖고, 자기 자신과 삶의 의미에 대한 회의는 사라진다. 이러한 의심은 그가 따로 분리되어 있고 삶이 좌절당한 데에서 생겨난 것이지만, 그가 강박적으로나 자동적으로 살지 않고 자발적으로 살 수 있을 때 이 의심은 사라진다. 그는 자신을 적극적이고 창조적인 개인으로

제7장 자유와 민주주의

인식하고, '삶의 의미는 하나뿐이라는 것, 즉 산다는 행위 그 자체뿐이라는 것'을 인식한다.

개인이 삶에서 차지하는 자리와 자신에 대한 기본적인 회의를 극복하면, 그가 자발적으로 살면서 세계를 끌어안고 그렇게 세계와 관계를 맺으면, 그는 개인으로서 힘을 얻고 안정을 얻는다. 하지만 세계와 새로 맺은 관계가 원초적 유대와 다르듯이, 이 안정은 전(前) 개인주의적 상태를 특징짓는 안정과는 다르다. 새로운 안정은 개인이 외부의 더 높은 힘으로부터 받는 보호에 뿌리를 두고 있지 않다. 또한 그것은 삶의 비극적 성질이 제거된 안정도 아니다. 새로운 안정은 동적이다. 그것은 보호에 바탕을 둔 것이 아니라 인간의 자발적 활동을 바탕으로 한다. 그것은 인간의 자발적 활동으로 매 순간 얻은 안정이다. 그것은 오로지 자유만이 줄 수 있는 안정이고, 환상을 필요로 하는 조건들을 모조리 제거했기 때문에 어떤 환상도 필요로 하지 않는 안정이다.

자아실현으로서의 적극적인 자유는 개인의 독특성을 충분히 긍정하는 것을 의미한다. 인간은 평등하게 태어나지만 서로 다르게 태어나기도 한다. 이 차이의 토대는 부모에게 물려받은 생리적·정신적 장비다. 인간은 그 장비를 가지고 삶을 시작하고, 살아가면서 마주치는 수많은 상황과 특별한 경험을 거기에 덧붙인다. 인격의 이러한 개인적 토대는 두 유기체가 육체적으로 결코 같지 않듯이 다른 누구와도 거의 같지 않다. 자아의 진정한 성장은 항상 이 특별한 토대 위에서의 성장이다. 그것은 유기적 성장이고, 오직 이 한 사람에게만 특유한 세포핵이 펼쳐지는 것이다. 이와는 반대로 자동인형의 발달은 유기적 성장이 아니다. 자아의 토대가 성장하는 것은 봉쇄되고, 가짜 자아가 이 자아 위에 겹쳐진다. 앞에서도 보았듯이 가짜 자아는 본질적으로 생각과 감정의 외적 유형들을 흡수하여 통합한 것이다. 유기적 성장은 자신의 자아만이 아니라 타인들의 자아의 고유한 특성도 최대한 존중해주는 조건 아래에서만 가능하다. 자아의 독특성을 이렇게 존중하고 더욱 함양하는 것은 인간 문화가 이룩한 가장 값진 성과이고, 오늘날 위험에 직면한 것은 바로 이 성과다.

자아의 독특성은 결코 평등의 원칙과 모순되지 않는다. 인간이 평등하게 태어난다는 논지는 모든 인간이 기본적인 인간적 자질을 공유한다는 것, 모두가 인간의 기본적인 운명을 공유한다는 것, 모두가 자유와 행복을 누릴 양도할 수 없는 권리를 가지고 있다는 것을 의미한다. 그뿐만 아니라 그것은 인간관계가 지배와 복종의 관계가 아니라 연대의 관계라는 것을 의미한다. 평등의 개념은 모든 인간이 똑같다는 것을 뜻하지 않는다. 그런 평등 개념은 오늘날 개인이 경제 활동에서 맡은 역할에서 비롯된다. 물건을 사는 사람과 파는 사람의 관계에서 인격의 구체적 차이는 배제된다. 이 상황에서 중요한 것은 한 가지뿐이다. 즉 갑은 팔 것을 가지고 있고, 을은 그것을 살 돈을 가지고 있다는 것이다. 경제 생활에서 갑은 을과 다르지 않다. 그들은 현실의 인간으로 존재하며, 그들의 독특성을 함양하는 것이 개성의 본질인 것이다.

적극적인 자유는 다음의 원칙도 포함한다. 즉 이러한 개인의 독특한 자아보다 우월한 힘은 존재하지 않는다는 것, 인간은 그의 생활의 중심이며 목적이라는 것, 인간 개성의 성장과 실현은 더 중요하게 생각되는 목적에 결코 종속될 수 없는 목표라는 것이다. 이런 해석은 심각한 반박을 불러일으킬지도 모른다. 그것은 방자한 이기주의를 자명한 것으로 생각하게 하지 않을까? 그것은 이상을 위한 희생의 개념을 부정하는 게 아닐까? 그것을 용납하면 무정부 상태가 뒤따르지 않을까? 이런 의문에는 사실 앞에서 이미 명시적 또는 암시적으로 대답을 했다. 하지만 이 문제는 너무 중요하므로 한 번 더 그 대답을 명백히 하여 오해를 피하기로 하자.

인간은 자기보다 더 높은 어떤 것에도 종속되어서는 안 된다고 말하는 것은 이상의 존엄성을 부정하는 게 아니다. 반대로 그것은 이상을 가장 강력하게 긍정한다. 하지만 그것은 이상이 무엇인지를 비판적으로 분석하도록 우리에게 강요한다. 오늘날 이상이란 기껏 달성해봤자 물질적 이익을 얻지 못하는 목표, 그것을 위해 인간이 이기적인 목표를 기꺼이 희생하는 것이라고, 일반적으로 그렇게 생각하기 쉽다. 이상에 대한 이런 개념은 순전히 심리적—또한 그런 점에서는 상대주의적—이다. 이런 주관주의적 관점에서 보면, 더 높은 힘에 자신을 종속시키는 동시에 타인을 제압하고 싶은 욕망에 사로잡힌 파시스트도 인간의 평등과 자유를 위해 싸우는 사람과 마찬가지로 하나의 이상을 가지고 있는 것이다. 이런 논거에서 보자면 이상의 문제는 결코 해결될 수 없다.

우리는 진짜 이상과 가짜 이상의 차이를 인식해야 한다. 그것은 진실과 거짓의 차이만큼 근본적인 차이다. 모든 진짜 이상은 한 가지 공통점을 가지고 있는데, 아직 성취되지는 않았지만 개인의 성장과 행복을 위해 바람직한 무언가가 이루어지기를 바라는 마음을 표현한다는 점이다.[4] 이 목표를 이루는 데 무엇이 도움이 되는지는 항상 알 수 있는 게 아니고, 인간의 발달과 관련하여 이런저런 이상이 어떤 기능을 하는지에 대해서도 의견이 다를 수 있지만, 그렇다고 해서 무엇이 삶을 발전시키고 무엇이 방해하는지 알 수 없다고 주장하는 상대주의를 지지할 이유는 되지 않는다. 어떤 음식이 건강에 좋고 어떤 음식이 건강에 나쁜지를 우리가 항상 분명히 아는 것은 아니지만, 그렇다고 해서 음식에 독이 들어 있는지 어떤지 알아낼 방법이 전혀 없다고 결론짓지는 않는다. 이와 마찬가지로 만약 원하기만 하면 정신 생활에 무엇이 해로운지 알 수가 있다. 가난과 위협과 고독은 삶에 '해롭다'는 것, 자유에 도움이 되고 자신에게 용기와 힘을 북돋아주는 것들은 삶에 '이롭다'는 것을 우리는 알고 있다. 인간에게 무엇이 좋고 무엇이 나쁘냐 하는 것은 형이상학적인 문제가 아니라, 인간의 본성을 분석하고 어떤 조건이 인간에게 미치는 영향을 분석하여 그것을 근거로 대답할 수 있는 경험적인 문제이다.

하지만 삶과 분명히 대립하는 파시스트의 이상에 대해서는 뭐라고 해야 할까? 어떤 사람들이 참된 이상을 추구하는 만큼 열정적으로 이 거짓된 이상을 추구하는 사람들이 있다는 사실을 어떻게 이해할 수 있을까? 이런 질문에 대한 대답은 어떤 심리학적 고찰이 제공한다. 피학증이라는 현상은 인간이 고통이나 굴복을 경험하는 데 마음이 끌릴 수 있다는 것을 보여준다. 고통이나 굴복이나 자살이 삶의 긍정적인 목표에 대한 안티테제인 것은 의심할 여지가 없다.

하지만 고통이나 굴복이나 자살이라는 목표가 주관적으로는 기쁘고 매력적으로 여겨질 수도 있다. 삶에 해로운 것에 이렇게 끌리는 것은 다른 무엇보다도 병적 도착이라는 이름으로 불릴 만한 현상이다. 많은 심리학자들은 쾌감의 경험과 고통의 회피가 인간의 행동을 설명하는 단 하나의 타당한 이유라고 생각해왔다. 하지만 쾌락의 주관적 경험은 인간의 행복이라는 관점에서 어떤 행동의 가치를 평가하는 충분한 기준이 아니라는 것을 역동심리학은 분명히 보여줄 수 있다. 피학적 현상들에 대한 분석이 그 좋은 예다. 이런 분석은 쾌락의 감각이 병적 도착의 결과일 수 있고, 그 경험의 객관적 의미를 거의 입증하지 못한다는 것을 보여준다. 그것은 독약의 달콤한 맛이 유기체에 대한 독약의 기능을 입증하지 못하는 것과 마찬가지다.[5] 그리하여 우리는 진짜 이상이란 자아의 성장과 자유와 행복을 증진하는 목표이고, 가짜 이상이란 주관적으로는 매력적인 경험이지만(예를 들면 복종하고 싶은 충동) 실제로는 삶에 해로운 강박적이고 비합리적인 목표라고 정의한다. 우리가 이 정의를 일단 받아들이면, 진짜 이상은 개인보다 우월한 숨겨진 힘이 아니라 자아에 대한 최대한의 긍정을 명확히 표현한 것이라는 결론이 나온다. 이런 긍정과 대립되는 이상은 바로 이런 사실에 의해 이상이 아니라 병적인 목표라는 것이 입증되는 것이다.

여기서 우리는 또 하나의 문제, 즉 희생의 문제로 들어가게 된다. '더 높은' 힘에 불복하는 것을 자유라고 정의한다면, 이 정의는 자신의 삶을 희생하는 것까지 포함한 모든 희생을 배제하는 것일까? 이것은 파시즘이 자기희생을 가장 고귀한 미덕으로 선언하고 그 이상주의적 성격으로 많은 사람에게 깊은 감명을 주고 있는 오늘날에는 특히 중요한 문제다. 이 의문에 대한 대답은 지금까지 말해 온 것에서 논리적으로 귀결된다. 희생에는 전혀 다른 두 유형이 있다. 우리의 육체적 자아가 요구하는 것과 정신적 자아의 목표가 서로 충돌할 수 있다는 것, 우리의 정신적 자아의 본래 모습을 주장하기 위해 우리의 육체적 자아를 실제로 희생할 수도 있다는 것은 삶의 비극적인 사실의 하나다. 이 희생은 그 비극적 성질을 결코 잃지 않을 것이다. 죽음은 결코 달콤하지 않으며, 가장 고귀한 이상 때문에 죽는다 해도 달콤하지 않은 것은 마찬가지다. 죽음은 언제나 말할 수 없이 괴로운 것이지만, 그래도 우리의 개성을 최대한 주장하는 것일 수 있다. 그런 희생은 파시즘이 설교하는 '희생'과는 근본적으로 다르다. 파시즘이 말하는 희생은 인간이 자신의 자아를 주장하기 위해 치러야 하는 가장 비싼 대가가 아니라 그것 자체가 하나의 목적이다. 이 피학적 희생은 삶을 부정하고 자아를 말살하는 것을 삶의 완수로 생각한다. 그것은 파시즘이 그 모든 면에서 목표로 삼는 것, 즉 개체적 자아의 말살과 더 높은 힘에 자아가 완전히 복종하는 것을 최대한 표현한 것뿐이다. 삶을 극도로 왜곡한 것이 자살인 것과 마찬가지로, 그것은 참된 희생을 극도로 왜곡한 것이다. 참된 희생은 정신적 진실성을 바라는 비타협적인 소망을 상정한다. 정신적 진실성을 잃은 사람의 희생은 그들의 도덕적 파탄을 은폐할 뿐이다.

마지막으로 또 하나의 반대를 처리하지 않으면 안 된다. 만약에 개인들이 자발성이라는 의미에서 자유롭게 행동하는 것이 허용된다면, 만약에 개인들이 자신보다 더 높은 권위를 전혀 인정하지 않는다면, 무정부 상태가 벌어지는 것은 피할 수 없는 결과일까? '무정부 상태'라는 말이 경솔한 이기주의와 파괴성을 의미하는 한, 결정적 요인은 인간 본성에 대한 이해에 달려 있다. 나는 도피의 메커니즘을 다룬 장에서 지적한 것을 언급할 수 있을 뿐이다. 즉 인간은 선하지도 않고 악하지도 않으며, 삶은 잠재력을 키우고 확장시키고 표현하는 내재적 경향을 갖고 있으며, 삶이 방해를 받으면, 또한 개인이 고립되어 회의나 고독감과 무력감에 짓눌리면, 그때 개인은 파괴성이나 권력욕이나 복종에 대한 갈망으로 내몰린다는 것이다. 만일 인간의 자유가 '무엇을 위한 자유'로 확립된다면, 또한 인간이 자신의 자아를 충분히 그리고 타협하지 않고 실현할 수 있다면, 그가 반사회적 충동에 사로잡힐 근본적인 원인은 사라지고, 병들고 비정상적인 개인만이 위험한 존재로 남을 것이다. 이 자유는 인류 역사에서는 지금까지 한 번도 실현되지 않았지만, 인류가 계속 고수한 이상이었다. 비록 그 이상은 난해하고 비합리적인 형태로 표현되는 경우가 많았지만, 역사 기록이 그렇게 많은 잔인성과 파괴성을 보여준다고 해서 놀랄 이유는 전혀 없다. 놀랄 일, 그리고 용기를 얻을 일이 있다면, 그것은 인류가 인간에게 일어난 그 모든 일에도 불구하고, 우리가 역사를 통틀어 그리고 오늘날 수많은 개인들에게서 발견하는 것과 같은 품위와 용기, 예의와 친절 같은 자질들을 유지했을 뿐만 아니라 실제로 더욱 발전시켰다는 사실이라고 나는 생각한다.

무정부 상태라는 것이 개인이 어떤 종류의 권위도 인정하지 않는 것을 뜻한다면, 합리적 권위와 비합리적 권위의 차이에 대해 말한 부분에서 대답을 찾을 수 있을 것이다. 합리적 권위, 예를 들면 진짜 이상 같은 것은 개인의 성장과 발전이라는 목표를 나타낸다. 따라서 그것은 원칙적으로 개인이나 그의 현실적 목표와는 대립하지 않고 그의 병적 목표와 충돌한다.

자유가 근대인에게 이중의 의미를 가지고 있다는 것이 이 책의 주제였다. 즉 근대인은 전통적 권위로부터 해방되어 '개인'이 되었지만, 동시에 고독해졌고 무력해졌을 뿐만 아니라 자기 자신이나 타인들로부터 소외되어 자기 바깥에 있는 목적의 도구가 되었다는 것, 더욱이 이 상태는 그의 자아를 은밀하게 해치고, 그를 약화시키고 위협하여 새로운 종류의 속박에 기꺼이 복종하게 한다는 것이다. 반면에 적극적인 자유는 능동적이고 자발적으로 사는 능력과 함께 개인의 잠재력을 충분히 실현하는 것과 동일하다. 자유는 임계점에 도달했다. 이 임계점에 도달하면, 자유는 자체의 활력이 지닌 논리에 떠밀려 정반대로 바뀔 위험이 있다. 민주주의의 미래는 르네상스 이래 근대 사상의 이념적 목표였던 개인주의의 실현에 달려 있다. 오늘날의 문화적·정치적 위기는 개인주의가 너무 많다는 사실 때문이 아니라, 우리가 개인주의라고 믿고 있는 것이 빈껍데기가 되어버렸기 때문이다. 자유의 승리는 민주주의가 발달하여 개인 및 그의 성장과 행복이 문화의 목표이자 목적이 되는 사회, 성공 따위로 삶을 정당화할 필요가 없는 사회, 또한 개인이 국가든 경제 기구든 자기 바깥에 있는 어떤 힘에도 종속되거나 휘둘리지 않는 사회, 끝으로 개인의 양심과 이상이 외부 요구의 내재화가 아니라 정녕 '자기 것'이고 그의 자아가 지닌 독특성에서 비롯된 목표를 표현하는 사회가 이루어져야만 가능하다. 이런 목표는 근대 이전에는 충분히 실현될 수 없었다. 진정한 개인주의가 발달하는 데 필요한 물질적 토대가 부족했기 때문에, 그 목표는 거의 이념적 목표로 남아 있을 수밖에 없었다. 자본주의는 이 전제를 만들어냈다. 생산 문제는 적어도 원칙적으로는 해결되었고, 우리는 경제적 결핍 때문에 경제적 특권을 얻으려고 싸울 필요가 없는 풍요로운 미래를 상상할 수 있게 되었다. 오늘날 우리가 직면한 문제는 조직된 사회의 구성원으로서 인간이 사회적·경제적 힘의 노예 신세에서 벗어나 그 힘의 주인이 될 수 있도록 그런 힘들을 조직화하는 것이다.

나는 지금까지 자유의 심리적 측면을 강조했지만, 심리적 문제가 인간 존재의 물질적 토대는 물론 사회의 경제적·사회적·정치적 구조에서도 분리될 수 없다는 것을 보여주려고 애썼다. 적극적인 자유와 개인주의의 실현은 개인이 자아실현과 관련하여 자유로워질 수 있게 해주는 경제적·사회적 변화와도 밀접한 관계가 있다는 것이 이 전제에서 자연스럽게 나오는 결론이다. 이 전제에서 비롯된 경제적 문제들을 다루거나 미래를 위한 경제적 청사진을 제시하는 것은 이 책의 목적이 아니다. 그러나 나는 해결책이 있다고 생각되는 방향에 대해 어떤 의문도 남기고 싶지 않다.

우선 내가 해야 할 말은 이것이다. 우리는 근대 민주주의가 이룩한 기본적인 성취─대의정치, 즉 국민이 대표자를 선출하고 대표자가 국민에게 책임을 지는 정치이거나, 권리장전이 모든 시민에게 보장해주는 권리이거나 간에─를 조금도 잃을 수 없다는 것이다.

또한 우리는 더 새로운 민주주의의 원칙, 즉 아무도 굶주리면 안 되고, 사회는 모든 구성원에게 책임을 져야 하고, 실업이나 기아에 대한 두려움 때문에 어쩔 수 없이 굴복하고 인간으로서의 자존심을 잃는 사람이 있어서는 안 된다는 원칙을 위태롭게 해서도 안 된다. 이런 기본적인 성취는 지켜져야 할 뿐만 아니라 더욱 강화되고 확대되어야 한다.

민주주의가 이만큼 실현되었다는—완전히 실현되려면 아직도 멀었지만—사실에도 불구하고 이 정도로는 충분치 않다. 민주주의를 향한 전진은 개인적이고 정신적인 문제에서만이 아니라 무엇보다도 모든 인간의 생존에 기본이 되는 활동인 일에서도 개인의 실제적인 자유와 창의성과 자발성을 높이는 데 있다.

그것을 위한 일반적인 조건은 무엇일까? 사회의 비합리적이고 무계획적인 성격은 계획 경제로 바꾸어야 한다. 이 계획 경제는 사회 구성원들이 합심하여 조직적으로 노력하는 것 자체를 나타낸다. 사회는 자연을 제어했듯이 사회 문제를 합리적으로 제어해야 한다. 이를 위한 한 가지 조건은, 비록 수는 적지만 막강한 경제력을 휘둘러 민중의 운명을 좌우하면서도 민중에 대해 어떤 책임도 지지 않는 자들의 은밀한 지배력을 제거하는 일이다. 이 새로운 체제를 민주적 사회주의라는 이름으로 부를 수도 있겠지만, 명칭은 중요한 게 아니다. 중요한 것은 사람들의 목표 달성에 도움이 되는 합리적인 경제 체제를 확립하는 일이다. 오늘날 대다수 사람들은 경제 기구 전체에 대한 통제력을 전혀 가지고 있지 않을 뿐만 아니라, 그들이 하는 특정한 일에서도 진정한 창의성과 자발성을 개발할 기회를 거의 가지고 있지 않다. 그들은 '고용되고', 그들에게 요구되는 것은 남이 시키는 일을 하는 것뿐이다. 나라 전체가 경제적·사회적 힘을 합리적으로 제어하는 계획 경제에서만 개인은 자신의 일에서 책임을 나누어 가질 수 있고 창조적 지성을 발휘할 수 있다. 중요한 것은 개인이 진정한 활동을 할 수 있는 기회를 되찾게 해주는 것뿐이다. 사회의 목적과 그 자신의 목적이 이념적으로가 아니라 실제로 같아지는 것, 자기가 하는 일이 그의 인간적 목표와 관련하여 의미와 목적을 가지기 때문에 그가 책임감을 느낄 수 있고 그래서 자신의 노력과 이성을 자기 일에 적극적으로 적용하는 것이 중요하다. 우리는 이제 사람을 교묘하게 조종하는 대신 능동적이고 지적으로 협력해야 하고, '인민의, 인민에 의한, 인민을 위한' 정부라는 원칙을 형식적인 정치 영역에서 경제 영역으로 확대해야 한다.

경제적·정치적 체제가 인간의 자유라는 이상을 더욱 발전시키느냐 아니냐 하는 문제는 정치적·경제적인 관점에서만 대답할 수 없다. 자유의 실현을 평가하는 유일한 판단 기준은 개인이 자신의 삶과 사회생활을 결정하는 데 적극적으로 참여하느냐 아니냐이고, 여기에는 투표라는 형식적인 행위만이 아니라 개인의 일상적인 활동과 일, 그리고 타인들과의 관계도 포함된다. 근대의 정치적 민주주의가 순전히 정치적인 영역에만 한정되면, 보통 사람들의 경제적 무력함으로 인한 결과에 충분히 대응할 수 없다. 하지만 생산 수단의 사회화처럼 순전히 경제적인 개념도 역시 충분치 않다. 여기서나는 '사회주의'라는 낱말이—전략적 편의 때문에—'국가사회주의'에 적용되었을 때처럼 그 낱말이 기만적으로 사용된 경우를 상정한 것은 아니다. 내가 마음에 두고 있는 것은 '사회주의'가 기만적인 단어가 되어버린 러시아다. 러시아에서는 생산 수단의 사회화가 일어났지만, 실제로는 강력한 관료제가 거대한 인민 대중을 조종하고 있기 때문이다. 인민 대다수의 경제적 이익을 위해서는 정부의 통제가 효과적이지만, 이것은 필연적으로 자유와 개인주의의 발달을 방해할 수밖에 없다.

오늘날처럼 진실을 감추기 위해 낱말들이 오용된 적은 일찍이 없었다. 동맹국에 대한 배반은 유화정책이라고 불리고, 군사적 침략은 공격에 대한 방어로 위장된다. 약소국을 정복하는 것은 우호조약이라는 이름으로 이루어지고, 국민 전체에 대한 잔인한 억압은 국가 사회주의라는 이름으로 자행된다. '민주주의'와 '자유'와 '개인주의'라는 낱말들도 이런 오용의 대상이다. 민주주의와 파시즘의 차이의 진정한 의미를 정의하는 방법은 한 가지다. 민주주의는 개인의 완전한 발전을 위한 경제적·정치적·문화적 조건을 창조해내는 체제다. 반면에 파시즘은 어떤 이름을 내세우든 관계없이 개인을 자신과 관계없는 목적에 종속시키고, 진정한 개성의 발달을 약화시키는 체제다.

민주주의의 실현을 위한 조건을 확립하는 데 가장 큰 어려움의 하나는 계획 경제와 각 개인의 적극적인 협력이 상충하는 데에 있다. 큰 규모의 산업 체계처럼 넓은 범위의 계획 경제는 엄청난 규모의 중앙집권을 요구하고, 그 결과 이 집중화된 기구를 관리할 관료 체계가 필요해진다. 한편 각 개인과 전체 체계의 가장 작은 단위들이 적극적으로 관리하고 협력하려면 많은 분권화가 필요하다. 상부의 계획이 하부의 적극적인 참여와 융합되지 않으면, 또한 사회 생활의 물줄기가 밑에서 위로 끊임없이 흐르지 않으면 계획 경제는 다시 민중을 조종하는 체제로 변할 것이다. 중앙집권화와 분권화를 결합하는 이 문제를 해결하는 것은 사회의 주요 과제 가운데 하나다. 하지만 그것은 우리가 이미 해결하여 자연을 거의 완전히 제어할 수 있게 해준 기술적 문제 못지않게 충분히 해결할 수 있는 문제인 것은 확실하다. 하지만 그 문제는 우리가 그렇게 해야 할 필요성을 분명히 인식하고, 또한 사람들에 대한 신뢰를 가지고 그들이 인간으로서 자신의 진정한 이익을 돌볼 능력이 있다고 믿어야만 해결될 수 있을 것이다.

어떤 면에서는 그것도 역시 우리가 직면한 개인의 창의성 문제다. 개인의 창의성은 경제 체제에 큰 자극이 되는 동시에 자유민주적인 자본주의 체제에서 개인의 발전을 자극하는 것이기도 하다. 하지만 두 가지 조건이 있다. 즉 개인의 창의성은 인간의 선택된 자질들, 즉 인간의 의지와 합리성만 발달시켰고, 그 밖의 측면에서는 인간을 경제적 목적에 종속된 상태로 남겨놓았다. 또한 그것은 수없이 많은 독립된 경제적 단위에 활동할 여지를 부여한 자본주의의 고도로 개체화한 경쟁적인 단계에서 가장 잘 작용한 원리였다. 오늘날에는 이 공간이 좁아졌다. 소수만이 개인의 창의성을 발휘할 수 있다. 우리가 오늘날 이 원리를 실현하고 확대하여 인격 전체가 자유로워지기를 바란다면, 사회 구성원 전체가 합심하여 합리적인 노력을 기울이고 경제 체제에서 가장 작은 단위들의 진정하고 적극적인 협조와 관리를 보장해줄 수 있는 상당한 분권화가 이루어져야만 가능할 것이다.

인간이 사회를 제어하고 경제 기구를 인간의 행복이라는 목적에 종속시킬 때에만, 또한 인간이 사회 과정에 적극적으로 참여할 때에만 인간은 지금 자신을 절망에 빠뜨리고 있는 고독과 무력감을 극복할 수 있다. 인간은 오늘날 가난에 시달리기보다는 오히려 자기가 큰 기계의 톱니나 자동인형이 되어버렸다는 사실, 삶이 공허해지고 무의미해졌다는 사실 때문에 괴로워한다. 민주주의가 후퇴하지 않고 공세를 취하여 지난 수백 년 동안 자유를 위해 싸운 사람들이 목표로 삼았던 것을 실현해야만 모든 권위주의 체제를 이길 수 있을 것이다. 민주주의는 인간 정신이 가질 수 있는 가장 강한 하나의 신념, 생명과 진리에 대한 신념, 그리고 개체적 자아의 적극적이고 자발적인 실현으로서의 자유에 대한 신념을 사람들에게 심어줄 수 있어야만 허무주의의 세력을 이겨낼 수 있을 것이다.

부록

성격과 사회 과정

이 책에서 우리는 종교개혁 시대나 현대와 같은 특정한 역사적 시기를 분석함으로써 사회경제적·심리적·이념적 요소들의 상호 관계를 다루었다. 이런 분석과 관련된 이론적 문제에 관심이 있는 독자들을 위해, 나는 이 부록에서 구체적인 분석의 바탕이 된 일반적인 이론적 근거를 잠깐 논하고자 한다.

사회 집단의 심리적 반응을 조사할 때 우리는 그 집단의 구성원들, 즉 각 개인의 성격 구조를 다룬다. 하지만 우리가 관심 있는 것은 각 개인을 서로 다르게 해주는 특성이 아니라, 집단을 이루는 대다수 구성원들에게 공통된 성격 구조의 특성이다. 우리는 이런 성격을 '사회적 성격'이라고 부를 수 있을 것이다. 사회적 성격은 필연적으로 개인적 성격보다 덜 구체적일 수밖에 없다. 개인적 성격을 묘사할 때 우리는 특별한 배열 형태로 이런저런 개인적 성격 구조를 이루는 특성 전체를 다룬다. 사회적 성격은 선택된 특성들로만 이루어졌는데, 이 특성들은 한 집단의 대다수 구성원들의 성격 구조에서 가장 본질적인 핵심들로, 그 집단에 공통된 기본적 경험과 생활양식의 결과로서 발달해온 것이다. 전혀 다른 성격 구조를 가진 '예외'는 항상 존재하겠지만, 집단의 대다수 구성원들의 성격 구조는 이 핵심이 변형된 것으로, 이런 변형은 개개인의 출생과 생활 경험 같은 우연적 요소들이 저마다 다르기 때문에 생긴 것이다. 한 개인을 가장 철저하게 이해하고자 한다면, 그 개인을 다른 사람들과 구별해주는 이런 요소들이 가장 중요하다. 하지만 인간의 에너지가 어떤 사회 체제에서 어떤 경로를 통해 생산적인 힘으로 작용하는지를 이해하고 싶으면, 사회적 성격이 우리의 주요 관심사가 될 만하다.

사회적 성격이라는 개념은 사회 과정을 이해하는 데 열쇠가 되는 핵심적 개념이다. 성격이라는 것은 분석심리학의 동적 의미에서는 어떤 사회의 특별한 생활양식에 인간의 욕구를 동적으로 적응시킬 때 인간의 에너지가 형성하는 독특한 형태를 말한다. 이렇게 형성된 성격은 결국 개인의 생각과 감정과 행동을 결정한다. 여기서 성격이 생각을 결정한다는 것은 좀 이해하기 어려울지도 모른다. 왜냐하면 우리는 생각이란 전적으로 지적인 행위이며 성격의 심리적 구조와는 무관하게 독립된 것이라고 믿기 때문이다. 하지만 그렇지 않다. 더욱이 우리의 생각이 구체적인 대상의 경험적 조작을 다루지 않고 윤리적·철학적·정치적·심리적 또는 사회적 문제를 다룰 때는 더욱 그렇지 않다. 생각이라는 행위와 관련된 순전히 논리적인 요소들은 별 문제로 하고, 그런 생각을 주로 결정하는 것은 바로 생각하는 사람의 성격 구조다. 이것은 사랑이나 정의, 평등, 희생 같은 단일 개념뿐만 아니라 어떤 신념이나 이론 체계 전체에 대해서도 적용된다. 이 같은 개념과 신념은 감정적인 원천을 가지고 있으며, 이 원천은 개인의 성격 구조에 뿌리를 두고 있다.

우리는 앞에서 이것을 입증하는 실례를 많이 제시했다. 신념과 관련해서는 초기 프로테스탄티즘과 근대 권위주의의 감정적 근원을 보여주려고 애썼다. 그리고 단일 개념에 관해서는, 예를 들면 가학-피학적 성격을 가진 사람에게 사랑이란 공생적 의존을 뜻하며 평등을 기반으로 한 상호 긍정과 연합이 아니라는 것, 희생이란 개인의 자아를 보다 높은 어떤 것에 철저히 복종케 하는 것을 뜻하며 개인의 정신적·도덕적 자아를 주장하는 것이 아니라는 것, 차이란 힘에서의 차이를 뜻하며 평등을 기반으로 한 개성 실현에서의 차이가 아니라는 것, 정의란 모든 사람이 저마다 받을 권리가 있는 것을 받아야 한다는 뜻이며 개인 각자가 양도할 수 없는 생득권의 실현을 무조건 주장할 권리를 갖는다는 뜻이 아니라는 것, 용기란 기꺼이 굴복하고 고통을 견디는 것을 뜻하며 권력과 맞서서 개성을 최대한 주장하는 것이 아니라는 것 등을 보여주었다. 서로 다른 성격을 가진 두 사람이 예를 들어 사랑에 대해 이야기할 때 쓰는 낱말은 같지만, 그 낱말의 의미는 그들의 성격 구조에 따라 전혀 다르다. 사실 이런 개념의 의미를 심리적으로 정확히 분석하면 많은 지적 혼란을 피할 수 있을 것이다. 순수하게 논리적으로 분류하려는 시도는 반

부록 성격과 사회 과정

드시 실패로 끝날 수밖에 없기 때문이다.

관념이 하나의 감정적 원천을 갖는다는 사실은 매우 중요하다. 그것은 어떤 문화의 정신을 이해하는 데 열쇠 같은 구실을 하기 때문이다. 서로 다른 여러 사회나 또는 같은 사회 안에서도 서로 다른 계급들은 저마다 특수한 성격을 지니고 있으며, 그것을 토대로 삼아 서로 다른 관념이 발달하고 강력해진다. 예를 들어 일과 성공이 인생의 주요 목표라는 관념은 근대인의 고독과 회의를 토대로 삼아 그에게 강력하고 매력적인 것이 될 수 있다. 하지만 성공을 위해 끊임없이 노력하고 분발한다는 생각을 푸에블로 인디언이나 멕시코 농부들에게 선전해봤자 아무런 호응도 얻지 못할 것이다. 전혀 다른 성격 구조를 가진 이 사람들은 그런 목표를 제시하는 사람이 무슨 이야기를 하는지 설사 그 말은 이해한다고 해도 그 내용은 거의 이해하지 못할 것이다. 이와 마찬가지로 히틀러와, 그와 같은 성격 구조를 가진 일부 독일인들은 전쟁을 없앨 수 있다고 생각하는 사람들을 완전한 바보이거나 명백한 거짓말쟁이라고 생각한다. 그들의 사회적 성격을 토대로 보면 고통과 재난이 없는 삶은 자유와 평등만큼도 이해할 수 없는 것이다.

어떤 사상에 대해 어떤 집단이 자신들의 독특한 사회적 성격 때문에 실제로는 공감하지 않으면서도 의식적으로는 그 사상을 받아들이는 경우가 종종 있다. 그러면 사상은 의식적인 신념의 하나로 마음속에 자리를 잡겠지만, 결정적인 순간에는 사람들이 그 사상에 따라 행동하지 않는다. 이런 예는 나치즘이 승리했을 때 독일의 노동운동에서 찾아볼 수 있다. 독일 노동자의 대다수는 히틀러가 집권하기 전에는 사회주의나 공산주의를 표방한 정당에 표를 던졌고, 그 정당들의 사상에 신뢰를 보냈다. 말하자면 노동자 계급 안에서 이런 사상들의 '범위'는 매우 넓었다. 하지만 이 사상들의 '무게'는 그 '범위'에 비하면 아무것도 아니었다. 나치즘이 공격을 개시하자 어떤 정치적 반대도 일어나지 않았다. 나치의 정적들은 대부분 자신의 사상을 지키기 위해 기꺼이 싸울 준비가 되어 있었지만, 좌파 정당을 지지하는 사람들은 대부분 그들의 정당이 권위를 가지는 동안은 그 정당의 강령을 신봉했으나 막상 위기가 닥치자 당장 그것을 내던질 준비가 되어 있었다. 독일 노동자의 성격 구조를 면밀히 분석해보면, 이런 현상이 나타난 하나의 이유—이것이 유일한 이유가 아닌 것은 확실하다—를 알 수 있다. 그들 대다수는 우리가 권위주의적 성격으로 설명한 특성을 많이 지닌 성격 유형이었다. 그들은 안정된 기반을 확립한 권위에 뿌리 깊은 존경과 동경을 품고 있었다. 사회주의가 권위에 대해서는 개인의 독립성을 강조하고 개인주의적 고립에 대해서는 사회적 연대를 강조했는데, 이들 노동자 대다수가 가지고 있던 성격 구조를 근거로 판단하건대 그것은 그들이 진심으로 원한 것이 아니었다. 급진적 지도자들이 저지른 한 가지 실수는 그들의 사상의 범위만을 근거로 그들의 정당의 힘을 평가하고 그 사상의 무게가 부족하다는 사실은 간과했다는 것이다.

이와는 반대로 프로테스탄티즘과 칼뱅주의의 교리에 대한 우리의 분석은 그런 사상들이 새 종교의 추종자들 사이에서 강력한 힘이 되었음을 보여주었는데, 그것은 그 사상들이 사람들의 성격 구조 속에 존재하는 욕구와 불안에 호소했기 때문이다. 다시 말하면 '사상은 강력한 힘이 될 수 있는데, 그 사상이 어떤 사회적 성격 안에서 두드러진 어떤 특수한 인간적 욕구에 부응할 경우에만 그렇다.'

인간의 성격 구조는 생각과 감정만 결정하는 것이 아니라 행동도 결정한다. 이런 사실을 보여준 것이 프로이트의 업적이다. 비록 그의 이론적 준거 기준은 옳지 않지만. 한 인간의 성격 구조에서 지배적인 경향에 의해 행동이 결정되는 것은 신경증 환자의 경우 명백하다. 집의 창문 개수를 헤아리거나 도로에 깔린 포석의 수를 헤아리게 만드는 강박증이 어떤 강박적 성격의 충동에 뿌리를 둔다는 것은 쉽게 이해할 수 있다. 그러나 정상적인 사람의 행동은 합리적인 고려와 현실적 필요성으로만 결정되는 것처럼 보인다. 하지만 정신분석학이 제공하는 새로운 관찰 방법에 의하면, 소위 합리적인 행동도 주로 성격 구조에 의해 결정된다는 것을 알 수 있다. 근대인에게 '일'이 갖는 의미를 논할 때 우리는 이 점에 대해 실례를 가지고 설명한 적이 있다. 우리는 끊임없이 활동하고 싶은 강렬한 욕구가 고독과 불안에 뿌리를 두고 있음을 보았다. 일에 대한 이런 강박적 충동은 다른 문화에서 사람들이 일에 대해 보이는 태도와는 달랐다. 다른 문화에서는 사람들이 필요한 만큼 일했지만, 자신의 성격 구조 안에 있는 여분의 힘에 쫓기지는 않았다. 오늘날 정상적인 사람들은 모두 일에 대해 거의 똑같은 충동을 가지고 있기 때문에, 게다가 살고 싶으면 일을 열심히 할 필요가 있기 때문에, 이 특성에 포함되어 있는 비합리적인 요소는 자칫 간과하기 쉽다.

이제 우리는 성격이라는 것이 개인과 사회를 위해 어떤 기능을 하는지를 물어야 한다. 개인을 위한 기능에 대해서는 대답하기 어렵지 않다. 개인의 성격이 사회적 성격과 거의 가깝게 일치되어 있다면, 그는 자기 성격의 지배적인 충동들에 이끌려 그의 문화 특유의 사회적 조건 아래에서 필요하고 바람직한 일을 한다. 따라서 가령 누가 돈을 모으고 싶다는 강력한 충동에 사로잡혀서 사치에 돈을 쓰는 것을 몹시 싫어한다면—예컨대 그가 작은 가게 주인이어서, 경쟁에서 살아남기 위해서는 돈을 모으고 절약할 필요가 있다면—이 충동은 그에게 큰 도움이 될 것이다. 성격 특성은 이런 경제적 기능 외에, 그에 못지않게 중요한 순전히 심리적인 기능도 가지고 있다. 저축에 대한 욕망이 성격에서 생겨난 사람의 경우, 그는 자신의 성격에 맞게 행동할 수 있다는 점에서 깊은 심리적 만족감도 얻는다. 즉 그는 돈을 모을 때, 실제로 이익을 얻을 뿐만 아니라 심리적으로도 만족을 느낀다. 이것은 예컨대 시장에서 장을 보는 하류 중산층 여성을 관찰해보면 쉽게 납득할 수 있을 것이다. 그 여자는 장을 보고 2센트를 절약했을 때, 다른 성격을 가진 사람이 어떤 감각적 쾌락을 누린 것만큼 행복을 느낄 수 있다. 어떤 사람이 자신의 성격 구조에서 생겨나는 요구에 따라 행동할 때만이 아니라, 같은 이유로 그에게 강한 매력을 갖는 생각을 읽거나 들을 때에도 이런 심리적 만족이 일어난다. 권위주의적 성격자에게는 자연을 우리가 복종하지 않으면 안 되는 강력한 힘으로 묘사하는 이념이나 정치적 사건을 가학적으로 묘사하는 데 열심인 연설이 강한 매력을 풍기고, 그것을 읽거나 들으면 심리적으로 만족하게 된다. 요약하면 정상적인 사람의 경우 성격의 주관적 기능은 '실제적인 견지에서 그에게 필요한 것에 따라 행동케 하는 것, 그리고 그가 자신의 활동에서 심리적 만족감을 얻게 해주는 것'이다.

사회 과정에서 사회적 성격은 어떤 기능을 갖고 있는가 하는 관점에서 고찰하려면, 사회적 성격이 개인에게 어떤 기능을 갖고 있는지를 말하는 데서 출발하지 않으면 안 된다. 즉 인간은 자신을 사회적 조건에 적응시킴으로써, 그가 어떤 행동을 '해야 하는' 대로 하기를 '바라게' 하는 특성들을 발달시킨다. 어떤 사회에서 대다수 사람들의 사회적 성격이 이 사회에서 개인이 수행해야 하는 객관적인 일에 그렇게 적응되어 있으면, 사람들의 에너지는 그 사회가 기능을 발휘하는 데 없어서는 안 될 생산력으로 바뀐다. 다시 한 번 '일'을 예로 들어보자. 근대의 산업 체계는 우리의 에너지의 대부분을 일에 쏟을 것을 요구한다. 사람들이 외적 필요 때문에 일할 뿐이라면, 그들이 해야 할 일과 하고 싶은 일 사이에 많은 마찰이 일어나 효율성을 떨어뜨릴 것이다. 하지만 성격이 사회적 요구에 동적으로 적응함으로써 인간의 에너지는 마찰을 일으키는 대신 특정한 경제적 필요에 따라 행동하도록 유도하는 자극제가 된다. 그리하여 근대인은 외부의 강요 때문에 최대한 열심히 일하는 것이 아니라, 일에 대한 내적인 강박에 내몰린다. 이 내적 강박에 대해서는 앞에서 그 심리적 의미를 분석한 바 있다. 근대인은 명시적인 권위에 복종하는 대신, 어떤 외적 권위보다 효과적으로 그를 통제할 수 있는 내적 권위—양심과 의무감—를 만들어냈다. 바꿔 말하면 '사회적 성격은 외적 필요를 내면화하고, 그리하여 주어진 경제적·사회적 체계의 과제를 수행하기 위해 인간의 에너지를 이용한다.'

앞에서 보았듯이 어떤 성격 구조에서 일단 어떤 욕구가 생겨나면,

그 욕구와 긴밀히 연결되어 있는 행동은 심리적으로 만족스러운 동시에 물질적 성공이라는 견지에서 실제적이기도 하다. 사회가 개인에게 이러한 두 가지 만족을 동시에 제공하는 한, 심리적 힘이 사회 구조를 강화하는 상황이 계속된다. 하지만 조만간 지체가 일어난다. 전통적인 성격 구조가 아직 존재하고 있을 때, 전통적 성격 특성이 더 이상 쓸모가 없는 새로운 경제적 상황이 생겨나는 것이다. 사람들은 자신의 성격 구조에 따라 행동하는 경향이 있지만, 이런 행동은 그들의 경제적 추구에 실제로 장애가 되거나, 그들이 자신의 '본성'에 따라 행동할 수 있는 위치에 오를 기회가 충분치 않다. 지금 우리가 생각하는 것의 예를 하나 들면, 옛 중산층, 특히 독일처럼 계급의 계층화가 엄격한 나라의 중산층의 성격 구조다. 옛 중산층의 미덕인 검소, 절약, 조심성, 의심은 새로운 미덕인 창의성, 모험심, 공격성 따위에 비하면 근대 기업에서는 차츰 가치가 떨어지고 있었다. 이런 낡은 미덕들이 아직 자산인 경우—작은 가게의 주인 같은 경우—에도 그런 사업은 가능성의 범위가 너무 좁아져서 옛 중산층의 자식들 가운데 극소수만이 경제적 추구에서 그들의 성격 특성을 성공적으로 '이용'할 수 있었다. 그들이 어렸을 때 가정교육을 통해 개발한 성격 특성은 한때는 그들 계급의 사회적 상황에 들어맞았지만, 경제 발전이 성격의 발전보다 더 빠르게 진행되었다. 이렇게 심리적 발전이 경제 발전보다 지체되자, 보통의 경제 활동으로는 정신적 욕구를 더 이상 충족시킬 수 없는 상황이 생겨났다. 하지만 이런 욕구는 여전히 존재했고, 그래서 다른 방법으로 만족을 추구할 수밖에 없었다. 자신의 이익을 위한 편협한 이기적 노력은 하류 중산층의 특징이었지만, 이제는 그것이 개인적 차원에서 국가적 차원으로 전환된 것이다. 개인의 사적인 경쟁에서 사용되었던 가학적 충동들도 일부는 사회적·정치적 현장으로 무대를 옮겼고, 어느 정도는 좌절을 통해 더욱 강화되었다. 제한적 요소들로부터 완전히 해방된 가학적 충동은 정치적 박해와 전쟁에서 만족을 찾았다. 이렇게 좌절감을 주는 전체 상황이 불러일으킨 분노와 얽혀, 심리적인 힘들은 기존의 사회 질서를 강화하는 대신 민주주의 사회의 전통적인 정치적·경제적 구조를 파괴하려는 집단에 의해 사용될 다이너마이트가 되었다.

사회적 성격 형성에서 교육 과정이 어떤 역할을 맡는지에 대해서는 아직 말하지 않았다. 하지만 어린 시절 초기의 훈육 방법과 성장기 아동을 위해 채택된 교육 기법이 성격 발달의 '원인'이라고 생각하는 심리학자가 많다는 사실을 고려하면, 이 점에 대해 잠깐 언급하는 것이 타당할 것 같다. 우선 우리가 말하는 교육이 무슨 뜻인지를 자문해야 한다. 교육은 여러 가지로 정의될 수 있지만, 사회 과정이라는 각도에서 바라보면 대체로 다음과 같은 것이라고 생각된다. 교육의 사회적 기능은 개인이 나중에 사회에서 맡을 역할을 제대로 해내도록 필요한 지식과 기술 따위의 자질을 부여하는 것이다. 즉 그의 성격이 사회적 성격과 비슷해져서 그의 소망이 그의 사회적 역할에 필요한 것과 일치하도록 그의 성격을 형성하는 일이다. 모든 사회의 교육제도는 이 기능으로 결정된다. 따라서 사회 구조나 그 구성원들의 성격을 교육 과정으로 '설명'할 수는 없지만, 어떤 사회의 사회적·경제적 구조에서 생겨나는 필요성으로 교육제도를 설명해야 한다. 하지만 교육 방법은 그 메커니즘이 개인을 사회에서 요구하는 형태로 형성하는 한, 더없이 중요하다. 교육 방법은 사회적 요구를 개인적 자질로 변형시키는 수단이라고 생각할 수 있다. 교육 기법은 특정한 사회적 성격을 낳는 원인은 아니지만, 성격을 형성하는 메커니즘의 하나를 이룬다. 이런 의미에서 교육 방법에 대한 지식과 이해는 기능을 발휘하는 사회에 대한 총체적 분석의 중요한 일부다.

우리가 방금 말한 것은 전체 교육 과정의 특별한 한 부분인 '가족'에도 적용된다. 프로이트는 어린이의 초기 경험이 성격 구조 형성에 결정적 영향을 미친다는 것을 보여주었다. 이것이 사실이라면, 사회생활과 거의 접촉이 없는―적어도 우리 문화에서는―아이의 성격 구조가 사회에 의해 형성된다는 것을 어떻게 이해할 수 있을까? 그 대답은 부모가―개인적인 변수는 제쳐놓고―그들이 살고 있는 사회의 교육 형식을 자녀에게 적용할 뿐만 아니라, 그들 자신의 성격 속에 그들의 사회나 계급의 사회적 성격이 나타나기 때문이라는 것이다. 부모는 바로 자신들의 존재를 통해 사회의 심리적 분위기나 정신이라고 부를 수 있는 것을 자녀에게 전달한다. 말하자면 부모는 바로 이런 사회정신의 대변자라고 할 수 있다. '따라서 가족은 사회의 심리적 대리인으로 볼 수 있다.'

사회적 성격은 그 사회의 존재 양식에 따라 형성된다고 말했지만, 제1장에서 동적인 적응이라는 문제에 대해 말한 것을 상기해주기 바란다. 인간은 사회의 경제적·사회적 구조의 필요에 의해 형성되는 것이 사실이지만, 그러나 인간은 무한히 적응할 수 있는 존재는 아니다. 인간에게는 반드시 만족시켜야 하는 생리적 욕구가 존재할 뿐 아니라, 인간에게 내재하는 고유한 심리적 자질들도 존재한다. 이것도 역시 만족시킬 필요가 있고, 욕구가 충족되지 않으면 어떤 반작용이 일어난다. 이 자질들은 무엇일까? 가장 중요한 것은 인간이 역사 과정에서 발달시킨 잠재력, 예를 들면 창조적이고 비판적인 사고 능력, 감정적 경험과 감각적 경험을 구별하는 능력을 키우고 개발하고 실현하는 경향인 것 같다. 이런 잠재력은 저마다 자체의 활력을 가지고 있다. 진화 과정에서 일단 잠재력이 생겨나면 겉으로 표현되는 경향이 있다. 이 경향은 억압당하거나 좌절할 수는 있지만, 그런 억압은 새로운 반작용을 낳고 특히 파괴적이고 공생적인 충동을 형성한다. 이 성장하려는 일반적인 경향―이것은 성장하려고 하는 생물학적 경향과 동등한 심리적 경향이다―은 자유에 대한 욕망과 억압에 대한 증오 같은 구체적인 경향도 낳는 것 같다. 자유는 모든 성장에 필요한 기본 조건이기 때문이다. 물론 자유에 대한 욕망도 억압당하여, 개인의 의식에서 사라질 수 있다. 하지만 그렇다 해도 잠재력으로는 계속 존재하고, 그런 억압에 항상 따르는 의식적 또는 무의식적인 증오가 그 욕망의 존재를 보여준다.

앞에서 말했듯이 정의와 진실에 대한 추구는 자유에 대한 욕망처럼 억압당하고 왜곡될 수 있지만, 인간 본성의 고유한 경향이라고 가정할 수도 있다. 이 가정은 이론적으로는 위험에 빠져 있다. 인간이 신을 본떠서 창조되었다는 믿음이나 자연법의 가정으로 그런 경향의 존재를 설명하는 종교적·철학적 가정에 의지할 수 있다면 문제는 간단할 것이다. 하지만 그런 설명으로는 우리의 주장을 뒷받침할 수 없다. 우리가 보기에 정의와 진실에 대한 추구를 설명할 수 있는 유일한 방법은 인간의 역사 전체를 사회적으로, 그리고 개인적으로 분석하는 것이다. 그러면 자유와 성장을 위한 싸움에서 힘없는 모든 사람에게 가장 중요한 무기는 정의와 진실이라는 것을 알게 된다. 역사가 시작된 이래 인류의 대부분은 자신을 억압하고 착취하는 강력한 집단에 맞서 자신을 지켜야 했고, 모든 개인은 어린 시절에 무력함을 특징으로 하는 한 시기를 거친다. 이 무력한 상태에서 정의와 진실에 대한 감각 같은 특성이 발달하여, 그것이 인간 공유의 잠재력이 되는 듯하다. 따라서 우리는 '삶의 기본 조건이 성격 발달을 결정하지만, 그리고 생물학적으로 고착된 인간 본성 따위는 존재하지 않지만, 인간 본성은 사회 과정의 발달에 적극적으로 참여하는 요소를 이루는 자체의 활력을 가지고 있다'는 사실에 도달하게 된다. 우리는 아직 이 활력이 정확히 어떤 성질의 것인지를 심리학적인 면에서 분명히 말할 수는 없지만, 그 존재는 인정해야 한다. 생물학적 개념과 형이상학적 개념의 오류를 피하려고 애쓰다가 그에 못지않게 중대한 잘못, 즉 인간은 사회적 환경이라는 끈에 묶여 조종당하는 꼭두각시에 불과하다고 생각하는 사회학적 상대주의의 오류에 빠져서는 안 된다. 자유와 행복에 대한 인간의 양도할 수 없는 권리는 인간 고유의 내재적 성질, 즉 인간이 역사 발전 과정에서 그에게 생겨난 잠재력을 실생활에서 실현하고 확대하고 표현하려는 노력에 뿌리를 두고 있다.

이제 프로이트의 접근방식과 우리가 이 책에서 추구한 심리학적 접근방식의 가장 중요한 차이점을 다시 말할 수 있다. 첫 번째 차이점은 제1장에서 상세히 다루었으므로 여기서는 간략하게 언급하면 될 것이다. 우리는 생물학적 요인들의 중요성을 과소평가하지 않지만, 그리고 문화적 요인과 생물학적 요인을 대비시키는 것으로 이 문제를 정확히 표현할 수 있다고 생각지도 않지만, 인간의 본성은 본질적으로 역사적 요인에 좌우된다고 생각한다. 둘째, 프로이트의 기본 원리는 인간을 하나의 완결체, 어떤 생리적 충동을 선천적으로 부여받은 폐쇄 체계로 보고, 인간의 성격 발달을 이런 충동의 만족과 좌절에 대한 반작용으로 해석하는 것이다. 한편 우리가 보기에 인간의 성격에 대한 기본적인 접근방식은 세계와 타인과 자연과 자신에 대한 인간의 관계를 이해하는 것이다. 인간은 '주로' 사회적 존재라는 것이 우리의 생각인 반면, 인간은 주로 자족적이고 자신의 본능적 욕구를 만족시키기 위해서만 부차적으로 타인을 필요로 한다는 것이 프로이트의 생각이다. 우리는 이런 의미에서 개인심리학은 기본적으로 사회심리학이거나, 설리번의 표현을 빌리면 대인관계 심리학이라고 생각한다. 심리학의 핵심적인 문제는 단순한 본능적 욕망의 만족이나 좌절이 아니라, 세계와 개인의 특별한 관계에 관한 문제다. 인간의 본능적 욕망에 일어나는 문제는 인간성의 문제로 이해할 것이 아니라, 세계와 인간의 관계라는 총체적 문제의 한 부분으로 이해해야 한다. 따라서 우리의 접근방식에서는 사랑과 미움, 친절과 공생처럼 개인과 타인의 관계를 중심으로 하는 욕구와 욕망이 기본적인 심리 현상인 반면, 프로이트의 접근방식에서는 그것이 본능적 욕구의 좌절이나 만족에서 비롯된 부차적인 결과일 뿐이다.

프로이트의 생물학적 성향과 우리의 사회적 성향의 차이는 성격학의 문제와 관련하여 특별한 의미를 갖는다. 프로이트, 그리고 그의 발견을 근거로 삼는 아브라함과 존스 같은 학자들은 어린이가 음식을 먹고 배설하는 과정과 관련하여 이른바 성감대(입과 항문)에 쾌감을 느낀다고 추정했다. 그리고 정상적인 발달 과정에서는 나중에 성장하면 생식기가 가장 중요한 성감대가 되었어야 하지만, 과도한 자극이나 욕구불만 또는 체질적으로 강화된 감수성 때문에 입과 항문이라는 성감대가 나중에도 리비도적 성격을 유지한다고 추정했다. 이렇게 전(前) 생식기 단계에 고착되는 것은 성격 구조의 일부가 되는 승화와 반작용 형성으로 이어질 것으로 여겨진다. 따라서 가령 어떤 사람이 돈이나 그 밖의 물건을 모으고 싶은 충동에 사로잡히는 것은 어쩌면 대변을 몸 안에 간직하고 싶은 무의식적 욕망이 승화된 것일 수도 있다. 또는 어떤 사람이 스스로 노력한 결과가 아니라 누군가 남에게 모든 것을 얻을 수 있으리라 기대하는 것은 남이 먹여주기를 바라는 무의식적 소망에 사로잡혀 그 소망이 도움과 지식 따위를 얻고 싶은 욕망으로 승화된 것일 수도 있다.

프로이트의 관찰은 매우 중요한 것이지만, 그의 설명은 잘못되었다. 그는 이 '구강적(oral)' 및 '항문적(anal)' 성격 특성이 지닌 열정적이고 비합리적인 성질은 정확히 보았다. 이런 욕망이 인격의 모든 영역, 인간의 성적·감정적·지적인 생활에 널리 퍼져 있다는 것, 그것이 인간의 모든 활동에 영향을 미친다는 것도 알았다. 하지만 그는 성감대와 성격 특성의 인과관계를 실제와는 정반대로 생각하는 잘못을 저질렀다. 자기가 얻고 싶은 것—사랑, 보호, 지식, 물질적인 것들—을 모두 외부에서 수동적으로 받아들이고 싶은 욕망은 타인들과의 경험에 대한 반작용으로 어린이의 성격 속에 생겨난다. 이 경험에서 생긴 두려움 때문에 자기가 강하다는 느낌이 약해지거나, 자주성과 자신감이 무력해지거나, 창의성과 자신감이 마비되거나, 적개심이 생겨났다가 억압되는 경우, 그리고 아버지나 어머니가 복종을 조건으로 애정이나 보호를 주겠다고 제의하는 경우, 이런 상황에서 아이는 적극적으로 문제를 해결하려는 태도를 포기하고 결국 자신이 원하는 것을 제공해줄 외부의 원천 쪽으로 자신의 모든 에너지를 쏟게 된다. 이런 태도는 매우 열정적인 성격을 띠는데, 그것은 이런 사람이 자신의 소망을 실현하기 위해 시도할 수 있는 유일한 방법이기 때문이다. 이런 사람들은 음식이나 젖 따위를 남에게 얻어먹는 꿈이나 환상을 갖는 경우가 많은데, 그것은 다른 어떤 기관보다도 입이 이런 수용적인 태도를 표현하기에 적합하기 때문이다. 하지만 입의 감각이 이런 태도의 원인은 아니다. 그것은 외부 세계에 대한 태도를 신체 언어로 표현하는 것이다.

'항문적' 인간에 대해서도 같은 말을 할 수 있다. '항문적' 인간은 자신의 특수한 경험을 토대로 타인들한테서 '구강적' 인간보다 더 멀찌감치 물러나, 자신을 독재적이고 자족적인 체계로 만듦으로써 안전을 추구하고, 사랑이나 그 밖의 외향적인 태도를 자신의 안전에 대한 위협으로 느낀다. 대부분의 경우 이런 태도가 식사나 배설과 관련하여 처음 생겨나는 것은 사실이다. 먹고 배설하는 것은 유아기의 주요 활동이고, 부모 입장에서는 사랑이나 억압이, 자녀 입장에서는 친근감이나 반항심이 표현되는 주요 영역이기도 하다. 하지만 성감대에 대한 지나친 자극과 욕구불만만으로 한 사람의 성격 속에 그런 태도가 고착되는 것은 아니다. 그런 유쾌한 감각은 식사나 배설과 관련하여 어린이가 경험하는 것이지만, 신체적 차원에서 이 쾌감이 성격 구조 전체에 뿌리를 둔 태도를 나타내지 않는 한, 인간의 성격 발달에는 별로 중요하지 않다.

어머니의 절대적인 사랑을 믿는 젖먹이에게는 수유가 갑자기 중단되어도 성격 형성에 중대한 결과를 초래하지 않을 것이다. 어머니의 사랑이 별로 믿을 만하지 않다는 것을 경험하는 젖먹이는 수유과정이 특별히 방해받지 않고 계속되어도 '구강적' 특성을 얻을 수 있다. 나중에 나타나는 '구강적' 또는 '항문적' 환상이나 신체적 감각은 그것이 암시하는 신체적 쾌감이나 이 쾌감의 신비로운 승화 때문에 중요한 것이 아니라, 그 쾌감의 밑바닥에 가로놓여 그것을 표현하고 있는 외부 세계에 대한 독특한 관계 때문에 중요한 것이다.

이런 관점에서 보면 성격과 관련하여 프로이트가 발견한 것은 사회심리학에 유익해진다. 예를 들면 유럽의 하류 중산층에 전형적으로 나타나는 항문적 성격이 배설과 관련한 초기 경험 때문에 생긴 것이라고 생각하는 한, 우리가 가진 자료로는 어째서 특정한 계급에만 항문적 성격이 나타나는지를 거의 이해할 수 없다. 하지만 항문적 성격을 성격 구조에 뿌리를 둔 대인관계의 한 형태이며 외부세계와의 경험에서 비롯된 결과라고 이해하면, 하류 중산층의 편협함과 고독과 적대감 같은 생활양식 전체가 이런 종류의 성격 구조를 발달시킨 이유를 이해하는 데 필요한 열쇠를 손에 쥘 수 있다.[1]

세 번째 중요한 차이점은 첫 번째와 두 번째 차이점과 밀접하게 연결되어 있다. 프로이트는 본능주의적 성향을 가진데다 인간의 본성은 악하다고 확신했기 때문에, 그것을 근거로 인간의 모든 '관념적' 동기를 뭔가 '비속한' 것의 결과로 해석하는 경향이 있다. 프로이트가 정의감을 어린이가 자기보다 많이 가진 사람에게 품는 원초적 질투심의 결과로 설명하는 것이 그 좋은 예다. 앞에서 지적했듯이 진실과 정의와 자유 같은 관념들은 단순한 관용적 표현이나 합리화에 불과한 경우가 많지만, 진정한 추구일 수도 있고, 이런 추구를 동적인 요인으로 다루지 않는 분석은 모두 잘못되었다고 우리는 믿는다. 이런 관념들은 형이상학적 성격은 전혀 없지만 인간 생활의 여러 조건에 기인하기 때문에 그렇게 분석될 수 있다. 형이상학적 또는 이상주의적인 개념으로 전락할지 모른다는 두려움이 그런 분석을 방해해서는 안 된다. 이상과 관련된 도덕적 문제만이 아니라 이상이 행동에 동기를 부여하는 경우를 연구하는 것도 경험과학으로서 심리학의 과제다. 이런 문제를 다룬 전통적 연구에서는 비경험적이고 형이상학적인 요소들이 쟁점을 흐리지만, 새로운 연구 방법은 그런 문제에 대한 우리의 고찰을 비경험적이고 형이상학적인 요소에서 해방시킨다.

마지막으로 또 하나 언급해야 할 차이점이 있다. 그것은 결핍의 심리학적 현상과 과잉의 심리학적 현상을 구별하는 것과 관련되어 있다. 인간 존재의 원초적 단계는 결핍 단계다. 그때는 다른 무엇보다도 먼저 충족시키지 않으면 안 되는 긴급한 욕구들이 있다. 인간이 원초적 욕구를 만족시키고도 시간과 정력이 남을 때에만 비로소 문화가 발달할 수 있고, 그와 함께 과잉 현상에 따르는 충동이 생겨날 수 있다. 자유로운(또는 자발적인) 행동은 항상 과잉의 현상이다. 프로이트의 심리학은 결핍의 심리학이다. 그는 쾌락을 고통스러운 긴장이 제거된 결과로 얻은 만족이라고 정의한다. 과잉의 현상은 사랑이나 애정과 마찬가지로 프로이트의 이론 체계에서는 사실상 아무 역할도 하지 않는다. 프로이트는 그런 현상을 제외시켰을 뿐만 아니라 그가 그토록 많은 관심을 기울인 섹스라는 현상에 대해서도 제한적으로밖에 이해하지 못했다. 프로이트는 쾌락에 대한 자신의 정의에 따라 섹스에서는 생리적 충동의 요소만 보았고, 성적 만족에서는 고통스러운 긴장으로부터의 해방만 보았다. 과잉 현상으로서의 성적 충동, 그리고 자발적인 즐거움으로서의 성적 쾌락—이것의 본질은 결코 긴장으로부터의 해방이라는 부정적인 것이 아니다—은 프로이트 심리학에는 설 자리가 없었다.

문화의 인간적 토대를 이해하기 위해 이 책이 적용한 해석 원칙은 어떤 것일까? 이 질문에 답하기 전에 우리와는 다른 해석의 주요 경향을 상기하는 것도 유용할 것이다.

1. 프로이트 사상의 특징인 '심리학적' 접근방식. 여기에 따르면 문화 현상은 본능적 충동의 결과인 심리적 요인들에 뿌리를 두고 있고, 사회는 어느 정도의 억압을 통해서만 이 본능적 충동에 영향을 미칠 수 있다. 프로이트파 학자들은 이런 해석 방침에 따라 자본주의를 항문적 에로티시즘의 소산으로 설명하고, 초기 기독교의 발달을 아버지의 이미지에 대한 양가감정의 결과로 설명했다.[2]

2. 마르크스의 역사관을 잘못 적용한 데에서 볼 수 있는 '경제학적' 접근방식. 여기에 따르면 종교나 정치 사상 같은 문화적 현상의 원인

부록 성격과 사회 과정

은 주관적인 경제적 이해관계다. 이런 사이비 마르크스적 관점[3]에서
는 프로테스탄티즘을 부르주아지의 경제적 욕구에 대한 해결책으
로 설명하려고 애써 볼 수도 있다.

3. 마지막으로 막스 베버의 《프로테스탄티즘의 윤리와 자본주의
정신》으로 대표되는 '관념론적' 입장. 베버는 새로운 종교사상이 새
로운 유형의 경제적 행동과 새로운 문화 정신의 발달에 책임이 있
다고 주장하지만, 이 경제적 행동이 '오로지' 종교적 교리에 의해서
만 결정되는 것은 결코 아니라고 강조하고 있다.

이런 설명과는 대조적으로 이념과 문화는 대개 사회적 성격에 뿌
리를 둔다고, 그리고 어떤 사회의 성격 자체는 그 사회의 생활양식
에 의해 형성되고, 지배적인 성격 특성은 다시 사회 과정을 형성하
는 생산력이 된다고 우리는 주장해왔다. 프로테스탄티즘과 자본주
의의 정신과 관련하여 나는 다음의 것을 보여주려고 했다. 즉 중세
사회의 붕괴가 중산층을 위협했다는 것, 이런 위협에서 무력감과
고독감과 회의감이 생겨났다는 것, 이런 심리적 변화야말로 루터와
칼뱅의 교리가 호소력을 갖게 된 원인이라는 것, 이런 교리가 성격
변화를 강화하고 안정시켰다는 것, 그렇게 발달한 성격 특성들은
경제적·정치적 변화의 결과로 자본주의가 발달하는 과정에서 생산
적인 힘이 되었다는 것 등이다.

파시즘에 대해서도 똑같은 해석 원칙이 적용되었다. 하류 중산층
은 점점 강해지는 독점 세력과 전쟁 후의 인플레이션 같은 경제적
변화에 대한 반작용으로 가학적 충동과 피학적 충동 같은 성격 특
성을 강화했다. 나치의 이념은 이런 특성에 호소했고, 그것을 더욱

강화했다. 새로운 성격 특성은 독일 제국주의의 확대를 뒷받침하는 효과적인 힘이 되었다. 이 두 경우를 보면, 새로운 경제적 경향이 어떤 계급을 위협할 경우 그 계급은 이 위협에 대해 심리적으로 그리고 이념적으로 반응한다는 것, 이 반작용으로 생겨난 심리적 변화는 경제적 힘의 발달을 촉진한다는 것, 이 경제적 힘이 그 계급의 경제적 이익과 모순되는 경우에도 결과는 마찬가지라는 것을 알 수 있다. 우리는 경제적·심리적·이념적 힘이 이런 식으로 작용한다는 것, 인간은 변화하는 외부 상황에 대처하기 위해 자신을 변화시킨다는 것, 이런 심리적 요인들은 다시 경제적·사회적 과정을 형성하는 데 이바지한다는 것을 알 수 있다. 경제적 힘은 효과적이지만, 심리적 동기가 아니라 객관적 조건으로 이해해야 한다. 심리적 힘은 효과적이지만, 역사에 좌우되는 것으로 이해해야 한다. 사상은 효과적이지만, 어떤 사회 집단 구성원들의 성격 구조 전체에 뿌리박고 있는 것으로 이해해야 한다. 하지만 경제적·심리적·이념적 힘들이 이렇게 서로 의존관계를 맺는데도 불구하고, 그 힘들은 저마다 어느 정도의 독립성도 가지고 있다. 이것은 특히 경제 발전에 적용된다. 경제 발전은 자연의 생산력이나 과학기술, 지리적 요인 같은 객관적 요소에 의존하지만 독자적인 법칙에 따라 이루어진다. 심리적 힘에 관해서도 같은 말을 할 수 있다는 것은 앞에서 이미 지적했다. 심리적 힘은 삶의 외적 조건에 의해 형성되지만 독자적인 활력도 가지고 있다. 즉 심리적 힘은 형성될 수는 있지만 근절할 수는 없는 인간 욕구의 표현이다. 이념의 분야에서도 우리는 역사 과정에서 얻은 지식의 전통과 논리적 법칙에 근거한 그와 비슷한 자주성을 발견할 수 있다.

　우리는 사회적 성격과 관련해서도 이 원칙을 다시 한 번 말할 수 있다. 사회적 성격은 인간의 본성이 사회 구조에 동적으로 적응한 결과다. 사회적 조건이 변화하면 사회적 성격도 변하여 새로운 욕구와 불안이 생긴다. 이 새로운 욕구는 새로운 사상을 낳고, 말하자면 사람들이 새로운 사상에 민감해지게 한다. 이 새로운 사상은 다시 새로운 사회적 성격을 안정시키고 강화하며, 인간의 행동을 결정하는 데 이바지한다. 바꿔 말하면 사회적 조건은 성격이라는 매체를 통해 이념적 현상에 영향을 준다. 한편 성격은 사회적 조건에 수동적으로 적응한 결과가 아니라, 인간의 본성에 생물학적으로 내재해 있거나 역사 발전의 결과로 내재적이 된 요소들을 바탕으로 하여 사회적 조건에 동적으로 적응한 결과인 것이다.

제1장 자유—하나의 심리학적 문제인가?

1) 내가 여기서 사용하는 파시즘이나 권위주의라는 용어는 독일이나 이탈리아의 독재 체제를 가리킨다. 특별히 독일의 독재 체제를 가리킬 때는 '나치즘'이라는 용어를 사용하겠다.

2) 존 듀이, 《자유와 문화》(뉴욕: 퍼트남 출판사, 1939).

3) 카렌 호나이의 《정신분석의 새로운 방법》(뉴욕: 노턴 출판사, 1939)과 해리 스택 설리번의 〈근대 정신과학의 개념들—제1회 윌리엄 앨런슨 화이트 기념 강연〉(《정신의학》 제3권 제1호, 1940)에서는 프로이트 이론의 기본적인 업적에 바탕을 두면서도 여러 중요한 점에서 프로이트와는 다른 정신분석적 접근방식을 찾아볼 수 있다. 이들 두 저자는 차이점이 많지만, 이 책에 제시된 관점은 두 저자의 견해와 많은 공통점을 갖고 있다.

4) 야코프 부르크하르트, 《이탈리아 르네상스의 문화》(뉴욕: 맥밀런 출판사, 1921), 139쪽 참조.

5) 부르크하르트, 위의 책, 299쪽 참조.

6) 사회학자인 J. 돌라드와 H. D. 래스웰, 인류학자인 R. 베네딕트 · J. 핼로웰 · R. 린턴 · M. 미드 · E. 새피어, 정신분석학의 개념을 인류학에 적용한 A. 카디너의 글을 참조할 것.

7) 이 문제와 관련하여 흔히 일어나는 혼란에 대해 경고해두고자 한다. 개인의 생활양

식을 결정하는 데 있어서 사회의 경제 구조는 성격 발달의 '조건'으로 작용한다. 이런 '경제적 조건'은 물질적 부를 얻고자 하는 욕망 같은 '주관적인 경제적 동기'와는 전혀 다르다. 르네상스 시대부터 마르크스의 기본 개념을 이해하지 못한 일부 마르크스주의 저자들에 이르기까지 많은 저자들은 물욕을 인간 행동의 지배적 동기로 생각했다. 사실 물질적 부를 얻고자 하는 강렬한 욕망은 일부 문화에만 특유한 욕구이고, 경제적 조건이 달라지면 물질적 부를 혐오하거나 무관심한 성격 특징이 생겨날 수도 있다. 나는 이 문제를 〈분석적 사회심리학의 방법과 과제에 관하여〉(1932)라는 논문에서 자세히 논했다.

8) 나는 부록에서 심리적인 힘과 사회경제적인 힘의 상호 관계가 갖는 일반적 측면을 좀 더 자세히 논할 작정이다.

9) 이 원고를 마무리한 뒤, 자유의 다른 측면들에 대해 연구한 결과는《자유, 그 의미》(R. N. 안셴 편집, 뉴욕: 하코트브레이스 출판사, 1940)에 제시되었다. 나는 여기서 특히 앙리 베르그송, 존 듀이, 로버트 M. 매키버, 쿠르트 리츨러, 폴 틸리히의 논문을 언급하고 싶다. 또한 카를 슈퇴어만의《도피하는 인간》(베를린: 피셔 출판사, 1932)도 참조할 것.

제2장 개인의 출현과 자유의 다의성

1) 여기서 분명히 말해두어야 할 것은, 본능의 좌절 자체가 적개심을 불러일으키지는 않는다는 것이다. 아이들에게 무력감을 불러일으키고 거기서 생겨나는 적개심을 낳는 것은 아이의 성장을 방해하는 것, 자기를 주장하려는 아이의 시도를 꺾는 것, 부모가 적개심을 발산하는 것, 요컨대 억압적인 분위기다.

2) 장 피아제,《어린아이의 도덕적 판단》(뉴욕: 하코트 브레이스 출판사, 1932), 407쪽.

3) 본능에 대한 이 개념과 본능을 생리적 욕구(예컨대 배고픔이나 목마름)로 생각하는 개념을 혼동해서는 안 된다. 생리적 욕구를 충족시키는 방법은 그 자체가 고정되어 있지 않고, 유전으로 결정되지도 않는다.

4) 루터 L. 버나드,《본능》(뉴욕: 헨리 홀트 출판사, 1924), 509쪽.

5) 랠프 린턴,《인간 연구》(뉴욕: 애플턴-센추리 출판사, 1936) 제4장 참조할 것.

1) '자본주의 사회'와 대비하여 '중세 사회'와 '중세 정신'을 말하는 것은 이념의 유형에 대해 말하는 것이다. 물론 실제로 중세가 어느 한 시점에서 갑자기 끝나고 다음 순간 근대 사회가 시작된 것은 아니다. 근대 사회 특유의 모든 경제적 · 사회적 세력은 12 · 13 · 14세기의 중세 사회 내부에서 이미 생겨나 있었다. 중세 후기에는 자본의 역할이 늘어나고, 도시의 사회 계급들 사이에 생겨난 적개심도 심해지고 있었다. 역사에서는 항상 그렇듯이, 새로운 사회 체제의 모든 요소는 새로운 체제로 바뀌기 전의 체제 속에 이미 생겨나 있었다. 중세 후기에 근대적 요소가 얼마나 많이 존재했는지, 근대 사회에 계속 존속하는 중세적 요소가 얼마나 많은지를 아는 것도 중요하지만, 두 시대의 연속성을 강조하여 중세 사회와 근대 사회의 근본적인 차이를 최소화하려고 애쓰거나 '중세 사회'와 '자본주의 사회' 같은 개념을 비과학적 구조라는 이유로 배척하려 한다면, 그것은 역사 과정을 이론적으로 이해하는 데 방해가 된다. 그런 시도는 과학적 객관성과 정확성의 가면을 쓰고 있지만, 실제로는 사회 연구를 단순히 수많은 세부 사항을 수집하는 작업으로 격하시켜 사회 구조와 그 역학 관계를 이해하는 것을 방해한다.

2) 야코프 부르크하르트, 《이탈리아 르네상스의 문화》(뉴욕: 맥밀런 출판사, 1921), 129쪽.

3) 부르크하르트, 위의 책, 5쪽.

4) 부르크하르트, 위의 책, 129쪽.

5) 일부 학자들은 부르크하르트의 주요 명제를 확증하고 확대했지만, 그것을 부인하고 물리친 학자들도 있었다. "르네상스 철학에서의 개인과 우주"에 대한 W. 딜타이와 E. 카시러의 연구는 대체로 부르크하르트와 같은 방향으로 가고 있다. 반면에 다른 저자들은 부르크하르트를 신랄하게 공격했다. J. 호이징가는 《문화사의 과정에서 르네상스의 문제》(뮌헨: 드라이 마스켄 출판사, 1930, 89쪽)에서 부르크하르트가 중세 후기에 이탈리아와 다른 유럽 국가들에서 일반 대중의 생활이 얼마나 비슷했는지를 과소평가했다는 것, 부르크하르트는 르네상스가 시작된 시기를 1400년 무렵으로 보면서도 자신의 명제를 예증하기 위해 사용한 자료는 대부분 15세기나 16세기 초의 것이라는 것, 부르크하르트가 르네상스의 기독교적 성격은 과소평가하고 이교적 요소의 중요성은 과대평가했다는 것, 부르크하르트는 개인주의가 르네상스 문화의 지배적 특성이라고 생각하지만 사실 그것은 여러 특성 중의 하나일 뿐이라는 것, 중세는 부르크하르트가 생각한 만큼 개성이 부족하지 않았고 따라서 부르크하르트가 중세를 르네상스와 대비시킨 방식은 부정확하다는 것, 르네상스는 중세만큼 여전히 권위에 헌신적이었다는 것, 중세의 세계는 부르크하르트가 생각한 것만큼 세속적 쾌락에 적대적이 아니었고 르네상스는 그가 생각한 것만큼 낙관적이 아니었다는 것, 근

대인의 태도 가운데 개인의 성취를 위한 노력과 개성 발달은 르네상스 시대에는 아직 그 씨앗밖에 존재하지 않았다는 것, 13세기에 이미 음유시인들은 마음의 고귀성이라는 개념을 발달시켰지만 르네상스는 사회적 지위가 높은 사람에게 개인적으로 충성을 바치고 봉사한다는 중세적 개념과 단절하지 못했다는 것을 지적했다. 하지만 이런 주장이 세부적으로는 정확하다 해도 부르크하르트의 주요 명제가 틀렸음을 입증하지는 못하는 듯하다. 호이징가의 주장은 실제로 다음과 같은 원칙을 따르고 있다. 즉 부르크하르트가 르네상스 특유의 것이라고 주장하는 현상들 가운데 일부는 서유럽과 중유럽에는 중세 말기에 이미 존재했고, 일부는 르네상스가 끝난 뒤에야 비로소 나타났기 때문에 부르크하르트는 틀렸다는 것이다. 이것은 중세의 봉건 사회와 근대의 자본주의 사회를 대비시키는 모든 개념에 반대하기 위해 사용된 논거와 같은 부류에 속한다. 위에서 이 논거에 대해 말한 것은 부르크하르트에 대한 비판에도 적용된다. 부르크하르트는 양적인 면에서의 본질적 차이를 질적인 차이인 것처럼 인식했지만, 유럽 역사에서 양적인 차이를 질적인 차이로 바꾸는 경향의 특이성과 역학 관계를 분명히 인식하는 시각을 갖고 있었던 것 같다. 이 문제에 대해서는 찰스 E. 트린코스의 뛰어난 연구서 《역경의 귀족들》(컬럼비아대학 출판부, 뉴욕, 1940)을 참조할 것. 이 책은 인생의 행복이라는 문제에 대한 이탈리아 인문주의자들의 견해를 분석하여 부르크하르트의 업적을 건설적으로 비판하고 있다. 이 책에서 논의된 문제들에 대해 말한다면, 자기 향상을 위한 경쟁적 투쟁이 점점 심해진 결과로 생겨난 불안과 체념과 절망에 관한 그의 논평이 특히 적절하다.

6) 호이징가, 《문화사의 과정에서 르네상스의 문제》, 159쪽 참조.

7) 딜타이의 페트라르카 분석과 트린코스의 《역경의 귀족들》 참조.

8) 부르크하르트, 위의 책, 139쪽.

9) 막스 베버, 《프로테스탄트 윤리와 자본주의 정신》(뉴욕: 찰스 스크리브너 출판사, 1930), 65쪽 참조.

10) 에른스트 트뢸치, 《르네상스와 종교개혁》 제4권(1923).

11) 중세 말기와 종교개혁 시대의 경제사에 대한 논술은 주로 다음 저서들에 근거를 두고 있다.

람프레히트, 《독일의 경제적·사회적 변화를 이해하기 위하여》(1893).

에렌베르크, 《푸거의 시대》(1896).

좀바르트, 《근대 자본주의》(1921, 1928).

벨로프, 《경제 문제》(1920).

쿨리셔, 《중세와 근대의 전반적인 경제》(1928).

안드레아스,《종교개혁 이전의 독일》(1932).

베버,《프로테스탄트 윤리와 자본주의 정신》(1930).

샤피로,《사회개혁과 종교개혁》(1909).

파스칼,《독일 종교개혁의 사회적 토대》(1933).

토니,《종교와 자본주의의 등장》(1926).

브렌타노,《역사에서의 경제 정신》(1923).

크라우스,《스콜라 철학, 청교도 정신, 자본주의》(1930).

12) 쿨리셔가 인용한 이 문제에 관한 문헌을 참조할 것.

13) 토니, 위의 책, 28쪽.

14) 토니, 위의 책, 31쪽.

15) 람프레히트, 위의 책, 207쪽; 안드레아스, 위의 책, 303쪽.

16) 샤피로, 위의 책, 59쪽.

17)《마르틴 루터 저작집》제4권(필라델피아: 홀맨 출판사, 34쪽).

18) 샤피로, 위의 책, 54 · 55쪽.

19) 람프레히트, 위의 책, 200쪽.

20) 샤피로, 위의 책, 21 · 22쪽.

21) 토니, 위의 책, 86쪽.

22) 이 경쟁 문제는 M. 미드의《원시 부족의 협력과 경쟁》(뉴욕: 맥그로힐 출판사, 1937)을 참조할 것.

23) 여기서 나는 주로 R. 제베르그의《교리사 편람》과 B. 바트만의《교리론 편람》에 따랐다.

24) 예정설과 관련하여 아퀴나스는 이렇게 말했다. "운명이 예정된 사람들은 선행과 기도에 힘써야 한다. 이런 수단을 통해 예정된 운명이 가장 확실하게 실현되고…… 따라서 인간은 예정된 운명을 더욱 촉진할 수는 있지만 방해할 수는 없다." 영국 도미니크 프로빈스의 교부들이 번역한《성 토마스 아퀴나스의 신학대전》(1929).

25) 토마스 아퀴나스,《대 이교도대전》.

26) 제베르그, 위의 책, 766쪽.

27) 바트만, 위의 책, 468쪽.

28) 제베르그, 위의 책, 624쪽.

29) 면죄부의 관행과 이론은 성장하는 자본주의의 영향을 보여주는 특히 좋은 실례인 것 같다. 돈으로 형벌을 면제받을 수 있다는 생각은 돈의 뛰어난 역할에 대한 새로운 감정을 표현할 뿐 아니라, 1343년에 교황 클레멘스 6세가 공식화한 면죄부 이론도 새로운 자본주의 사상의 정신을 보여준다. 클레멘스 6세는 그리스도와 성인들이 얻은 무한한 공덕을 교회가 맡아서 보관하고 있기 때문에 신자들에게 이 보물의 일부를 나누어줄 수 있다고 말했다(제베르그, 위의 책, 621쪽 참조). 우리가 여기서 발견하는 교황의 개념은 엄청난 도덕적 자본을 소유하고 자신의 경제적 이익을 위해, 그리고 '고객들'의 도덕적 이익을 위해 그 자본을 사용하는 독점가의 모습이다.

30) 내가 신비주의 문헌과 설교집의 중요성에 더욱 관심을 갖게 된 것은 찰스 트린코스의 덕이고, 이 단락에서 언급한 많은 구체적 제안도 그에게 힘입은 것이다.

31) 마르틴 루터, 《로마서 강의》 제1장.

32) 마르틴 루터, 위의 책 제1장.

33) 마르틴 루터, 《의지의 멍에》(헨리 콜 영역, 1931), 74쪽.

34) 마르틴 루터, 위의 책, 79쪽. 나중에 살펴보겠지만, 위에 있는 힘에는 복종하고 밑에 있는 힘은 지배하는 이 이분법은 권위주의적 성격의 특징적인 태도다.

35) 《마르틴 루터 저작집》 제2권 참조.

36) 마르틴 루터, 《로마서 강의》 제13장.

37) 〈농민으로 이루어진 강도 살인단에 반대하여〉(1525), 《마르틴 루터 저작집》. 《권위와 가족》(막스 호르크하이머 편집, 파리: 알캉 출판사, 1926)에서 마르쿠제가 자유에 대한 마르틴 루터의 태도를 논한 것을 참조할 것.

38) 장 칼뱅, 《기독교 강요》 제3권 제9장(존 앨런 영역, 1928).

39) 장 칼뱅, 위의 책 제3권 제2장.

40) 장 칼뱅, 위의 책 제3권 제7장. 이 부분은 내가 라틴어 원문을 직접 번역했다. 존 앨런의 번역본을 쓰지 않은 이유는 앨런의 번역이 칼뱅 사상의 엄격함을 부드럽게 누그러뜨리는 방향으로 원문을 조금 바꾸었기 때문이다. 앨런은 이 문장을 다음과 같이 번역했다. "자신의 성향에 따르는 것은 인간을 가장 효과적으로 파멸시키기 때문에, 자신의 지식이나 의지에 의존하지 말고 그저 주님의 인도에 따르는 것이 유일하게 안전한 길이다." 하지만 'sibi ipsis obtemperant'라는 라틴어 문장은 '자신의 성향에 따른다'는 뜻이 아니라 '자신에게 복종한다'는 뜻이다. 자신의 성향에 따르는 것

을 금하는 것은 자신의 타고난 성향을 억누르고 그럼으로써 자기 양심의 명령에 따라야 한다고 가르치는 칸트 윤리학의 유연성을 갖고 있다. 반면에 자신에게 복종하는 것을 금하는 것은 인간의 자율성을 부인하는 것이다. 이와 같은 미묘한 의미 변화는 'ita unicus est salutis portis nihil nec sapere, nec velle per se ipsum'이라는 라틴어 문장을 '우리의 지식이나 의지에 전혀 의존하지 않고'로 번역했기 때문이다. 원문의 서술은 계몽철학의 좌우명인 'sapere aude'('감히 안다')와 명백하게 모순된다. 앨런의 번역은 자신의 지식에 의존하는 것만 경고했는데, 이 경고는 근대 사상과 훨씬 덜 모순된다. 앨런의 번역이 원문에서 벗어났음을 내가 군이 언급하는 까닭은 이것이 번역을 통해서 저자의 정신을 '근대화'하고 윤색할 수 있다—무슨 저의가 있어서 그런 것은 아니지만—는 사실의 좋은 사례이기 때문이다.

41) 장 칼뱅, 위의 책 제3권 제7장.

42) 장 칼뱅, 위의 책 제3권 제14장.

43) J. 쿨리셔, 위의 책, 249쪽.

44) 조지아 하크니스,《장 칼뱅, 인간과 그의 윤리》(뉴욕: 헨리 홀트 출판사, 1931), 151쪽.

45) F. 보르케나우,《봉건 사회로부터 시민 사회로의 이행》(파리: 알캉 출판사, 1934), 156쪽.

46) 장 칼뱅, 위의 책 제3권 제21장.

47) 장 칼뱅, 위의 책 제3권 제2장.

48) 장 칼뱅, 위의 책 제3권 제7장.

49) 이 점은 칼뱅의 교리와 자본주의 정신을 연결하는 하나의 중요한 고리로, 막스 베버의 저서에서 특히 주의 깊게 다루었다.

50) 래널프의《도덕적 분노와 중산층의 심리》를 참조할 것. 이 저서는 도덕적 분노가 중산층, 그중에서도 특히 중하층의 전형적 특징이라는 명제에 중요한 공헌을 한 연구서다.

51) 막스 베버, 위의 책, 102쪽; 토니, 위의 책, 190쪽; 래널프, 위의 책, 66쪽 참조.

52) 프로이트는 자신에 대한 인간의 적개심이 그가 '초자아'라고 부른 것에 들어 있음을 알았다. 그는 또한 초자아가 원래 외부의 위험한 권위를 내면화한 것이라는 사실도 깨달았다. 하지만 그는 자아의 일부인 자발적 이상과 자아를 지배하는 내면화한 명령을 구별하지 않았다. 여기에 제시된 관점은 권위의 심리학에 대한 나의 연구(《권위와 가족》, 호르크하이머 편집, 파리: 알캉 출판사, 1934)에 더 상세히 다루어져 있다. 카렌 호나이는《정신분석의 새로운 방법》에서 초자아의 요구가 갖는 강박적 성

격을 지적했다.

53) 사회경제적 · 이념적 · 심리적 요인들 사이의 상호작용은 이 책의 부록에 더 상세히 언급되어 있다.

제4장 근대인의 관점에서 본 자유의 두 측면

1) 나는 〈이기심과 자기애〉(《정신의학》 제2권 제4권, 1939년 11월)에서 이 문제를 더 상세히 검토했다.

2) 설리번은 강의에서 이 문제를 체계적으로 서술하는 작업에 착수했다. 사춘기 이전 시기는 대인관계에서 타인(친구) 대신 새로운 종류의 만족을 추구하는 충동이 나타나는 것이 특징이라고 설리번은 말한다. 그의 말에 따르면 사랑은 사랑받는 쪽의 만족이 사랑하는 쪽의 만족과 똑같이 중요하고 바람직한 상태다.

3) 헤겔과 마르크스는 소외 문제를 이해하기 위한 토대를 놓았다. 특히 마르크스의 '물신 숭배'와 '노동의 소외'라는 개념을 참조할 것.

4) 에르네스트 샤흐텔은 "자아의식과 인격의 '판매'"에 대한 미출간된 강연에서 자기평가에 대한 이 분석을 분명하고 명쾌하게 서술했다.

5) 쥘리앵 그린, 《개인적 기록, 1928~1939》(J. 고드프루아 영역, 뉴욕: 하퍼앤브라더스 출판사, 1939).

제5장 도피의 메커니즘

1) 카렌 호나이는 나와는 다른 관점에서 나의 '도피의 메커니즘' 개념과 상당히 비슷한 개념에 도달했다. 그것은 그가 《정신분석의 새로운 방법》(뉴욕: 노튼 출판사, 1939)에서 제시한 '신경증적 경향'이라는 개념이다. 두 개념의 주요한 차이는 다음과 같다. 즉 신경증적 경향은 개인의 신경증에서 추진력 역할을 하는 한편, 도피의 메커니즘은 정상적인 사람에게서 추진력 역할을 한다. 게다가 호나이는 주로 불안을 강조한 반면, 나는 개인의 고독을 강조한다.

2) 토머스 홉스, 《리바이어던》(런던, 1951), 47쪽.

3) 《성격 분석》(빈, 1933).

4) 《우리 시대의 신경증적 성격》(뉴욕: 노튼 출판사, 1936).

5) 《권위와 가족》(막스 호르크하이머 편집, 파리, 1936).

6) 사드 후작은 《쥘리에트》의 이 대목(G. 고러의 《사드 후작》에서 인용)에서 지배라는 특징이 가학증의 본질이라는 견해를 제시했다. "그것은 당신이 상대에게 느끼게 해 주고 싶은 쾌감이 아니라, 당신이 상대에게 주고 싶은 인상이다. 고통의 인상은 쾌감 보다 훨씬 강하다……. 사람은 그것을 깨닫는다. 그래서 그것을 이용하고 만족한다." 고러는 사드의 작품을 분석한 글에서 가학증을 "관측자가 외부 세계를 수정하고 관찰하면서 느끼는 쾌감"이라고 정의했다. 가학증에 대한 이 정의는 다른 어떤 심리학자들의 정의보다도 내 견해와 비슷하다. 하지만 고러가 가학증을 지배나 생산에서 느끼는 쾌감과 동일시하는 것은 잘못이라고 생각한다. 가학적 지배의 특징은 그것이 대상을 자신의 의지가 없이 사디스트의 뜻대로 움직이는 도구로 만들고 싶어 한다는 사실이지만, 타인에게 영향을 미치는 데에서 느끼는 비가학적 환희는 타인의 본 모습을 존중하고 자신과 상대를 평등하게 느끼는 감정에 근거를 둔다. 고러의 정의에서 가학증은 그 독특한 성질을 잃고 다른 종류의 생산성과 동일해진다.

7) 빅토르 위고는 죄에서 벗어날 수 없다는 생각을 《레미제라블》에서 자베르라는 인물을 통해 가장 효과적으로 표현했다.

8) 묄러 판 덴 브루크, 《제3제국》(함부르크: 한세아티셰 출판사, 1931), 223~224쪽.

9) 헤르만 라우슈닝은 《허무주의의 혁명》(뉴욕: 연합도서협회, 1939)에서 파시즘의 허무주의적 성격을 훌륭하게 묘사했다.

10) 이와 관련해서는 카렌 호나이의 《정신분석의 새로운 방법》을 참조할 것.

11) 카렌 호나이의 《정신분석의 새로운 방법》(1939)에 나와 있는 이 점에 대한 논의를 참조할 것.

12) H. S. 설리번의 《정신분열증 연구》와 프리다 프롬 라이히만의 《정신분열증의 전이 문제》를 참조할 것.

13) 최면술 문제에 관해서는 《정신의학》(1939) 제2권 제3호에 실린 M. H. 에릭슨의 출판물 목록을 참조할 것.

14) 정신분석의 진행은 본질적으로 한 개인이 이 본래의 자아를 드러내려고 애쓰는 과정이다. '자유 연상'은 진실을 이야기하여 자신의 본래 감정과 생각을 표현하는 것을 의미한다. 하지만 이런 의미에서의 진실은 자기 생각을 그대로 말한다는 사실을 나타내는 것이 아니라, 생각 자체가 독창적이고 남들이 기대하는 생각에 맞추어 거기에 적응하는 것은 아니라는 사실을 나타내는 것이다.

제6장 나치즘의 심리

1) 루이스 멈퍼드, 《생활의 신념》(뉴욕: 하코트 브레이스 출판사, 1940), 118쪽.

2) 이 장 전체, 그중에서도 특히 하류 중산층의 역할에 관해서는 '히틀러주의의 심리학'
   에 관한 해럴드 D. 라스웰의 논문과 F. L. 슈만의 《나치 독재》(뉴욕: 알프레드 크노
   프 출판사, 1939)를 참조할 것.

3) 여기에 제시된 견해는 컬럼비아대학 국제사회조사연구소의 후원으로 A. 하토크, E.
   헤르초크, H. 샤크텔과 내가 실시한 '1929/30년의 독일 노동자들과 고용인들의 특
   성'에 관한 연구 결과에 바탕을 두고 있다. 이 연구서는 출판되지 않았지만 F. 노이
   만이 역사에 관해 쓴 서문이 딸려 있다. 자세한 설문에 대한 600명의 반응을 분석한
   결과, 응답자의 일부는 권위주의적 성격을 보여주었고, 그와 거의 같은 수의 응답자
   는 자유와 독립을 추구하는 경향이 우세했지만, 대다수는 다양한 특징들이 모호하게
   섞여 있는 상태를 보여주었다.

4) 슈만, 위의 책, 104쪽.

5) 아돌프 히틀러, 《나의 투쟁》.

6) 히틀러, 위의 책.

7) 히틀러, 위의 책.

8) 히틀러, 위의 책.

9) 히틀러, 위의 책.

10) 요제프 괴벨스, 《미하엘》(1936).

11) 괴벨스, 위의 책.

12) 괴벨스, 《황궁에서 독일 제국 청사로》(1934).

13) 라이, 《기사단의 성으로 가는 길》(1937). 이 책은 당 지도부를 위한 국가사회주의 독
    일노동자당(나치)의 논설집 별책으로, 콘라트 하이덴의 《유럽에 대항한 한 사람》
    (1937)에서 인용함.

14) 히틀러, 위의 책.

15) 히틀러, 위의 책.

16) 히틀러, 위의 책.

17) 히틀러, 위의 책.

18) 히틀러, 위의 책.

19) 히틀러, 위의 책.

20) 히틀러, 위의 책.

21) 히틀러, 위의 책.

22) 히틀러, 위의 책.

23) 히틀러, 위의 책.

24) 히틀러, 위의 책.

25) 히틀러, 위의 책.

26) 히틀러, 위의 책.

27) 히틀러, 위의 책.

28) 히틀러, 위의 책.

29) 히틀러, 위의 책.

30) 히틀러, 위의 책.

31) 히틀러, 위의 책.

32) 히틀러, 위의 책.

33) 히틀러, 위의 책.

34) 괴벨스, 《미하엘》.

35) 히틀러, 위의 책.

36) 히틀러, 위의 책.

37) 히틀러, 위의 책.

38) 히틀러, 위의 책.

39) 히틀러, 위의 책.

40) 히틀러, 위의 책.

41) 히틀러, 위의 책.

42) 히틀러, 위의 책.

43) 히틀러, 위의 책.

44) 히틀러, 위의 책.

45) 히틀러, 위의 책.

46) 히틀러, 위의 책.

47) 히틀러, 위의 책.

제7장 자유와 민주주의

1) 안나 하르토크의 보고(M. 게이, A. 하르토크, L. B. 머피가 공동으로 사라 로렌스 유치원 아동의 사례를 연구하고 거기에 대해 저술한 책에서 인용)에 따르면, 세 살에서 다섯 살까지의 아동에 대해 로르샤흐 테스트를 한 결과 어린이들이 자신의 자발성을 보존하려는 시도는 어린이와 권위적인 어른들 사이에 주요한 갈등을 일으킨다는 사실을 보여준다.

2) 친절함의 상품화를 효과적으로 보여주는 실례로서 《포춘》지에 실린 '하워드 존슨 레스토랑들'에 관한 기사(1940년 9월호)를 인용하고 싶다. 존슨은 레스토랑을 돌아다니며 실수를 감시하는 '위장 손님'들을 고용하고 있다. "모든 음식이 본사에서 보낸 표준 요리법과 분량에 따르는 것을 전제로 요리되기 때문에, 조사원은 얼마나 큰 스테이크를 받을지, 채소 요리는 어떤 맛이 날지 알고 있다. 음식이 나올 때까지 시간이 얼마나 걸릴지도 알고, 점장과 여종업원이 정확히 어느 정도의 친절을 보일지도 알고 있다."

3) 이 문제 전체와 관련하여 로버트 S. 린드의 《무엇을 위한 지식인가?》(프린스턴대학 출판부, 1939)를 참조할 것. 그 철학적 측면과 관련해서는 M. 호르크하이머가 편집한 《현대 철학의 합리주의 논쟁에 대하여》(파리: 알캉 출판사, 1934)를 참조할 것.

4) 막스 오토, 《인간적인 기업》 제4, 5장(뉴욕: T.S 크로프트 출판사, 1940) 참조.

5) 여기서 논의된 문제는 내가 조금이라도 언급하고 싶은 중요한 의견으로 이어진다. 윤리학의 문제는 역동심리학을 통해 명확해질 수 있다는 의견이다. 심리학자들은 인간성을 이해하는 데 도덕적 문제의 관련성을 이해할 수 있을 때에만 이 방면에서 도움이 될 수 있다. 프로이트의 심리학을 비롯하여 쾌락의 원칙이라는 면에서 이 문제를 다루는 심리학은 인격을 이루는 중요한 부분 하나를 이해하지 못하고, 그 분야를 독단적이고 비실증적인 도덕률의 원칙에 맡겨버린다. 자기애와 피학적 희생, 그리고 이 책에 제시된 것과 같은 이상의 분석은 앞으로 더욱 발전할 것으로 기대되는 심리학과 윤리학의 이 분야에 좋은 예증을 제공한다.

1) F. 알렉산더는 성격과 관련하여 프로이트가 발견한 것들을 몇 가지 점에서 우리의 해석과 비슷한 표현으로 다시 설명하려고 했다(F. 알렉산더, 〈심리적 요인들이 위장 장애에 미치는 영향〉(계간 《정신분석》 제15권, 1934)을 참조할 것). 그의 견해는 프로이트의 견해보다 진일보했지만 근본적으로 생물학적인 성향을 극복하지 못했고, 대인관계를 이런 '생식기 이전' 충동의 기본 및 본질로서 충분히 인식하는 데에도 성공하지 못했다.

2) 이 방법에 대해 좀 더 충분한 설명을 보고 싶으면 E. 프롬의 《그리스도의 도그마》(뉴욕: 홀트 라인하트 윈스턴 출판사, 1964)를 참조할 것.

3) 내가 이 관점을 사이비 마르크스적이라고 부르는 까닭은 그것이 물질적 이익 추구라는 면에서 경제적 동기가 역사를 결정한다는 뜻으로 마르크스의 이론을 잘못 해석하기 때문이다. 사실 마르크스는 여러 다양한 경제적 태도를 낳을 수 있는 객관적 조건들을 이야기했고, 물질적 부를 얻고 싶은 욕망은 이 다양한 태도들 가운데 하나에 불과하다(이것은 제1장에서 지적되었다). 이 문제에 대한 상세한 논의는 E. 프롬의 〈분석적 사회심리학의 방법과 과제〉(《사회연구》 제1권, 1932)에서 찾아볼 수 있다. 로버트 S. 린드의 《지식은 무엇을 위한 것인가?》(프린스턴대학 출판부, 1939) 제2장에 나오는 논의도 참조할 것.

에리히 프롬(Erich Fromm)은 1900년 3월 23일 독일 프랑크푸르트에서 정통파 유대교도 집안의 외아들로 태어났다. 1918년에 프랑크푸르트 대학에서 법학을 공부하는 것으로 대학 생활을 시작했는데, 1919년 여름 학기에 하이델베르크 대학으로 옮기면서 전공을 사회학으로 바꾸어 알프레트 베버(저 유명한 사회학자 막스 베버의 동생), 철학자인 카를 야스퍼스와 하인리히 리케르트 밑에서 배웠다. 프롬은 1922년에 하이델베르크 대학에서 박사 학위를 받았다.

1920년대 중반에는 프리다 라이히만의 정신분석치료소에서 정신분석 전문의가 되기 위한 수련을 받았으며, 1930년에는 베를린에서 자신의 진료소를 개업했다. (프롬과 라이히만은 1926년에 결혼했는데, 라이히만은 프롬보다 11세 연상으로, 어머니처럼 프롬을 대했고, 프롬은 그녀에게서 깊은 영향을 받았다. 그러나 두 사람의 결혼 생활은 1930년에

- '옮긴이의 글'을 쓰면서 에리히 프롬의 약력과 관련한 부분은 '위키피디아'의 'Erich Fromm' 항목을 번역하고, 박홍규의 《우리는 사랑하는가 - 에리히 프롬의 생애와 사상》을 참조했다.

별거로 끝났는데, 정식 이혼은 그들이 미국으로 망명한 후인 1940년에 이루어졌지만, 그 뒤로도 두 사람은 평생 우정을 유지했다.)

1930년에 프랑크푸르트 사회연구소에 들어갔으나, 이 연구소는 나치가 독일에서 정권을 잡은 뒤 1933년 '국가에 적대적인 태도를 취했다'는 이유로 폐쇄당했다. 프롬은 폐결핵을 치료하기 위해 제네바로 이주했다가 1933년 시카고 정신분석연구소의 초청을 받고 미국으로 건너가면서 망명했으며, 이듬해에 뉴욕의 컬럼비아 대학에 사회연구소가 부설되자 뉴욕으로 옮겼다.

당시 프롬이 교류한 정신분석가 중에서 가장 중요한 인물은 카렌 호나이였다. 프롬은 베를린에서 정신분석을 연구할 무렵부터 그녀와 알고 지냈는데, 1932년에 미국으로 이주한 호나이는 시카고에 살다가 1934년 프롬이 뉴욕으로 이주하자 그를 따라 뉴욕으로 거처를 옮겼다. 두 사람은 15년의 나이 차(호나이가 연상)에도 불구하고 서로 사랑했으며, 서로에게 뚜렷한 영향을 미쳤다. 호나이는 프롬에게 사회학을 배웠고, 프롬은 호나이에게서 정신분석을 배웠다. 그러나 두 사람의 관계는 1930년대 말에 끝났다. 또한 이 무렵부터 프롬은 독일어 대신 영어를 쓰기 시작했는데, 그의 영어는 직접적이고 격조 높은 것이어서 그의 독일어 스타일과 그리 다르지 않았다.

프롬은 1938년 컬럼비아 대학에 사표를 낸 뒤 1943년에 워싱턴 정신병리학교의 뉴욕 분교 설립에 이바지했고, 1946년에는 정신병리학과 정신분석학 및 심리학을 연구하는 윌리엄 앨런슨 화이트 연구소 설립에 참여했다. 1941년부터 1949년까지 베닝턴 대학 교수로 재직했으며, 그 후 멕시코시티로 이주해 멕시코 국립자치대학

(UNAM)의 교수가 되었고, 이 대학 의학부에 정신분석과를 개설했다. 1957년부터 1961년까지 미시건 주립대학에서 심리학 교수로 가르쳤고, 1962년 이후에는 뉴욕 대학의 예술과학대학원에서 객원교수로 가르쳤다. 1965년에 은퇴할 때까지는 UNAM에서 가르쳤고, 그 후 멕시코 정신분석연구소에 재직하다가 1974년 스위스의 무랄토로 이주했다. 1980년 여든 번째 생일을 닷새 앞두고 심장 발작으로 세상을 떠났다.

《자유로부터의 도피(Escape from Freedom)》는 에리히 프롬이 미국으로 망명한 뒤 영어로 발표한 첫 번째 저서다. 이 책은 발표 당시부터 문제작으로 평가받으며 세계적인 베스트셀러가 되었고, 이제는 한 시대의 명저에서 현대 고전의 반열에 올라 있다. 이런 인기와 평가를 받은 것은 이 책이 다룬 주제의 무게와 저자가 가진 문제의식의 깊이에서 유래할 것이다. 우선 그 주제는 인류 역사가 시작된 이래 가장 운명적 시대인 근대에 부과된 중요한 과제, 즉 '인간의 자유'에 집중되어 있다. 게다가 프롬에 따르면 근대에서 자유의 문제는 단순히 거대한 기계주의 사회나 정치적 전체주의의 압력에 의해 개인의 자유가 위협당한다는 것만이 아니라, 한편으로는 사람들이 당연히 추구해 마지않을 터인 가치로서의 자유가 다른 한편으로는 사람들이 거기서 달아나고 싶어 하는 저주가 될 수도 있다는 사실에 있다고 한다. 이것은 자유에 대한 프롬의 독특한 문제 제기 방식이다. 이런 현대의 중심적 과제와 맞붙은 이 책이 제2차 세계대전이 한창이던 1941년에 출간되었다는 사실에도 프롬의 치열한 문제의식과 결부시켜 주의를 기울일 필요가 있다. 프롬은 '서문'에서 저술의 완벽성을 어느 정도 희생해서라도 이 책의 출간을 서둘렀고, 이 현대의 위기에 대해 심리학자도 침묵해서는 안 된다고 말했지만, 거기에서 나치즘과 싸워온 민주주의 국가의 학자가 느끼는 책임감을 여실히 엿볼 수 있다.

프롬은 심리학적인 각도에서 자유의 문제에 접근한다. 그리고 프롬이 서 있는 심리학적 입장은 이른바 신프로이트학파 또는 프로이트 좌파라고도 불리는 입장이다. 간단히 말하면 신프로이트학파는 사회학화된 프로이트주의다. 프로이트는 리비도를 생물학적이고 성욕에 뿌리를 둔 근본 충동으로 가정했지만, 신프로이트학파에서는 사회적인 인간관계 속에서 형성되는 충동이나 욕구를 상정함으로써 모든 것을 성으로 뒤덮어버리는 프로이트의 범성주의를 극복했다. 이런 극복을 통해 프로이트의 천재적 통찰을 충분히 살리는 동시에 프로이트의 사회적 반동성을 극복할 수도 있었던 것이다.

하지만 프롬이 자유의 문제를 오로지 심리학적으로만 해결할 수 있다고 생각한 것은 아니다. 여기서 프롬은 흥미로운 가설을 제시한다. 즉 역사를 움직이는 힘은 과연 무엇인가 하는 문제다. 프롬에 따르면 그것은 사회경제적 조건, 이데올로기, 그리고 마지막으로 사회적 성격이다. 이 사회적 성격이라는 개념을 새로 제시한 데 이 책의 큰 매력이 있다. 이것은 '부록'으로 딸린 '성격과 사회 과정'에 자세히 나오지만, 여기서 세 명의 거인 사상가인 마르크스, 막스 베버, 프로이트를 인용하고 있는 점에 유념해주기 바란다. 말할 것도 없이 역사를 움직이는 최종적인, 또는 특히 유력한 요인으로서 사회

경제적인 것을 생각한 사람은 마르크스이고, 이데올로기적인 것을 생각한 사람은 베버이고, 인간의 심층 깊숙한 곳에 있는 근원적 충동(여기서 개성이라는 개념과 사회적 성격이라는 개념이 생겨난다)을 생각한 사람은 프로이트일 것이다. 프롬은 그중 어느 것이 결정적인 최종적 요인이라고 단정하지는 않는다. 만약 할 수만 있다면, 이 세 사람의 뒤얽힘이야말로 역사를 결정한다고 주장하고 싶었을 것이다. 하지만 이런 주장은 당분간 보류한다 해도, 프롬이 특히 주의를 환기시키려 한 것은 사회경제적 요인과 이데올로기와 함께 역사에서 맡고 있는 사회적 성격의 역할이었다.

종래의 마르크시즘에서 사회를 구성하는 두 가지 요소가 상부구조와 하부구조로 요약되는 것은 구태여 지적할 필요도 없다. 그것은 사회경제적 요인과 이데올로기적 요인이라고 말할 수도 있을 것이다. 베버가 마르크스와 대결한 것도 바로 이 두 가지 요인이 역사 속에서 발휘하는 힘의 비중이었다. 하지만 이 두 요인 외에 세 번째 요인으로 사회적 성격이 등장한다. 프롬의 이 같은 주장이 과연 어느 정도나 유효한지는 단정할 수 없다 해도, 그 무게는 결코 간단히 부정할 수 없을 것이다.

자유는 결코 심리학적인 문제만이 아니라 사회경제적 또는 이데올로기적 조건과 충분히 결부시켜 다루어야 한다는 것이 프롬의 생각이지만, 이 책의 목적은 물론 자유의 심리학적 측면을 분석하는 데 있다. 그 자세한 분석을 여기서 되풀이할 필요는 없지만, 문제의 중점은 르네상스 및 종교개혁 이래 인간을 종래의 속박으로부터 해방해온 자유의 원리와 인간에게 고독감과 무력감을 주는 부정적 측면이 서로 얽혀 있었다는 것을 지적하는 데 있다. 그 결과 인간은 자유의 부담을 견디다 못해 나치즘 같은 전체주의 이데올로기를 적극적으로 희구하게 되기까지 한다. 그래서 자유가 무거운 부담이 되는 곳에서는, 민주주의 사회에서도 나치즘이나 파시즘의 심리적 온상이 존재한다.

이 중심 주제와 더불어 이 책에는 곳곳에 흥미롭고 주의를 기울일 필요가 있는 주장이 포함되어 있다. 예를 들면 루터나 칼뱅의 교리를 권위주의적 성격과 결부되는 것으로 해석하고, 그 안에 인간의 자유와 평등에 대한 부정적인 요소가 존재한다고 지적하는 것은, 베버가 자본주의 정신의 긍정적인 면을 강력하게 내세운 것과는 완전히 대조적이다. 물론 프롬도 루터나 칼뱅의 역할에서 긍정적인 면도 인정하지만, 그럼에도 불구하고 프롬에 따르면 자본주의 정신에는 그 발단부터 이미 일종의 반자유적 독소가 발효하고 있었다고 한다. 게다가 그것을 종교개혁 지도자와 피지도자의 사회적 성격이라는 차원까지 내려가서 실증하려 한 점은 프롬의 독자적인 안목으로 평가할 만하다.

프롬이 현대인의 운명에 대해 논하는 점은, 충분히 민주주의적이지도 않고 충분히 기계주의적이지도 않은 사회에 살고 있는 우리도 충분히 납득할 수 있을 것이다. 충분히 민주주의적이지 않은 사회에서는 위에서 강제된 '민주주의'는 더욱 획일적이 될 것이고, 충분히 기계주의적이지 않은 사회에서는 간신히 작동되는 기계는 더욱 불쾌한 독소를 내뿜을 것이기 때문이다. 특히 미디어가 조장하는 현대인의 최면 상태는 동서양을 불문하고 공통된 현상이다. 따라서 자유가 주어져 있느냐 하는 문제와 함께 자유를 보람 있게 쓸 수 있느냐가 당연히 큰 과제다.

그러면 프롬은 과연 어떤 해답을 주었을까. 여기서 프롬이 제시한 해답은 어떤 의미에서는 매우 부족하고 불만스러운 것일지도 모른다. 그는 '자발적인 사랑과 일'에 모든 희망을 걸었다. 하지만 그것은 단지 심리학적인 차원에서의 해답이고, 그 밖에 사회경제적인 변혁이 필요하다는 것은 프롬 자신도 인정하고 있다. 프롬은 새로와야 할 사회를 '민주적 사회주의' 사회라고 지적했지만, 그것을 어떻게 달성할 수 있는지, 또는 그것이 어떤 사회인지에 대해서는 아무 설명도 하지 않았다. 하지만 이 책의 주제가 자유의 심리학적 측면에 한정되어 있는 이상, 이 책에다 그것까지 바라는 것은 무리일 것이다. 다만 프롬이 그것을 충분히 알고 있었다는 사실을 아는 것만으로도 충분하지 않겠는가.

옮긴이의 글

| 찾아보기 |

자유로부터의 도피

1판 1쇄 발행일 2012년 7월 12일
2판 1쇄 발행일 2020년 9월 7일
2판 9쇄 발행일 2024년 8월 26일

지은이 에리히 프롬
옮긴이 김석희

발행인 김학원
발행처 (주)휴머니스트출판그룹
출판등록 제313-2007-000007호(2007년 1월 5일)
주소 (03991) 서울시 마포구 동교로23길 76(연남동)
전화 02-335-4422 **팩스** 02-334-3427
저자·독자 서비스 humanist@humanistbooks.com
홈페이지 www.humanistbooks.com
유튜브 youtube.com/user/humanistma **포스트** post.naver.com/hmcv
페이스북 facebook.com/hmcv2001 **인스타그램** @humanist_insta

편집주간 황서현 **편집** 전두현 **디자인** 김태형
용지 화인페이퍼 **인쇄** 청아디앤피 **제본** 민성사

한국어판 ⓒ (주)휴머니스트출판그룹, 2020

ISBN 979-11-6080-475-1 03180